学习的维度

马扎诺教育研究实验室教学模型

[美]

罗伯特·J. 马扎诺 Robert J. Marzano
黛布拉·J. 皮克林 Debra J. Pickering
黛西·E. 阿雷东多 Daisy E. Arredondo
盖伊·J. 布莱克本 Guy J. Blackburn
罗纳德·S. 勃兰特 Ronald S. Brandt
瑟瑞尔·A. 莫菲特 Cerylle A. Moffett
黛安·E. 佩恩特 Diane E. Paynter
简·E. 波洛克 Jane E. Pollock
乔·苏·惠斯勒 Jo Sue Whisler

著

崔佳 张海燕 译

DIMENSIONS OF LEARNING
TEACHER 'S MANUAL

中国青年出版社

图书在版编目（CIP）数据

学习的维度：马扎诺教育研究实验室教学模型 / (美) 罗伯特·J.马扎诺等著；崔佳，张海燕译. 北京：中国青年出版社，2025. 1. -- ISBN 978-7-5153-7533-5

Ⅰ. G632.4

中国国家版本馆CIP数据核字第2024C72Q11号

学习的维度：马扎诺教育研究实验室教学模型

作　　者：[美] 罗伯特·J. 马扎诺　黛布拉·J. 皮克林　黛西·E. 阿雷东多　盖伊·J. 布莱克本　罗纳德·S. 勃兰特　瑟瑞尔·A. 莫菲特　黛安·E. 佩恩特　简·E. 波洛克　乔·苏·惠斯勒

译　　者：崔　佳　张海燕

责任编辑：肖妩嫔

文字编辑：侯雯洁　张祎琳

美术编辑：杜雨萃

出　　版：中国青年出版社

发　　行：北京中青文文化传媒有限公司

电　　话：010-65511272 / 65516873

公司网址：www.cyb.com.cn

购书网址：zqwts.tmall.com

印　　刷：大厂回族自治县益利印刷有限公司

版　　次：2025年1月第1版

印　　次：2025年1月第1次印刷

开　　本：787mm × 1092mm　1/16

字　　数：320千字

印　　张：20.5

京权图字：01-2022-5524

书　　号：ISBN 978-7-5153-7533-5

定　　价：69.90元

Contents
目　录

序　言　007

概　述　007

什么是学习的维度？　009

维度1：态度与感知　/ 009

维度2：获取与整合知识　/ 010

维度3：拓展与精炼知识　/ 010

维度4：有意义地运用知识　/ 011

维度5：思维习惯　/ 011

学习各维度间的关系　/ 012

运用学习的维度的方式　/ 013

如何使用本手册　/ 016

第一章　维度1：态度与感知　019

引　言　020

帮助学生建立对课堂氛围的积极态度与感知　021

感知到被教师和同学接纳　/ 022

感知到课堂氛围的舒适感与秩序感　/ 028

帮助学生建立对课堂任务的积极态度与感知　033

感知到课堂任务的价值与乐趣　/ 034

相信自己有能力有资源完成任务　/ 037

理解并明确任务 / 038

维度1的单元设计 042

第二章 维度2：获取与整合知识 047

引 言 048

理解知识本质的重要性 / 049

陈述性知识与程序性知识之间的关系 / 049

概括水平和知识的组织 / 050

获取与整合陈述性知识和程序性知识 / 053

帮助学生获取与整合陈述性知识 054

建构陈述性知识的意义 / 055

组织陈述性知识 / 064

存储陈述性知识 / 075

维度2的单元设计：陈述性知识 085

帮助学生获取与整合程序性知识 095

为程序性知识建构模型 / 095

固化程序性知识 / 098

内化程序性知识 / 102

维度2的单元设计：程序性知识 106

第三章 维度3：拓展与精炼知识 111

引 言 112

帮助学生掌握复杂思维技能 113

比较 / 115

分类 / 120

抽象 / 126

归纳推理 / 133

演绎推理 / 140

提供支持 / 152

分析错误 / 159

分析观点 / 169

维度3的单元设计 175

第四章 维度4：有意义地运用知识 179

引 言 180

帮助学生掌握复杂思维技能 181

做出决策 / 184

问题解决 / 193

发明创造 / 201

实验探究 / 211

调查研究 / 219

系统分析 / 230

维度4的单元设计 239

第五章 维度5：思维习惯 245

引 言 246

帮助学生养成高效思维习惯 249

学习的维度之思维习惯：教师手册 258

批判性思维 / 258

创造性思维 / 267

调节性思维 / 272

维度5的单元设计 279

第六章　综合运用　285

单元涵盖维度　286

模型一：聚焦知识　/ 289

模型二：聚焦议题　/ 290

模型三：聚焦学生探究　/ 290

如何评价学生　291

评价内容　/ 291

评价方法：收集数据的工具和方法　/ 292

评价的重要作用　/ 295

如何评定等级分数　297

如何安排教学活动　302

讲授课　/ 302

学习工作坊　/ 303

讲授课与学习工作坊的整合　/ 304

如何组织研讨会　307

结　语　307

《科罗拉多州》单元教学案例　309

译后记　321

Introduction
序 言

概 述

课程开发与督导协会（ASCD）出版的《思维的维度：课程与教学框架》（*Dimensions of Thinking: A Framework for Curriculum and Instruction*）一书中介绍了有关认知和学习的综合性研究框架，而本书倡导的“学习的维度”正是该框架的延伸。学习的维度将《思维的维度》中的研究和理论转化为一种实践框架，可供中小学所有学科教师用以提高教学质量。学习的维度研究与开发联盟（The Dimensions of Learning Research and Development Consortium）由包括该手册第一版编写成员在内的90多位教育工作者组成，专注研究学习的维度模型已达两年之久。该联盟在美国中部地区教育实验室（McREL）的罗伯特·J. 马扎诺（Robert J. Marzano）博士的领导下，致力于将学习的维度模型打造成有益于重组课程、教学与评价的有力工具。

在学习的维度模型中隐含着五个基本假设：

1. 教学过程必须最贴切地反映我们对学习过程的认识。

2. 学习是一套复杂的互动系统，该系统包含五种类型的思维，分别用学习的五个维度表示。

3. 为促进学习，态度、认知与思维习惯等应被明确纳入中小学课程体系中。

4. 教学至少包含两种不同的教学方法：一种以教师为主导；另一种则更多以学

生为主导。

5. 评价应将重点侧重于学生对知识和复杂思维方式的运用，而不仅仅是对信息的记忆。

除本教师手册外，其他图书也有介绍学习的维度，它们旨在帮助教育工作者充分理解以下两个问题：（1）这五个假设如何通过改进教师的课堂教学来促进学生学习；（2）如何运用学习的维度模型来重组课程、教学和评价。

- 《差异课堂：在学习的维度模型下开展教学》（*A Different Kind of Classroom: Teaching with Dimensions of Learning*）结合大量课堂教学案例从理论上探索和研究学习的维度模型。尽管教师无须阅读本书也可运用学习的维度模型，但阅读本书可使教师对认知和学习有更好的理解。除此之外，教师培训师也可通过阅读此书来提高他们培训“学习的维度”的能力。
- 《学习的维度：课堂与学校观察实录》（*Observing Dimensions of Learning in Classrooms and Schools*）旨在指导教学督导学会如何向在课堂中运用学习的维度模型的教师提供支持和反馈。
- 《思维的维度》（*Dimensions of Thinking*）分享了一个课程和教学的设计框架，强调可促进学生学习的各类思维。
- 《学习的维度培训师手册》（*Dimensions of Learning Trainer's Manual*）中包含详细的培训讲稿、幻灯片以及使用指南，为组织与“学习的维度”相关的综合培训和专业发展活动提供了保障。
- 《评价学生成绩：基于学习的维度模型开展表现性评价》（*Assessing Student Outcomes: Performance Assessment Using the Dimensions of Learning Model*）提供了构建评价体系的建议，该体系倾向于评价基于维度3和维度4中的思维方式建构的表现性任务。

我们建议，“学习的维度”培训师首先应参加由ASCD或McREL组织的培训项目或由这些组织推荐的个人所组织的培训项目。如果培训师在思维教学方面已经有足够的经验，可以通过自学或同伴学习来展开每个维度的学习。

然而，我们仍然强烈建议，在培训其他教师之前，培训师自己首先运用学习的维度模型进行单元设计和教学。简而言之，教学实践可促进对学习的维度模型的理解和内化。

- 《运用学习的维度》（*Implementing Dimensions of Learning*）阐明了该框架在学校或学区中的不同运用方式，并讨论了选择运用方式时应注意的事项。该书提供的指导方针将帮助学校或学区实施并运用学习的维度模型，以最大限度保障既定目标的达成。
- 《学习的维度视频集》（*Dimensions of Learning Videotape Series*）诠释了学习的维度模型中的一些重要概念。各个维度的课堂实录均可用于培训、培训后强化课程或学习的维度研究讨论会。

所有上述资源都有助于教育者采用结构化但灵活的方式来改进课程、教学和评价。

什么是学习的维度?

学习的维度是一个综合性模型，它基于研究者和理论家对学习的认知来界定学习过程。其理论前提是：五种类型的思维（或称为学习的五个维度）对于卓有成效的学习至关重要。学习的维度框架将帮助你：

- 聚焦学习；
- 研究学习过程；
- 设计课程、教学和评价。

下面将简单介绍学习的五个维度。

维度1：态度与感知

态度与感知影响学生的学习能力。例如，如果学生认为教室里不安全、无秩序，那他们在教室里的学习效果也不好。同理，如果学习者对课堂任务持消极态度，那他们也可能不会努力完成任务。因此，帮助学生建立对课堂和学习的积极态度与感知是有效教学的关键要素之一。

维度2：获取与整合知识

帮助学生获取与整合新知识是有效教学的另一关键要素。当学生学习新知识时，教师必须指导他们联系新旧知识、组织新知识，使其进入到长期记忆中。当学生学习新技能或新流程时，他们需先学习一个模型（或一组步骤），再固化该技能或流程以有效执行，最后内化或实践该技能或流程以自动化执行。

维度3：拓展与精炼知识

> 见多识广是多么美好的事情啊！
>
> ——莫里哀

学习并不止于获取与整合知识。学生通过拓展与精炼知识的过程（如通过再次分类、澄清错误和得出结论等方式）达到对知识的更深层理解。借助思维方式对所学内容进行深入分析有助于学生拓展与精炼知识。

常用的思维方式如下：

- 比较
- 分类
- 抽象
- 归纳推理
- 演绎推理
- 提供支持
- 分析错误
- 分析观点

维度4：有意义地运用知识

当运用知识完成有意义的任务时，最有效的学习就发生了。例如，我们可能最初通过与朋友闲谈或阅读报刊文章了解网球拍，然而，只有当我们决定购买网球拍时才会真正认识它。为学生创造有意义地运用知识的机会是单元教学设计最重要的环节之一。学习的维度模型推荐了六种思维方式，它们均可用于创建有意义地运用知识的任务：

> 知识改变知识。

> 信息一经应用便可成为知识。

- 做出决策
- 问题解决
- 发明创造
- 实验探究
- 调查研究
- 系统分析

维度5：思维习惯

最高效的学生往往已经养成了强大的思维习惯，从而能够进行批判性思考、创造性思考，并能够调节自身行为。此类思维习惯包括：

批判性思维：

- 追求精准（保持并追求精准）
- 追求清晰（保持并追求清晰）
- 开放心态（保持开放的心态）
- 抑制冲动（决策前充分思考）
- 立场鲜明（需要时采取立场）
- 移情理解（合理地回应他人）

创造性思维：

- 坚持不懈（坚持完成任务的能力）
- 突破自我（突破知识和能力的局限）

- 坚持己见（设定并坚持自身评价标准）
- 打破常规（用新视角审视超出常规的情况）

调节性思维：

- 自我监控（对思维进行自我监控）
- 合理计划（系统地制订合理计划）
- 调用资源（识别并调用必要资源）
- 回应反馈（对反馈做出适当回应）
- 评估效能（评估学习行为有效性）

学习各维度间的关系

学习的五个维度并不是孤立存在的，而是彼此关联地协同工作，如图A.1所示。

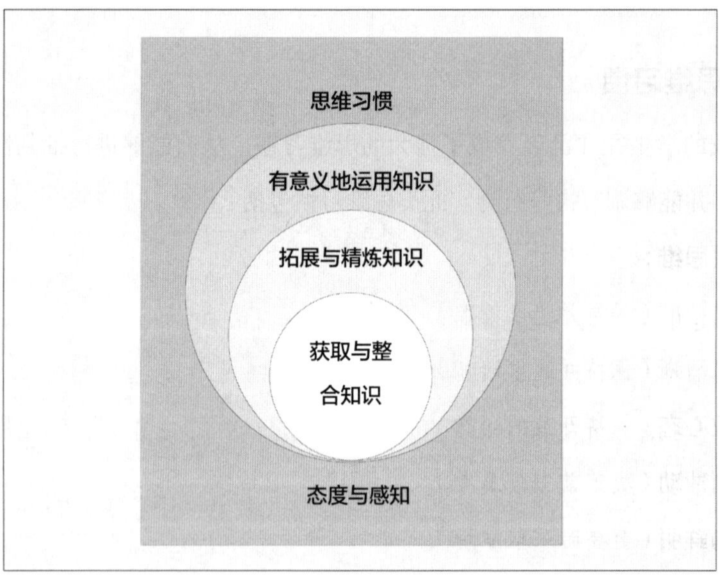

图A.1　学习各维度间的交互方式

简言之，一切学习的发生都基于学习者的态度与感知（维度1）和高效的思维习惯（维度5）。如果学习者对学习持有消极的态度与感知，那么学习收效甚微；而积极的态度与感知则可以使他们学得更多、更容易。同理，高效的思维习惯也能促进学习者学习。因此，维度1和维度5是影响学习过程的基本要素，这也是将其置于图A.1所示图形的背景位置的原因。

有了积极的态度与感知、高效的思维习惯，学习者可在其他三个维度中保持有效思考，即获取与整合知识（维度2）、拓展与精炼知识（维度3）以及有意义地运用知识（维度4）。请注意图A.1中分别代表维度2、维度3、维度4的圆环之间的位置关系。代表有意义地运用知识（维度4）的圆环包含着其他两个圆环（维度2和维度3），而代表拓展与精炼知识（维度3）的圆环又包含着代表获取与整合知识（维度2）的圆环。这表明，在拓展与精炼知识的过程中，学习者也在持续获取知识；在有意义地运用知识的过程中，学习者也仍然在获取与拓展知识。换句话说，各类思维之间的关系既不是彼此割裂的，也不是按顺序线性发展的，它们之间既能够相互作用、相互影响，也有可能在学习过程中同时出现。

我们可以借用学习的维度模型来理解学习的过程。学习的维度为理解极其复杂的学习过程提供了新的视角，使我们能够全面深入地了解各维度之间的相互作用。如果应用得当，它将成为我们促进学生学习的有力工具。

运用学习的维度的方式

作为一个综合性的学习模型，学习的维度几乎可以影响教育的每一个方面。教育的主要目标是促进学习，因此我们的教育系统必须聚焦一个能够反映有效学习标准的模型，我们可以参照该模型所反映的标准来做出教育决策和评价。虽然学习的维度不是唯一的学习模型，但它能确保教育工作者始终将学习视为关注的重点。它既可以用于检验学校和课堂目前在促进学习方面做出的努力，也可以用于提出持续改进的建议。尽管个人、学校和学区运用该模型的目的各不相同，但了解该模型的运用方法无疑是大有裨益的。

> 我们很惊喜地发现，学习的维度不是一个“附加组件”，而是一个可以促进整个课程教与学的课堂框架。
>
> ——一位来自康涅狄格州的1年级教师

教学策略资源库

从最基本的层面上来说，本手册俨然已成为研究式教学策略的资源库。尽管其中包含许多有效的教学策略，但手册本身并不是学习的维度模型。教师在运用策略之前应首先进行选择，并根据预期的学习效果衡量策略的有效性。这意味着，即使只是最基本的运用，教师也应首先深入理解各维度的具体内容。

教师专业发展规划框架

一些学校和学区认为学习的维度为教师专业发展规划提供了参考，也为学区在职研修提供了组织策略，如表A.1所示。表格最左列是学习的维度模型的结构框架。教师个体或团队的专业发展规划均由此开始。专业发展培训师提出的第一个问题是："学习过程中的哪个方面需要改进？"根据对这个问题的回答来明确改进所需的各项资源，并填写在表格里。所需资源可能包括达成既定目标所需的课程、策略、人员或书籍。资源之间相互补充，共同为追求学习改进的教师提供服务。教师发展规划表清晰地呈现了选择并使用所选资源会得到哪个方面的改进。需要注意的是，关注的焦点应是学习过程而非学习资源。

> 学习的维度模型验证了我们课堂上已经在做的事情。它为我们提供了一个通用的框架及专业术语，以供我们讨论并规划整个学校的专业发展活动。
>
> ——一位小学校长

课程与评价设计框架

学习的维度模型的建构目的之一就是影响课堂和学区层面的课程设计与评价设计。该模型尤其适用于单元教学设计以及与课程教学一致的教学评价设计，其中，教学评价既包括传统评价，也包括表现性评价。

在每个维度内都提供了相应的设计问题作为参考，从而解决学习过程中各个维度的问题。例如，"我将如何帮助学生保持积极的态度和感知？"或"学生正在学习哪些陈述性知识？"。设计者提出有效问题是非常重要的一环，但实际上教师往往很少回答这些问题，或者在课程设计或评价设计中根本没有考虑这些问题。因此，每个维度下问题的答案并不重要，重要的是在设计过程中能考虑每个维度的基本问题。更多解释和课堂范例详见各单元设计部分。

运用学习的维度模型进行评价时，我们会很快意识到教学与评价之间的紧密联系。另外，传统评价和表现性评价也各有利弊。本手册末尾附有具体的评价建议。

表A.1 教师发展规划表

改进所需资源 **学习的维度框架**								
态度与感知 **I. 课堂氛围**								
A. 师生接纳								
B. 舒适与秩序								
II. 课堂任务								
A. 价值与乐趣								
B. 能力和资源								
C. 明确任务								
获取与整合知识								
I. 陈述性知识								
A. 建构意义								
B. 组织								
C. 存储								
II. 程序性知识								
A. 建构模型								
B. 固化								
C. 内化								
拓展与精炼知识 比较								
分类								
抽象								
归纳推理								
演绎推理								
提供支持								
分析错误								

（续表）

分析观点								
有意义地运用知识 做出决策								
问题解决								
发明创造								
实验探究								
调查研究								
系统分析								
思维习惯 批判性思维								
创造性思维								
调节性思维								

系统改革的重心

综合运用学习的维度模型是将其视为一种组织工具，用以确保整个学校或学区在构建和运行的过程中都持续地关注学习。该模型提供了一种实用的视角和共通的语言。正如课程设计者在设计阶段会针对每个维度提出问题一样，学校系统中的成员在制订学年计划、选择教材、描述岗位要求以及评价课程有效性的过程中也会提出类似的问题。

以上仅仅呈现了学习的维度模型的四种运用方式，实际上教师还可以探索更多运用方式。该模型的目的就是帮助教师确定并达成促进学生学习的目标，因此，我们鼓励教师灵活运用该模型。

如何使用本手册

对学习的维度模型的理解可在很大程度上提升教育工作者在各方面的设计能力。本手册致力于帮助教师和管理者借助学习的维度模型来研究学习，同时也为运用该模型来达成目标的个人、学校和学区提供操作指南。本手册的内容编排和组织结构说明如下：

1. 每个维度分别设立一个章节，内容包括引言、助力学生参与该维度思考的建议、激发反思并提供运用建议的课堂范例、相应维度的单元教学设计过程。

2. 穿插在正文中的信息，有助于你思考每个维度的精彩之处，并做出进一步研究。主要包含如下信息：

- 可供反思的、与本节内容相关且有趣的名言或想法
- 学校或学区所实施活动的说明
- 可用于设计课堂活动或包含该维度下其他策略的建议性材料
- 描述该维度所述思想的图表

3. 第六章“综合运用”详细阐述了完整的设计过程，并提供了实施建议和步骤，以及单元设计范例。除此之外，还提供了以下内容：(1)能够收集学习者在各个维度中表现数据的评价方法；(2)确保教师公平、一致地进行评价并促进学生学习的量规；(3)布置任务和评定等级的方法。

本手册推荐的各维度学习策略和资源只是沧海一粟。你可以根据自己的需求随时补充自己的策略和资源。收集更多观点和建议应该是每一位专业教育工作者的习惯。希望本书内容可以为经验型教师锦上添花，为新入职教师提供良好开端。

第一章

维度1

Dimension 1

1

态度与感知

引 言

多数人都认为态度与感知对学习有很大的影响。作为学习者的我们都曾有如下体验：我们的态度与感知影响我们与教师、同学的关系，也影响我们的自我效能感以及对所分配任务的重视程度。积极的态度与感知可以促进学习；反之，则会阻碍学习。教师和学生应该共同努力让自己保持积极的态度与感知，或者在必要时改变消极的态度与感知。

高效能教师总是持续地以“润物细无声”的方式影响着学生的态度与感知。虽然表面上很难察觉，但实际上培养学生积极的态度与感知却是一项有意识的教学决策。接下来，我们将详细阐述提高态度与感知的两种策略与技巧：与课堂氛围相关的策略、与课堂任务相关的策略。本书将提供各种策略、方法、建议和课堂范例以供你设计如下任务：

> 我曾读过“台球反弹，人做反应”。这让我意识到，尽管不是我使学生对学校产生了消极态度，但是我有责任采用有效的策略来激发学生的积极态度，只有这样才能促进他们的学习。
>
> ——一位来自密苏里州的数学教师

- 激发学生积极的态度与感知。
- 教给学生如何保持积极的态度与感知，或如何改变消极的态度与感知。

维度1主要包含如下两个方面的内容：

第一，帮助学生建立对课堂氛围的积极态度与感知。

- 感知到被教师和同学接纳。
- 感知到课堂氛围的舒适感和秩序感。

第二，帮助学生建立对课堂任务的积极态度与感知。

- 感知到课堂任务的价值与乐趣。
- 相信自己有能力、有资源完成任务。
- 理解并明确任务。

帮助学生建立对课堂氛围的积极态度与感知

教师能够意识到课堂氛围对学生学习的影响，因此，他们的主要任务之一就是创建良好的课堂氛围，让学生可以——

- 感知到被教师和同学接纳。
- 感知到舒适感和秩序感。

教师可以运用以下策略提升学生的态度与感知，并帮助学生生成自己提升态度与感知的策略。

1. 帮助学生理解与课堂氛围相关的态度与感知会影响学习

学生对态度、感知与学习之间的关系的理解程度不一。教师应向学生强调：

- 对课堂氛围的态度与感知是影响学习的关键因素。
- 学生应与教师共同努力保持积极的态度。

教师应让学生理解积极的课堂氛围对学习有重大影响，当然这绝非只是表现出"好行为"那么简单。以下方法可以帮助学生加深理解：

- 与学生分享你自己的学习经历（从幼儿园至今），谈谈与被接纳、舒适和秩序等相关的态度与感知是如何影响你的学习的。分享你曾经或一直运用的保持积极态度与感知的策略，以及这些策略是如何促进你的学习的。然后，让学生分享他们的经验以及所用策略的有效性。

> 一位小学校长定期在校园的布告栏和海报上张贴关于学习的、积极向上的名言警句（例如，“态度是心灵的画笔”）。他还会定期询问学生对它们的理解以及它们是如何促进其学习的。

- 给学生提供一些有关消极态度阻碍学习的假设情境，让学生讨论产生消极态度的原因以及调整方法。
- 帮助学生了解那些虚构人物、历史人物或名人是如何通过保持积极态度来促进学习的。报刊文摘、图书、影视节目等都是很好的学习资源。

感知到被教师和同学接纳

每个人都希望自己被他人接纳。当感到被接纳时，我们心情舒畅，甚至能量满满。然而，当感到不被接纳时，我们心情低落、沮丧、心不在焉。上述情形在课堂上极其常见。感到被接纳的学生通常自我感觉更好，对学校信任度更高，学习会更加努力，学习成绩也更佳。教师的首要任务就是帮助学生感知到被教师和同学接纳。可采取以下几种方法：

2. 与班内每位同学建立关系

我们都希望被人“了解”。一个最简单的动作，比如别人在打招呼的同时叫出我们的名字，会让我们感觉良好。学生亦是如此。与学生建立关系能够说明你尊重他们，并愿意为他们的有效学习提供支持。为与学生建立关系，教师可以采取以下方法：

- 在课前、课中和课后与学生非正式地聊聊他们的兴趣。
- 在课外主动与学生打招呼，比如课外活动时或在商店偶遇时。
- 每天找几个学生边吃午餐边聊聊天。
- 了解并讨论学生生活中的重要事件，比如参加运动会、戏剧表演或其他课外活动。

- 表扬学生在校内外取得的优异成绩。
- 在设计课堂活动时征求学生的意见并考虑他们的兴趣。
- 站在教室门口迎接来上课的学生，向他们一一问好，一定要叫对名字。
- 新学年伊始，让学生填写兴趣调查表，之后结合该调查表所提供的信息与学生进行交流。
- 学年开始前打电话给学生联络感情、建立联系。
- 打电话给家长，分享一些让家长或学生引以为豪的事情。

3. 监控并端正教师自己的态度

大部分教师都意识到，当自己对学生持有积极态度时，学生往往会表现得更好。然而，他们并不能意识到自己有时对某些学生有偏爱或更高的期待。因此，教师觉察、监控和端正自己的态度能够让每一位学生都感知到被接纳。要想改变自身的消极态度，教师可以采取以下方法：

- 每日课前，在脑海中回想一遍你的学生，尤其注意那些你预计在学业上或行为上有问题的学生（暂且称其为“问题学生”）。
- 试着想象这些所谓的“问题学生”也可以积极参与课堂或完成课堂任务。换言之，教师把对学生的消极期待转化为积极期待。这是一种心理预演（mental rehearsal）。每次教学前反复设想学生的积极形象会大有益处。
- 与学生交流时，有意识地对他们保持积极期待。

4. 开展公平、积极的课堂行为

研究表明，即便那些非常关注师生互动模式的教师也常常会有成绩偏好或性别偏好。教师应采取必要措施以确保所有学生都受到积极关注，都能感知到被接纳。教师可以参考以下方法：

- 与教室里的每个学生都有眼神交流。为此，你可以在讲课时环视整间教室，也可以在教室里来回走动。

• 在上课过程中，有意地走近每个学生。座位安排应便于师生在教室内自由走动和互动交流。

• 将学生的名字与其观点联系起来。（比如你可能在一次讨论中说：“丹尼对玛丽的观点做了补充，他说……”）

• 允许并鼓励所有学生参与课堂讨论和互动。除了那些常主动参与互动的学生之外，教师还应鼓励那些互动较少的学生参与进来。

• 无论学生既往成绩如何，也无论你如何看待他们的能力，都要为他们提供适当的“等待时间”来思考和参与教学活动。

5. 尊重个体差异，因材施教

每个学生都是独一无二的。虽然他们在同一个班级，但他们的生活经历、兴趣爱好、知识和能力以及对世界的认知各不相同。研究和经验表明，学生的学习风格、思维方式、智力类型和水平、与认知和习俗相关的文化背景等方面都迥然不同。除此之外，家庭背景、身体或心理特征以及学习优劣势等也会造成学生的学习需求差异。尊重学生个体差异，并因材施教，能使学生感知到被接纳，并进一步促进学习。教师可以参考以下因材施教的策略：

• 借助国内外的相关文献和资料。

• 装饰教室以满足不同的身体需求。

• 设计丰富多彩的课堂活动，让所有学生都有机会以自己喜欢的方式学习。

• 当学生做研究项目时，允许学生选择不同的汇报方式，让他们充分结合自身兴趣、发挥自身优势。

• 在课程中引用成功人士的案例，分享他们如何认识并利用自身个体差异。

6. 当学生回答错误或不作答时也积极回应

当学生知道即使自己回答错误或者不作答也会被接纳时，他们才会积极参与并做出回应。对学生的错误回答或不作答行为的回应方式是影响学生安全感的重要因素之一。当学生回答错误或者不作答时，教师可参考以下策略来积极回应：

- 强调正确之处。肯定学生错误回答中的正确部分及其正确思路。指出学生给出的错误答案其实回答了什么问题。
- 鼓励合作。给学生时间寻求同学帮助，这可以提高回答正确率、促进学生学习。
- 重述问题。再问一次问题并预留等待时间，让学生在回答问题前可进行充分思考。
- 改述问题。对问题进行解释或者从不同角度叙述问题，以保证学生更透彻地理解问题。
- 给出提示或线索。提供充分的指导，让学生能够自己逐步找到答案。
- 给出答案并让学生进行详细解释。如果学生自己想不出正确答案，那就把正确答案给他，然后要求他用自己的话进行解释或提供一个新的案例来说明。
- 适当的时候，允许学生保留自己的观点。

7. 当学生回答正确时以不同方式积极回应

当学生回答正确时，教师常常以表扬来鼓励学生。然而，表扬有时并不能使学生充分认识到自己对课堂教学的贡献，甚至有时会产生负面影响。比如，学生可能会认为表扬是空洞的、敷衍的或者理所当然的，尤其是当学生频繁回答正确并已习惯被表扬时；热情表扬正确回答可能会让其他学生感觉问题已经得到解决，不需要再做进一步讨论；还有一些学生并不习惯被当众表扬。

以下是学生回答正确时加以回应的替代性策略，可以鼓励和认可学生：

- 改述、应用或总结学生的回答。（“如果……是否也是可以的？”）
- 鼓励学生相互回应。（“你怎么想呢？你认可胡安的回答吗？”）
- 私下表扬学生，尤其是对于那些不习惯被当众表扬的学生。（“伊恩，今天我很高兴在课堂上看到你……”）
- 对学生的回答提出质疑或要求学生做出详细说明。（“德文，这似乎相互矛盾……”）

- 向学生说明表扬的标准，以使他们明白自己被表扬的原因。（“鲍勃，你的回答帮助我们找到了一种理解……的新视角。”）
- 帮助学生剖析自己的答案。（“你是如何得出这个答案的？”）
- 通过语调的变化使学生明确你所强调的内容。
- 通过点头倾听、眼神交流等肢体语言来鼓励学生详细阐述自己的答案。

8. 为学生创造合作学习的机会

精心组织面向共同学习目标的合作学习，这将帮助学生感知到被同学接纳。当然，首先要确保所建立的小组既能培养积极的同学关系，又能提高学生的学业成绩。以下是有利于提升小组合作效能的策略：

- 将小组互动所需的技能教给学生。
- 预先确定学习目标，并使学生清楚地理解学习目标。
- 监控小组学习，并在必要时提供补充信息、资源或给予鼓励。
- 组织合作学习过程，使每个小组成员都能为任务的完成做出贡献。
- 确保每个小组成员都能达成学习目标。

9. 提供机会让学生彼此熟悉并相互接纳

有些学生善于交朋友，因此更容易被接纳，而另外一些学生常常难以接纳与自己个性不同的同学。教师应为学生创造彼此了解的机会，让学生认识到尽管他们之间存在着显著差异，但还有很多相似之处。教师还应鼓励学生多与其他同学或小组交流，而不是总跟好朋友在一起。学年伊始，教师就可以为学生创造彼此熟悉的机会，在其他时间教师也可以继续为学生创造彼此熟悉的机会，尤其是在学生明白这样做能促进大家的学习之后，更能产生积极的效果。下面是一些具体策略：

- 学年伊始，让每个学生主动结识一个同学，并将其介绍给班里其他同学。
- 让学生制作出介绍自己家庭背景和兴趣爱好的海报。海报中可以分享自己从出生到现在的照片，然后让学生将海报张贴在教室里，或在全班同学面前进行展示。

• 鼓励所有学生分享他们的价值观和传统文化。如果班里有来自不同国家/地区和文化背景的学生，那将会非常有趣。

• 让每个学生在一张空白纸上写下自己的名字，然后在班里进行传递，每个学生都要在其他所有同学的纸上写一句赞美之词。鼓励学生避免重复，尽量写出别出心裁的赞美。完成后，每个学生都会拿到专属自己的“赞美列表”。

• 让学生设计自己的“姓名牌”，可以用拼贴画、照片或图画等形式来展示自己的喜好。在开学的前几周，让学生将其放在课桌上。

• 整个学年定期举行“让我了解你”活动。

10. 帮助学生提高主动获得教师和同学接纳的能力

为获得教师和同学的接纳，学生应主动行动起来。当然，许多学生需要学习并练习获得接纳的方法。教师可以定期让学生学习并讨论可用的方法，然后及时更新并记录在公告板、幻灯片或笔记本上。一定提醒学生：使用以下这些方法来有效改善学习氛围。

> 人们从被喜欢、被需要、被接纳和成功中培养出被喜欢、被需要、被接纳和成功的感觉。
>
> ——亚瑟·W. 库姆斯

为使教师接纳自己，学生可采取以下策略：

• 如果你对某位教师产生了消极态度，不妨约他或她单独聊聊。通常来说，私下沟通更容易建立积极的关系。

• 尊重教师、以礼相待。与教师交谈时，保持眼神交流，使用恰当语言。

• 如果教师在课堂上生气或急躁，别太介意。因为教师也是一个普通人，也会有情绪不好的时候。

• 努力学习。无论你的学习成绩如何，只要教师知道你在努力，你们的关系就会更积极融洽。

为使同学接纳自己，学生可采取以下策略：

- 学会真诚地关注他人。与同学初识之时，尽量多倾听、多询问、多了解对方，而不是自顾自地讲述自己。
- 称赞同学的优秀品质。
- 尽量避免提及同学的缺点或发生在他们身上的坏事情。
- 礼貌待人。如对待贵宾般礼待他人。

感知到课堂氛围的舒适感与秩序感

能否在课堂上感知到舒适感和秩序感会影响学生的学习能力。舒适感和秩序感指的是身体舒适、规则明确、指导清晰以及心理安全。

学生能否感知到课堂环境的舒适感受诸多因素影响，如教室里的温度、课桌椅的摆放、体育活动的运动量等。学习风格研究专家发现学生对身体舒适的感受存在差异：有些学生喜欢安静，有些则喜欢边听音乐边学习；有些学生喜欢整洁有序的空间环境，有些则觉得环境乱点更舒适。

在课堂管理方面，教师可以参考已有研究来解决课堂秩序问题。例如，有研究表明，明确规定并反复强化课堂规则和秩序将有利于创建积极的学习氛围。如果学生不了解课堂行为规范，那么课堂氛围可能会比较混乱。

> 高中应该给学生提供如家庭般整洁、安全的校园环境，让学生感到舒适和安全。
>
> ——美国中学校长协会《抵制排行榜：改变美国惯例》（*Breaking Ranks: Changing an American Institution*）

多数教育工作者都知道让学生积极参与制定有关课堂氛围的决策是非常重要的。学生参与决策有利于满足其个体需求。以下策略有助于让学生感知到课堂氛围的舒适感和秩序感。

11. 经常性、系统性地开展身体活动

学生只有动起来而不是长时间坐在座位上，他们才会感到更舒适。在常规课堂教学中，教师可采取以下方法允许或鼓励学生动起来：

• 定期安排短时休息，其间学生可以站起来、走动一下并伸伸懒腰。

• 设置一些需要学生独自或小组合作收集信息的课堂任务，最好需要用到离课桌较远处的资源。

• 合理安排不同的学生活动，有的要求学生在自己课桌前独立完成，有的则要求在教室不同区域小组合作完成。

• 当学生注意力开始减弱的时候，停下来运动3—5分钟。

12. 运用“聚焦术”

“聚焦术”（bracketing）是一个通过有意识地屏蔽干扰而保持专注的过程。第一步，学生意识到自己应集中注意力。第二步，学生觉察到自己分心了并需要设法调整。第三步，学生决定不去想那些分散注意力的想法。“聚焦术”有多种实现方式，教师可以建议学生：

• 使用自我暗示。（“我现在不想这个事了。”）

• 安排其他时间再去想它。（“下课以后我再去想。”）

• 脑海中想象集中注意力的画面。

“聚焦术”有助于学生在课堂上保持舒适感，因为它能帮助学生一次只关注一件事。为帮助学生理解并练习“聚焦术”，教师可以运用以下策略：

• 在学生休息时间（如午餐之后或休息之前）讨论“聚焦术”并做出示范。你可以对学生说：“我要‘调整频道’为新任务做准备了。”

• 给学生做示范，让他们分享自己运用“聚焦术”的经验，说一说这个方法什么时候有效，什么时候无效。

• 与学生分享知名人士（如奥林匹克运动员、演员和政治领袖）的故事或视频资料，解释他们如何运用类似“聚焦术”的方法来保持专注。

• 引用文学作品中的范例，让学生从中直接分析或者推断出某个角色如何通过“聚焦术”来保持专注。

• 如果学生实在难以集中注意力，那就索性建议他或她花上1—2分钟想想令其分神的事情，然后将其“置入盒中”，等课后再去想。教师可以让学生在脑海中想象有这么个盒子，也可以让他们在书桌上放一个真的盒子。

13. 建立并商讨课堂规则和秩序

清晰的课堂规则和秩序是促进学生感知秩序感的有效方式。教师可采取以下方法：

• 教师独立制定或与全班协商制定明确的课堂活动实施规则和标准（一些常用的规则和秩序见图1.1）。

① 开始上课
② 教室或学校区域
③ 独立学习
④ 下课
⑤ 课间休息
⑥ 教学秩序
⑦ 非教学秩序
⑧ 作业要求
⑨ 布置作业
⑩ 检查作业
⑪ 评分程序
⑫ 学习反馈

图1.1 课堂规则分类

• 让学生讨论哪些课堂规则和秩序是合理的。

• 告知学生课堂规则和秩序：与学生讨论课堂规则和秩序的意义与原理；将课堂规则清单张贴在教室的墙上；角色扮演或示范应用。

• 具体说明规则和秩序的应用时机以及如何根据情境变化而做出相应调整（比如“在上课伊始……”或者“在考试期间……”）。

• 发生特殊情况时，如实向学生说明规则的变化及其原因。

• 对学生行为进行反馈，明确告知他们哪些具体行为与班级规则相符。此外，还应该让学生知道班级规则如何帮助自己或同学取得进步。

- 快速、公平、一致地执行规则和秩序。

14. 严令禁止课堂内外恶意取笑和威胁他人的行为

安全感是学生的底层需求。如果身心不安，学生就很难进入学习状态。为提升学生的安全感，教师可以尝试以下策略：

- 制定明确的学生人身安全细则。细则越清晰，学生越明白。细则应包括威胁或伤害他人后所要承担的后果。
- 务必让学生知道你在乎他们的身心健康，并且一定会为此采取行动。
- 找到威胁或取笑他人的学生和被威胁或被取笑的学生，与他们讨论发生此类事件的原因。
- 不定时巡视校园，寻找不安全因素。尤其要仔细检查学生可能会受到威胁的区域（如浴室或走廊）。
- 如有必要，约见家长讨论相关问题。
- 建设“零欺凌”校园环境。

15. 让学生自行制定舒适感和秩序感的标准

教师可以多花一些时间促使学生遵守公认的舒适感和秩序感的标准。此外，教师还应鼓励学生学会根据自身对社会行为的理解与偏好制定他们自己的标准。

以下课堂活动可让学生参与创设令自己和同学感知到舒适、有序的环境：

- 让学生详细描述自己如何布置个人空间（比如课桌或学习区域）才能获得舒适感和秩序感。要求学生列出一份标准清单，后续不定期要求学生参照清单评估他们个人空间的舒适度。
- 定期安排学生小组负责“布置教室”，以改善教室的外观形象和布局。
- 与学生讨论如何根据情境变化调整舒适感和秩序感的标准。例如，学生在学习时可能需要安静的环境，而在艺术创作时可能需要音乐相伴。教师应引导学生先判断自己的活动情境（如做作业、打扫教室或修理自行车），再据其选择相应的舒适环境。

- 建议学生了解其他同学获得舒适感和秩序感的需求或策略。这既可以帮助学生验证自身策略的有效性，还能激发他们的新灵感。

课堂范例

以下范例可以激发教师思考如何在课堂上应用维度1的相关内容。

每年，弗罗斯特夫人都会制定一些课堂规则，然后让学生抄写在自己的桌垫上，并按照自己的喜好进行装饰。尽管这样做是为了让学生遵守规则，但似乎只有弗罗斯特夫人在遵守规则。学生们总是想尽办法逃避规则，而她则需花费大量精力强制他们遵守规则。她感到非常沮丧，于是向同事求助。同事建议她让学生参与修订规则及违规的后果。两天过后，弗罗斯特夫人告诉同事这个方法很有效。她说："学生添加了一些我都没有想到的规则，他们甚至还制定了更严厉的惩罚措施。还有学生给规则清单起了一个很有意义的标题：尊重自己、尊重他人、尊重公物。"

● ● ●

沃斯堡先生决定采用一些新方法来激发更多学生参与课堂讨论。许多学生在讨论中表现出来的态度是"与我无关"，或者只有被点名的时候才会发表自己的观点。通过反思，他意识到其实有很多解决这个问题的策略，只是自己没有经常运用而已。于是他决定刻意运用这些策略，例如：把学生的观点和姓名记录在黑板上；记住学生的观点并在适当的时候加以引用（例如，"昨天科琳就说她不同意……"）；更积极地挑战学生的观点，尤其是对于那些觉得挑战比表扬更有意义的学生（例如，"但是，等等，桑迪，如果……就没有意义了"）。正如沃斯堡先生所期待的那样，当学生意识到自己的观点能给老师留下深刻印象时，他们参与讨论的热情更高涨了，思考也更深入了。

● ● ●

伯杰先生发现在他的高中历史课上，学生经常称呼同学为"坐在后排的孩子""穿马甲的那个人"或者"扎马尾辫的女孩"。于是他决定开展一些帮助学生相互了解的活动，以便为后续的频繁互动做准备。他让学生玩一个在小学时经常玩的押韵“名字游戏”。学生们觉得玩“儿童”游戏很有趣，同时，他们也确实开始熟悉并使用彼此的名字了。伯杰先生很高兴地发现，一旦学生能够叫出对方的名字，也就更愿意更多地了解彼此，并在必要时互帮互助。

帮助学生建立对课堂任务的积极态度与感知

“态度与感知”的第二部分与要求学生完成的课堂任务相关。首先，学生必须认识到任务的价值和乐趣，否则他们不会积极参与。其次，学生必须相信他们有能力有资源完成任务，否则他们会因害怕失败而不愿尝试。最后，学生必须清楚地了解任务，如果学生在未明确理解任务之前就开始行动，那么他们很可能最终劳而无功。为帮助学生建立并保持对课堂任务的积极态度与感知，教师可采取以下策略：

1. 帮助学生认识到与课堂任务有关的态度与感知会影响学习

让学生认识到他们对课堂任务的态度与感知将在很大程度上决定他们能从任务中学到多少知识，这一点很重要。同样重要的是，学生还应该认识到对课堂任务保持积极态度与感知是师生双方共同的责任。如果学生能够认识到这些，那么他们就更能理解教师为此所做出的努力，也更有可能在完成指定任务的过程中建立并运用自己保持积极态度与感知的策略。

> 一位校长利用“返校之夜”来解释学习的维度模型。他强调教师在帮助学生获取、整合、拓展与运用知识方面的作用，同时也呼吁家长帮助孩子提高学习态度。在整个学年，学校简报都为家长提供了提高学生学习态度的相关建议。

对课堂任务的价值与乐趣的感知程度、对自己有能力有资源完成任务的信任度、对课堂任务理解的清晰度等都会影响学习。为促进学生理解这些深具影响力的态度与感知的因素，教师可采取以下策略：

- 与学生分享你自己的学习经历（从幼儿园至今），谈谈你对学习任务的态度与感知是如何影响你的学习的。分享你正在使用或曾经使用的保持积极态度与感知的方法，并解释这些方法是如何促进你的学习的，然后让学生分享自己的学习经验和行之有效的方法。

- 提供多种关于学生的消极态度阻碍学习的假设情境，让学生讨论如果改变态度，那将如何促进学习。
- 帮助学生了解虚构人物、历史人物或名人是如何对任务保持积极态度的。报刊文摘、图书、影视节目等都是很好的学习资源。

感知到课堂任务的价值与乐趣

2. 建立学习信任感

如何让学生感知到课堂任务的价值？其中一个方法就是让学生建立“学习信任感”。这也就是说，学生认为任务有价值是因为他们相信教师只会安排有价值的任务。在充满学习信任感的氛围里，学生一般不会质疑那些暂时看不到价值的任务，因为他们相信自己最终一定能够理解任务的重要性。

与其他任何信任关系一样，培养学习信任感需要时间，这就要求师生通力合作，最终帮助学生看到学习任务的真正价值。

3. 帮助学生理解特定知识的价值

> 教师都应具备设计各种学生活动的能力，这些活动既能体现学习目标，又可以明显地提升学生的智力。
>
> ——美国中学校长协会《抵制排行榜：改变美国惯例》（*Breaking Ranks: Changing an American Institution*）

如果学生最初看不到特定知识的学习价值，可能他们只是需要教师解释它为何有价值。例如，学生可能很难理解为什么要学习“古巴导弹危机”，此时，教师可以给学生讲解与此次危机相关的一些细节来帮助学生理解美国和苏联之间的关系是如何随着时间的推移而演变的。

为帮助学生理解特定知识的价值，教师还

可采取以下策略：

• 向学生解释此刻所学知识如何帮助他们在后期学习更复杂的概念、建立跨学科联系或完成特定任务。（你可以给学生“预览”一项即将到来的任务，并进一步指出正在学习的知识对完成该任务的价值。）

• 帮助学生将所学知识与现实应用场景联系起来。

• 让学生确定并彼此分享为何特定知识或任务对其学习具有重大价值。

4. 采用多种方法促进学生积极参与课堂学习任务

毋庸置疑，积极参与课堂任务能够提高学习效率。设计出充满乐趣、引人入胜的课堂学习任务绝非易事，尤其在需要兼顾学生兴趣和能力差异时更是如此。要组织并实施更多让学生参与的活动任务，教师可采取以下方法：

• 设计与校外生活或工作情境相关的“真实”任务。当学生清晰地看到任务的相关性和实用性时，他们就更愿意参与其中。

• 确保任务对智力有一定的挑战性。我们时常看到，一些看似不起眼的任务（如猜谜语、解决假设问题、澄清观点），只要它具有一定的挑战性，各种学业水平的学生都能迅速地沉浸其中。如果课堂学习任务对学生智力有一定的挑战性，那么学生也会积极参与进来。

• 允许学生自主选择。有很多方法既可以为学生提供选择，又能保证任务的严谨性。例如，你可以给学生提供几种学习任务或想法，他们可以任选其一来完成，并据此证明自己已经掌握特定知识。你也可以让学生自选内容来例证或解释某一原理或原则。

• 教师应该饶有兴趣地展示学习材料。教师越兴奋，越能引起学生的兴趣。

• 给学生讲述一些与所学内容相关的轶事趣闻。尽管学生可能最初对所学内容不感兴趣，但教师可用一则轶事趣闻来吸引他们。

5. 设置与学生兴趣和目标相关的学习任务

如果学习任务与自己的兴趣和目标相关，那么学生就更有可能认可任务的价值。因此，教师需了解学生的兴趣和目标，并基于此帮助学生看到学习任务的价值且乐于参与其中。例如，在教“比率和比例”这一单元时，一位教师了解到班里有学生对音乐和运动感兴趣，于是他就向学生阐释如何将“比率和比例”应用到音乐演出和体育赛事上。

随后，教师可以让学生根据自身兴趣创建任务。例如，数学课上，一位教师向学生介绍三种图表，然后让学生结合自己感兴趣的事物来解释如何运用所学图表。有的学生可能会运用图表计算他最喜欢的篮球运动员的投球命中率，而有的学生则可能运用图表画出畅销书的月度排行榜。

教师可以通过持续交流来了解学生的兴趣和目标，也可以直接咨询学生的兴趣和目标。图1.2是教师让学生填写的兴趣调查表。

1. 如果你可以变身为任何事物，你想成为什么？

____

2. 如果你可以去任何地方，你最想去哪里？

____

3. 如果你可以生活在历史上的任何朝代，你最想生活在哪个时期？

____

4. 你目前正在参加什么课外活动？

____

5. 你喜欢参加什么课外活动？

____

图1.2　学生调查问卷

相信自己有能力有资源完成任务

6. 提供适当反馈

学生在任务完成的过程中收到的反馈类型将影响他们的自我效能感。许多教师习惯给学生提供鼓励或信任之类的反馈（如“做得好！”“继续努力！”“我就知道你能行！”“加油继续！”）。但是，很多时候学生需要的是更具体的反馈，以精准确认自己哪里做得好、哪里还需要改进。这就需要将任务进行分解，帮助学生发现自己在每个子任务上的优劣势。例如：

- “你的开篇就很清楚地阐述了文章的主题。结尾总结得也很精彩。我们一起看看第三段的论据部分。”
- “你挥杆前的站姿非常稳定。不要改变你的挥杆姿势，而是在你往后倾斜身体时要……”
- “这部分作业完成得很好，这是因为你做完之后又进行了检查。”

反馈要根据具体的学生、任务甚或当天的情绪等进行适当调整。总而言之，反馈的目的在于帮助学生建立完成极具挑战性的复杂任务的信心。

7. 教学生使用积极自我对话

将消极自我对话转化为积极自我对话有助于学生培养对自身能力的积极态度。第一步是觉察到消极自我对话的存在。学生需要将与自身或学校相关的消极自我对话（比如“我不喜欢这门课。我做不好”）记录下来。一旦他们觉察到在特定情境中的消极自我对话，他们就可以尝试将其转化为积极自我对话（比如“我喜欢这门课，我可以做好”）。值得注意的是，学生最初可能并不相信积极自我对话能帮助他们取得成功。

> 如果你一直告诉自己“我能做到、我能做到、我能做到”，那么你的大脑会开发你身体的潜能，结果一定会让你惊喜。
>
> ——乔恩·埃里克森

8. 让学生感知到自己有能力完成特定任务

当学生认为自己没有完成某项任务的能力时，也许他们需要的仅仅是改变心态——相信自己有这个能力。这也就是说，教师不应该只是为学生加油喝彩，更应培养学生学习的自我效能感。学生可能会被任务中所需的知识搞得不知所措、心烦意乱，特别是那些需要在复杂环境中或长期项目中完成的任务。为帮助学生感知到自己具备完成任务的能力，教师可采取以下方法：

- 更清晰准确地解释完成任务所需的知识。
- 提供证据（比如通过学生档案袋中的作品或者之前作业的分数）向学生证明他们已掌握任务所需知识。
- 将任务分解，让学生认识到自己已掌握每个子任务所需的知识，因此有能力圆满完成任务。
- 为学生提供一些小测试，让他们在比较简单的情境中应用所学知识。顺利完成之后，再让学生完成更复杂的任务。

9. 让学生认识到完成任务的能力包括获取所需帮助和资源的能力

当教师鼓励学生相信自己有能力时，学生可能会误以为只有独立完成任务才算是成功。实际上，所有学生都应该明白，无论在学校还是在生活中，适时求助是每一个自信的学生的特质。

不同能力水平的学生都需要通过提示和示范来提升自己寻求帮助的能力。有趣的是，越是成绩优秀的学生越需要提示和示范，究其原因主要是他们往往给自己施加更大的压力，不愿借助他人的帮助获得成功，他们把寻求帮助看成弱者的表现。因此，教师应创设机会让学生讨论、示范或强化通过适时求助来完成任务的行为。

理解并明确任务

10. 帮助学生明确任务要求

学生需要明确任务要求，但这并非易事。去问一问辅导学生作业的家长便会发现，无论是学生给家长转述任务要求，还是拿回了作业清单，学生都无法向家长准确描述作业的具体要求。有经验的教师都明白完成指定任务能够促进学生学习。为确保学生明确任务要求，教师可采用以下方法：

- 布置作业之前，让朋友、同事或家人读一读作业清单并说一说他们对作业要求的理解。
- 与学生一起复述作业要求时，让学生复述最复杂的部分，以帮助他们识别并消除疑惑。
- 让学生相互解释任务内容和要求，表达清楚并消除疑惑。
- 询问学生是否领会任务要求。
- 向学生展示其他学生的作业范例。

11. 让学生清晰地了解完成任务所需的知识

有时学生要完成一项任务，却全然不知需要用到什么知识。如果学生在完成任务时，只关注要求提交的作品本身，而不关注所需的知识点，那完成任务不会对学生的学习有任何积极效果。例如，学生在制作迷你“殖民地棉被”时，可能只是关心如何制作出一条棉被，并没有理解“人们如何利用有限资源生存下去”这一事实。总之，首先教师自身应该明确一项任务要教给学生哪些知识，然后将其清晰地传达给学生，以便让他们了解通过完成该任务要掌握的知识。

12. 告知学生对其任务表现水平的期待

要想成为成功的学习者，学生必须清楚地了解教师对其任务表现水平的期待。随着学生不断发展和成长，他们也会自设标准，使自己不断追求卓越。然而，当学生着手开始一项任务时，教师应告知学生表现标准，以使他们明确自己将会被如何评价。

学生也需要了解哪些表现超出或达不到标准。教师可通过表格的形式将标准分享给学生，其中最常用的是检查清单和量规。图1.3是一个可参考的示例。

检查清单（样例）	是否达标
带标题的封面	✓
参考文献	✓
页面设置： • 页边距2.54厘米 • 12号字体	 ✓ ✓

量规

4 论题阐述清晰、论证充足、意义深刻、举例恰当、视角独特。

3 论题阐述清晰、论证比较充足。

2 论题阐述不够完整、论证与主题相关度不大、易产生误解和混淆。

1 论题阐述不明晰、论证不足。

图1.3　小组作业的清单和量规

课堂范例

以下课堂范例可供教师思考如何在课堂教学中应用维度1的相关内容。

斯诺先生并不认为教师应该将作业与学生兴趣相联系。他常常布置一些包含大量内容的作业，他不喜欢那种内容较少、只让学生进行自我探索的作业。他也不会像其他教师一样乔装打扮成乔治·华盛顿给学生表演。斯诺先生极不情愿地参加了有关学生态度的必修课程。而后，他惊讶地发现自己对此有误解。主讲人解释说将作业与学生兴趣联系起来并不会削弱学习："只是让学生在自己感兴趣的文章中寻找语法规则的例句；让他们利用自己关心的数据制作三类图表；让他们将科学原理用于解析日常生活现象；让他们创建类比，比如细胞与周围其他系统的相似之处。总之，教师应让学生主动为知识负责，但要让他们告诉你如何使知识更有趣。"当然，在过去斯诺先生也采用过许多上述的方法，只是最近用得少了。他还承认自己应多采纳一些新理念。

● ● ●

菲茨西蒙斯夫人有一个非常聪明的学生，他常在考试或被提问时感到特别焦虑。为了帮助他，菲茨西蒙斯夫人建议他运用“积极自我对话”策略，并提供了几个操作步骤：（1）写日记，记录你在完成一项困难任务之前、之中、之后发现的消极自我对话；（2）识别并写下替代消极自我对话的积极自我对话；（3）在完成任务的过程中练习积极自我对话。虽然学生看起来在毕恭毕敬地听菲茨西蒙斯夫人解释这个策略，但很显然他并没有打算尝试。菲茨西蒙斯夫人感到很遗憾，觉得自己并没有帮到学生。直到两年之后，这个学生拜访了菲茨西蒙斯夫人。几句寒暄过后，学生说自己的焦虑越发严重了，在几乎绝望的情况下，他尝试了很久以前老师建议的策略。“我只是想告诉您，这种方法非常管用！”他解释道，“我是专程来感谢您的。”当菲茨西蒙斯夫人意识到教学常常有延迟效果时，她会心地笑了。

● ● ●

杨先生班上的学生刚刚提交了学期作业。翻看这些作业时，杨先生感到既担忧又失望。虽然很多学生学习很努力，但是他们的作业不过是些花哨的作品，对本学期的重点知识最多只是一带而过。他的第一反应是不能给学生太低的分数，毕竟他们付出了努力，但最终他还是决定严格一些，向学生表示自己不会降低标准。

得知分数的时候，多数学生感到很沮丧。当杨先生解释低分原因时，一个学生埋怨道：“不公平。我们认为我们就是按你要求的标准做的。”杨先生原本不服气，心里想为什么学生还需要被明确告知“作业要展示出所学重点知识”呢？但是在他耐心听完学生的抱怨之后，杨先生意识到自己在布置作业时并没有说清楚要求。几经讨论过后，杨先生和学生们达成一致：将来布置作业的时候，他一定会清晰、具体地告诉学生需要展示出哪些知识；而学生也表示会把精力集中在展示知识上，而不是想方设法做出一份“漂亮的作业”。

维度1的单元设计

维度1的单元设计需要首先回答一个基本问题：

如何帮助学生建立积极的态度与感知?

解决这个问题可遵循以下具体步骤。每一步都会提出一个基本问题或者提供具体信息。设计指南（见表1.1）上留有空白处用以记录你自己的想法、笔记、决策和预设的活动。本维度设计指南中的案例“有关美国科罗拉多州的社会探究型学习单元教学设计”就是依据以上单元问题而设计的。（选择该主题作为案例，是因为它的可迁移性较强，能够适用于其他州或地区单元的教学。第六章提供了《科罗拉多州》这个单元所有维度的设计指南。）

步骤1

> 是否存在和**态度与感知**相关的教学目标或问题?
>
> • 总体目标?
>
> • 与本单元相关的目标?

为回答这些问题，要做好以下工作：

• 确定是否存在总体性的教学目标或问题。例如，最近学生认识不到学校作业的相关性，感觉作业内容与自己的实际需求相去甚远，有的学生甚至已经放弃努力，或者你注意到自己最近过多关注学习内容而忽略了学生。

• 确定与具体教学单元相关的教学目标或问题。例如，你预料到下一单元中的学习任务对学生来说具有一定挑战性，或经验告诉你学生不会立刻发现某主题的乐趣所在。

步骤2

> 如何达成目标或解决问题?

这个问题分为两个部分：

步骤2a　具体来说，哪些策略能够帮助学生……

课堂氛围

- 感知到被教师和同学接纳？
- 感知到课堂氛围的舒适感与秩序感？

课堂任务

- 感知到课堂任务的价值与乐趣？
- 相信自己有能力有资源完成任务？
- 理解并明确任务？

明确态度与感知的相关细节并回答上述问题，有助于你达成目标、解决问题。

步骤2b　描述具体实施内容。

描述可用以达成目标和解决问题的具体活动、经验和策略。以下是本手册提供的相关策略，以供参考：

课堂氛围

1. 帮助学生理解与课堂氛围有关的态度与感知会影响学习。
2. 与班内每位同学建立关系。
3. 监控并端正教师自己的态度。
4. 开展公平、积极的课堂行为。
5. 尊重个体差异，因材施教。
6. 当学生回答错误或不作答时也积极回应。
7. 当学生回答正确时以不同方式积极回应。
8. 为学生创造合作学习的机会。
9. 提供机会让学生彼此熟悉并相互接纳。
10. 帮助学生提高主动获得教师和同学接纳的能力。

11. 经常性、系统性地开展身体活动。
12. 运用“聚焦术”。
13. 建立并商讨课堂规则和秩序。
14. 严令禁止课堂内外恶意取笑和威胁他人的行为。
15. 让学生自行制定舒适感和秩序感的标准。

课堂任务

1. 帮助学生认识到与课堂任务有关的态度与感知会影响学习。
2. 建立学习信任感。
3. 帮助学生理解特定知识的价值。
4. 采用多种方法促进学生积极参与课堂学习任务。
5. 设置与学生兴趣和目标相关的学习任务。
6. 提供适当反馈。
7. 教学生使用积极自我对话。
8. 让学生感知到自己有能力完成特定任务。
9. 让学生认识到完成任务的能力包括获取所需帮助和资源的能力。
10. 帮助学生明确任务要求。
11. 让学生清晰地了解完成任务所需的知识。
12. 告知学生对其任务表现水平的期待。

表1.1　维度1设计指南

单元主题：科罗拉多州

步骤1	步骤2	
是否存在和**态度与感知**相关的教学目标或问题？ • 总体目标？ • 与本单元相关的目标？	如何达成目标或解决问题？	
	具体来说，哪些策略能够帮助学生……	描述具体实施过程。
最近我对学生的错误回答和正确、深刻的回答给出的反应都是一成不变的。 很多学生觉得上次的户外旅行很无趣，缺少组织性，甚至有人不遵守乘坐公交车的规则。	**课堂氛围** ☑ 感知到被教师和同学接纳？ ☑ 感知到课堂氛围的舒适感与秩序感？	我将放慢节奏，给学生机会回答问题，我还会反复重述或改述问题。 我会重申乘坐公交车和户外旅行的规则。我也会让学生补充一些额外的规则和建议，以确保下次户外旅行的成功。
学生对学习科罗拉多州的相关知识没有兴趣。	**课堂任务** ☑ 感知到课堂任务的价值与乐趣？ ☐ 相信自己有能力有资源完成任务？ ☐ 理解并明确任务？	布置作业，让学生用所学知识分析自己所选区域。

第二章

维度2

Dimension 2

2

获取与整合知识

引　言

在考虑如何帮助学生获取和整合知识之前，首先应明确课程或单元目标中的知识类型。许多认知心理学家将知识分为两类：陈述性知识和程序性知识。以下分别举例说明这两种知识类型。

陈述性知识

学生知道或理解

- 民主
- 分子
- 变形虫
- 标点符号使用规则
- 篮球比赛规则
- 当压迫遇到抵抗时，就会产生冲突
- 乔治·华盛顿是美国第一任总统

程序性知识

学生能够

- 进行加减运算
- 写一段话
- 罚球投篮
- 读取条形图
- 做实验
- 搜索数据库
- 读乐谱

学习程序性知识需要学生执行一个流程或者展现出一项技能，即采取一些行动。其中有些主要是心理行为（如进行加减运算），有些则主要是身体行为（如罚球投篮）。无论是心理行为还是身体行为，我们都需要逐步地完成，即先做一步再做下一步。即使像写作、读图或做实验这样的复杂流程也是如此。虽然各个步骤之间的顺序不总是线性的，但是在学习程序性知识时，我们必须执行一系列步骤。

> 许多学区在学业标准和基准中具体规定了学生在读完2、5、8、12年级后应分别掌握的陈述性知识和程序性知识。该项工作可以为教师提供课程单元设计所需资源，使其更加明确学生在单元学习中应获取与整合哪些知识内容。

相反，当学习陈述性知识时，学生则不需要在心理上或身体上执行一系列步骤。陈述性知识是指学生必须知道或理解的知识。当我们学习“民主”的时候，我们不需要区分首先做什么，其次做什么，最后再做什么，我们只需要回忆民主的特征即可。同样，当学习“变形虫”时，我们会想到它的特点（如单细胞动物），而学习标点符号时，我们会想到书面语言中的一系列使用规则（如句首字母要大写）。总之，陈述性知识就是如事实、概念和原理之类的信息内容。

理解知识本质的重要性

尽管研究知识类型间的区别有一定的难度，但不少教育工作者认为这能促进课程设计、实施、教学和评价的有效开展。很显然，要促进学生学习，我们不仅要了解学习过程，还要了解知识的本质；我们不仅要善于设计有趣的教学活动，还要善于识别学生所学知识的类型；我们不仅要理解陈述性知识和程序性知识的教学与评价究竟有何不同，还要明智地决定哪些知识需要学生获取与整合、哪些需要拓展与精炼，又有哪些需要有意义地运用。如果你不了解知识类型间的区别，或者正在运用学习的维度模型进行课程设计、实施、教学和评价，可参考以下内容。

陈述性知识与程序性知识之间的关系

由于教育工作者最关注学生对所学知识的运用能力，因而帮助学生掌握程序性知识似乎是教育的最终目标。这也反映出一个常见误解，即程序性知识是最重要的知识类型。究其原因，可能是程序性知识的学习目标都以“学生能够……”开头，并且程序性知识的运用一般都是易觉察的（如教师很容易识别学生如何运用程序性知识来撰写一段话）。除此之外，人们一般认为如果学生参与某项活动或者动手制作某个东西，那么他们就在运用程序性知识。实际上，这些活动或者实践经验（如制作太阳系模型）常常只是帮助学生学习或展示陈述性知识的手段。对陈述性知识的运用虽然有时不易觉察，但陈述性知识无处不在，且意义重大。

大部分任务的完成都需要运用这两类知识。例如，在完成做出决策、解决问题、实验探究等任务时，需要学生执行特定的流程步骤（程序性知识），但学生对任务主题的了解（陈述性知识）却往往是完成任务并获得有效结果的关键因素。例如，在化学实验课上，学生要通过做实验来探究未知物质的组成成分，很显然他们必须熟练掌握科学实验步骤，然而，对化学物质性质的理解也会极大地影响实验结果。

在未理解相关概念的情况下掌握了一项技能，势必会影响该技能的运用范围。例如，如果学生能够熟练解答一元一次方程和一元二次方程，但并不了解两类方程的特征及其运用情境，那就表明他们缺少了理解如何及何时运用这些技能所必需的关键知识，即陈述性知识。

概括水平和知识的组织

在陈述性知识和程序性知识的一般分类中，还存在着更加细微的分类。了解这些细微分类能够指导教师确定所有学生都应该学习的知识。通过研究陈述性知识和程序性知识如何从具体到抽象，我们能够理解这些细微分类。

陈述性知识

陈述性知识可被组织成强调信息之间不同关系的模式。组织模式可确保学生不会孤立地看待信息。相反，如果学生发现信息可组织成某种模式时，他们更有可能存储并运用这些信息。以下是六种常见的组织模式。

1. 描述。从具体层面来看，陈述性知识可用以描述特定人物、地点、观点、事物或重大事件。当学生最初学习词语的含义或者收集与特定知识相关的关键事实时，可以将信息内容组织成最简单的描述模式。

词语：认识一个词语是指能够理解单词的基本含义。这意味着能够说出该单词的最重要特征，并进一步列举出相关范例或经验。换句话说，学生需要有足够的信息来准确描述这个单词，但也只是表层理解，对其含义没有较大误解而已。

> 每当为学生设计任务时，我都会问自己："我想让学生学到什么知识呢？"我们都布置过类似经典方糖金字塔的任务，但其意义何在呢？于是我给自己提出一个挑战，我要创建有趣且能帮助学生获取和整合特定知识与技能的任务。
>
> ——一位小学教师

事实：事实可用以描述特定人物、地点、生物和非生物、重大事件。一般而言，事实常用于表述以下信息：

- 特定人物的特征（如小说主角罗宾汉居住在舍伍德森林）
- 特定地点的特征（如丹佛气候干燥）
- 特定生物和非生物的特征（如我的小狗塔夫是一条金毛猎犬；帝国大厦有100多层）
- 特定事件的特征（如比萨斜塔始建于1174年）

> 有人试图进行快乐教育。他们说："不要让学生死记硬背事实知识，而要教会他们思考。"可是如果一个人不了解基本事实，又怎么能进行思考呢？查理·达尔文（Charles Darwin）用了20年的时间收集生物学事实，也没有任何发现。直到有一天，当他走在一条英国乡间小路上时突然想到了进化论。那应该就是所谓的思考吧——长时间的事实积累之后的灵感闪现。
>
> ——W. E. 麦克尼尔（W. E. McNeill）

2. 时间序列。时间序列是指在两个特定时间节点之间发生的重要事件。例如，小说故事或传记文章里的各个事件可以按时间顺序形成一个时间序列。

3. 过程或因果关系。过程或因果关系是指导致某特定结果的一系列步骤或一系列原因。例如，用以解释如何消化食物的信息是过程性知识，导致罗马帝国灭亡的重大事件则是因果关系性知识。

4. 情节事件。情节事件指包含以下内容的特定事件：（1）场景（如特定时间和地点）；（2）特定人物；（3）持续时间；（4）事件序列；（5）原因和结果。例如，为了

> 我们被信息淹没，却又渴望知识。
>
> ——卢瑟福·罗杰斯（Rutherford D. Rogers）

帮助学生了解“水门事件”发生的时间、地点、持续时间、参与人员、事件序列、原因及对国家产生的影响，那么就可以将该事件组织成一个情节事件。

5. 概括和原理。概括是对示例的归纳性阐述。例如，“推理作品经常使用伏笔技巧”就是一个概括。原理则是对规则或关系的概括性阐述，它往往适用于多种具体情境。例如，“水能自行流平”就是一个科学原理。“概括”常与“事实”相混淆。事实是对特定人物、地点、生物与非生物及重大事件特征的描述，而概括是对某一类型人物、地点、生物与非生物以及重大事件进行分类陈述。除此之外，概括可描述事物的抽象特征，也就是说，抽象的信息通常是以概括的形式出现的。为便于理解不同类型的概括，举例如下：

- 某类人物的特征（如成为消防员至少要接受两年的训练）
- 某类地点的特征（如大城市的犯罪率高）
- 某类生物与非生物的特征（如金毛猎犬属于优良猎犬；枪支管控总会引起争论）
- 某类事件的特征（如橄榄球超级碗是每年最重要的体育赛事之一）
- 某类抽象事物的特征（如爱是人类最伟大的情感之一）

6. 概念。概念是思考知识的基本单位，一般以单词或短语的形式出现，用于代表某类人物、地点、生物与非生物以及重大事件（如专政、公民权利、平衡、远景、人工智能和诗歌）。概括是对一般类别或分类进行描述，概念则是描述一般类别或分类的单词或短语。例如，“政府的职能是宏观调控和提供服务”是个概括，而政府是一个概念。

由于“概念”与“词语”容易混淆，因此有必要详述一下两者的区别。概念和词语的区别就在于教授它们的方法不同。例如，如果将独裁者作为一个简单的词语来教，那么学生只需准确理解它的基本含义。换句话说，学生应生成该词语的心理图示或者联系应用该词语的经验。但是，如果将独裁者作为一个概念来教，那么学生就应对其有更深入的理解，包括能够说出它的关键特征并能够举出实例说明每一个特征。例如，学生首先需要理解独裁者的特征之一是对不同政见者进行压制或迫害，然后学生需要列举具体例子，如监禁或流放异见者的墨索里尼和希特勒。

以上按照从最具体到最概括的层次顺序对陈述性知识进行了介绍。这里的层次是指对知识的迁移程度，也就是说，知识可被应用于不同情境的程度。例如，文化这个概念，属于最概括的层次，掌握它能帮助学生组织并理解不同国家或组织的具体文化信息。但是，“帝国大厦的具体特征”仅仅是一个事实性知识，掌握它并不能帮助学生学习其他建筑（如泰姬陵）的具体事实。

程序性知识

程序性知识一般被划分为技能和流程两类。尽管这并不是严格意义上的划分，但是技能和流程确实代表了程序性知识不同的概括水平。技能通常指可不假思索地按照严格顺序执行的一系列具体步骤，如加减运算、打字和弹吉他都属于技能的范畴。流程则是一系列概括水平较高的步骤，它往往需要通过有意注意和有意思考来判断下一步该做什么。流程中可能包括各类技能。实际上，最概括化的流程被称为宏程序，用以描述由许多技能组成的程序性知识。阅读理解、驾驶和做演讲都属于宏程序。

具体到学生在一堂课或一个单元内学习的程序性知识，仅确定一般流程是不够的。例如，某单元目标可能是帮助学生学会阅读理解，但是，阅读是一个一般流程，还应该提出更多具体的程序性知识目标。例如，学生阅读时应针对阅读内容生成心理图示，或者要猜出生词的含义。与陈述性知识一样，程序性知识越具体化，学生越容易掌握。

获取与整合陈述性知识和程序性知识

对陈述性知识和程序性知识的了解不仅影响教师对课堂或单元知识的确定，也影响对恰当教学策略的选择。因为学生学习不同类型知识的方式不同，教师教授不同类型知识的策略也应不同。学习陈述性知识需要三个阶段：建构意义（constructing meaning）、组织信息（organizing）和存储信息（storing）。学习程序性知识也需要三个阶段：建构模型（constructing models）、固化（shaping）和内化（internalizing）。知识类型不同，学习阶段间的关系也不同，详见图2.1和图2.2。随着课时或单元目标的变化，你在教学时对各个阶段的重视程度也会发生变化。本章后续部分将详细介绍各个阶段，并给出教学设计及实施建议。对各维度的评价详见第六章。

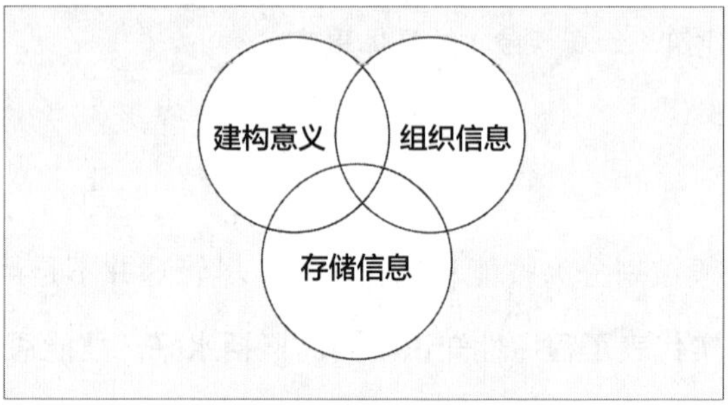

图2.1　陈述性知识的学习阶段

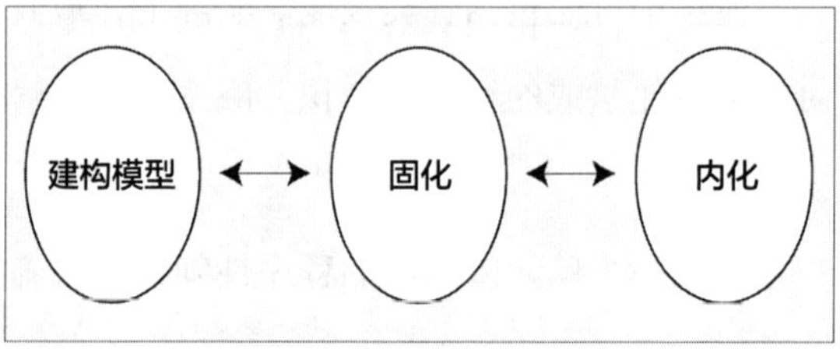

图2.2　程序性知识的学习阶段

帮助学生获取与整合陈述性知识

如本维度引言中所述，陈述性知识指学生必须知道或理解的信息。知道和理解信息要求学生获取新信息并将其与已知信息整合起来。一直以来，许多教育理论与实践都致力于研究如何获取与整合陈述性知识，以期了解如何帮助学生更有效地学习。尽管研究尚不完善，但是建构意义、组织信息和存储信息这三个学习阶段能细致地阐明学生如何才能获得成功。为帮助教师进行有效教学设计、促进高效学习，以下将详细介绍各个阶段及其相应策略。

建构陈述性知识的意义

建构意义是学习陈述性知识的一个重要阶段。有经验的教育工作者都知道，学生若想理解所接收的信息，就必须在头脑中进行积极的思考。学生必须通过回顾旧知并将其与新知建立联结、做出并验证预测、增补未陈述信息等方式来建构意义。例如，当学生观看一部关于鲨鱼的纪录片时，他们需要用已知信息来理解有关鲨鱼的新信息。已知信息使学生能够预测在纪录片中可能看到的内容，并在观看的过程中不断进行验证。他们还可能会纠正自己的误解、增补未陈述信息，或者鉴别易混淆信息。上述活动就反映了学生在理解新信息的过程中是如何建构意义的。

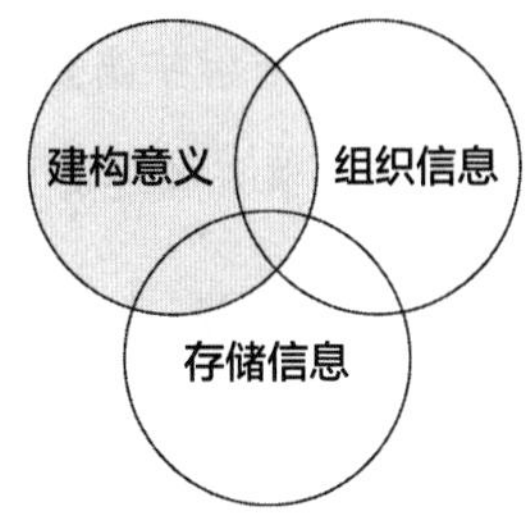

图2.3　建构陈述性知识的意义

幸运的是，人们在接触信息（如读晨报或听收音机）时，会自动进行意义建构。然而，在课堂上，教师需要经常提醒学生运用并提升其建构意义的能力。有许多方法和策略可帮助学生在课堂学习和独立作业时进行意义建构。学生最初获取与整合知识时，可参考以下建议。

1.帮助学生理解建构意义的含义

本节中的具体策略将帮助学生建构意义，进而促进其学习。而且，学生越能透彻地理解这些策略对其学习的影响，就越能有效运用它们。此外，如果学生能辨别不同策略的适用情境，就更有可能独立运用这些策略。因此，我们建议教师为学生设置相应的学习活动，使学生能够体会建构意义在获取陈述性知识中的重要作用。具体建议如下：

• 引导学生讨论“略读”或“简听”与“追求理解”之间的区别。你可以让学生读一段故意隐藏建构意义过程的文章（见斜体字）。然后给出文章题目（《洗衣服》），让学生再次阅读，注意在有先前知识线索（如题目）的情况下，学生的信息加工方式有多大的差异。

这一流程其实很简单。首先，将东西进行分组。当然，有时可能只有一组，这取决于东西的数量。如果需要去他处寻找设施物品，那就是下一步；否则的话，就可以直接开始了。千万不要一次放太多东西。也就是说，每次放少一点比多了好。从短期来看，可能没什么影响，但很容易出现麻烦。一个错误可能需要付出高昂的代价。刚开始你可能会有点手忙脚乱，但很快你就能够应对自如。很难预料该任务在不久的将来是否还有必要，但是，谁知道呢？

此流程完成之后，将这些东西进行重新分组并放到合适的位置。

最后，这些东西将会被再次使用，整个循环过程也会被重复。无论如何，这就是人生的一部分。

• 当你运用策略来帮助学生建构意义时，思考运用这些策略的原因。

• 当学生将要接收新信息时，引导他们选择一种有助于他们建构意义的策略。运用所选策略之后，让他们讨论该策略是否及如何帮助他们理解新信息。

> 这听起来是一个简单的命题：我们建构自己对这个世界的理解……我们的经验告诉我们：有些人慷慨大方而有些人吝啬小气、代议制政府要么作为要么不作为、离火太近就会被烧伤、橡皮球通常会弹跳、多数人喜欢被赞美、立方体有六个面。
>
> ——布鲁克斯和布鲁克斯（Brooks, J. G., & Brooks, M. G.）《追求理解》（*In Search of Understanding*）

2. 运用“3分钟停顿”

马里兰州评估协会（the Maryland Assessment Consortium）的杰伊·麦克泰（Jay McTighe）建议教师经常运用“3分钟停顿”策略。这意味着在课堂上每隔10—15分钟就需停顿一下，让学生思考或讨论已学内容。学生可以结对或小组讨论，也可以全班一起讨论。小小的停顿改变了学生的学习模式：让学生从倾听和观察模式（输入）转向了思考与讨论模式（输出）。

要设置3分钟停顿，你可以给学生提供非常宽泛的指导语（如“讨论一下你在此次活动中的想法”）或者结构化的指导语（如“请回答以下问题……”）。指导语的结构化程度取决于待建构意义的内容的复杂程度以及学生对该策略的熟悉程度。你可以试着给学生3分钟或更短的时间完成以下任务。

- “总结一下所学内容。”
- “说出一个你已知的知识点和一个你未知的知识点。”
- “描述一些你感兴趣的内容。”
- “指出一个令你困惑的知识点，然后努力搞懂它。”
- “请回答以下问题……”

3. 帮助学生运用多种感官体验知识

人们普遍认为，让学生创建所接收信息的详细心理图示，有助于增强他们对信息的理解和记忆。此外，参与创建心理图示的感官越多，效果越好。这些心理图示可以使年代久远的历史事件显得更加真实，也可以使难以理解的抽象事物变得更加具体。为帮助学生培养这项技能，在他们阅读、看电影、听讨论会或演讲、观看展览时，鼓励他们运用五种感官。

视觉

- 让学生想象并描述所学内容的画面。
- 让学生在头脑中像放电影一样回想所学内容。

嗅觉

- 让学生想象并说出与所学内容相关的气味。

味觉

- 让学生想象并说出与所学内容相关的味道。

触觉

- 让学生想象并说出与所学内容相关的触感。

听觉

- 让学生想象并说出与所学内容相关的声音。

创建心理图示是一项可以练习并不断完善的技能。在学生创建好心理图示后，让几个学生大声描述其图示，教师随后反馈并说明学生的心理图示与所学内容的契合程度，并且指出图示中对所学内容的误解之处（如“总体还是不错的，但请记住你要描述的是原子核外的电子排布”）。为帮助学生创建更清晰易懂的图示，教师还要提供细节反馈（如“你听到、闻到或尝到了什么？”“颜色是什么？”）。教师当众为几个学生提供具体的细节反馈之后，让学生结对分享各自的图示，并练习给对方提供同类反馈。这样一来，学生既可以提升其内容学习能力，也可以提升其创建出建构意义的图示的能力。

4. 帮助学生建构词语的意义

正如本维度引言中所述，识别词语是陈述性知识最具体的组织模式。因为教师知道学生在听说读写中应用的词语将影响他们各科的成绩，所以词语教学成为课堂教学的重点。然而，最常用的词语教学方法却往往不是最有效的。

教师经常让学生在词典或词汇表中查阅生词、抄写词义并通过造句来证明学生已经理解其含义。尽管这类学习活动可能会帮助学生学习单词，但并没有鼓励学生建构单词的意义。当我们以建构意义的方式来理解词语时，我们就不会只是机械地复述其定义。我们能理解是因为我们基于自身经验对其进行了意义建构。也就是说，学习者必须对词语等陈述性知识进行意义建构，才能真正理解它们。为帮助学生建构意义，推荐教师运用以下改编自《思维的策略》中的策略。

（1）通过实地考察、课堂活动、讨论或列举教师个人经验等方式为学生提供与新词语相关的直接或间接经验。

（2）让学生根据自己的经验描述（而非定义）新词语。

（3）要求学生使用步骤1和步骤2中生成的信息为新词语创建形象的心理图示。

（4）让学生把词语说给自己听，并在脑海中正确书写该词语。

（5）系统地复习所学词语，适当增删与之相关的信息。

5. 运用 K-W-L 策略

由唐娜·奥格尔（Donna Ogle）提出的K-W-L策略是一个帮助学生建构意义的好方法。该方法主要分三步：

- 我知道的：在读、听、观察或行动之前，让学生列出关于学习主题自己已知（K）的内容。
- 我想知道的：然后，学生列出关于学习主题自己想要（W）知道的内容。
- 我所学到的：学习活动结束后，学生明确并列出所学（L）新内容。L列的内容可能包括意想不到的新知识、W列中问题的答案或证实亦或证伪K列中的内容。

你可要求学生通过自行绘制K-W-L记录表来熟悉该策略。表2.1呈现了学生在观看一部有关鲨鱼的电影之前绘制的K-W-L记录表。

表2.1　K-W-L记录表：电影《鲨鱼》（*Sharks*）

我知道的（K）	我想知道的（W）	我所学到的（L）
它们残忍无比。 它们在水里生活。 它们有尖利的牙齿。	它们只生活在海里吗? 哪里的鲨鱼最多? 它们有多大?	

有些教师对K-W-L策略进行了改编，将“我知道的”改为“我认为我知道的”，将“我想知道的”改为“我认为我将能够发现的”。这两点改变似乎能提高学生的学习参与度和投入度。还有些教师在K-W-L策略的结尾又增加了一个W，以提示学生列出“现在我想（want）知道的”，这有助于学生理解“学习是一个持续的过程”。

6. 创造机会让学生自己发现或理解新知

当教师想让学生理解一个概念或者原理时，他们通常运用探究或归纳策略来提高学生的参与度和理解水平。运用这些策略时，教师明确要求学生通过旧知来理解新知，这样，学生不仅可以学到新知识，还能巩固旧知识。

例如，科学教师可能会要求学生做实验并解释实验结果；语言艺术教师可能会给学生提供有关“明喻”的正反例，然后要求他们总结出“明喻”的定义特征。第二个案例所用的策略是一个基本教学模型，布鲁斯·乔伊斯（Bruce Joyce）和玛莎·威尔（Marsha Weil）根据此模型提出了“概念获得”过程（详见《教学模型》）。我们将其分为五个阶段。

第一阶段

“概念获得”的第一阶段是提供正例和反例。假设教师要呈现“复合词”这一概念，那么他或她首先给出一组正例和反例。其中正例具备此概念的所有属性和特征，而反例则不具备。然后，教师每次举出一组正例和反例。对于“复合词”这一概念，教师可能对学生说：“‘boyfriend’是一个复合词。‘boy’不是一个复合词。‘railway’是一个复合词。‘car’不是一个复合词。”当教师将正例与反例成对呈现时，让学生试着去找出所学概念的定义特征。接下来，让学生将这些最初的想法视为假设。

第二阶段

在本阶段，教师要呈现更多的正例和反例，使学生能够验证他们最初对此概念的定义特征的假设。本阶段结束时，教师要求学生简述他们的假设并解释建立假设的过程。以“复合词”这一概念为例：

我认为“复合词”由两个单词组成。有时复合词的词义是两个单词的词义组合，但很多时候又不是。最初我以为两个单词的词义组合起来就是“复合词”的词义，但我注意到……

第三阶段

在本阶段，教师需要呈现更多的正例和反例。教师持续提供正反例，直到大部分学生都能说出概念的定义特征。

第四阶段

在本阶段，教师让学生独立辨别正例和反例。具体可分为两步。第一步，教师让学生从他或她所提供的词语列表中选出正例和反例。以“复合词”为例，教师提问：“‘railway’是复合词吗？‘rebound’是复合词吗？”第二步，教师让学生自行寻找“复合词”的正例和反例，并在全班分享。

第五阶段

在最后这个阶段，教师让学生书面或口头描述所学概念的关键特征或定义特征。此外，教师向学生介绍这个概念的名称，让学生将概念名称与概念定义联系起来。（注意：有时会直接提供概念名称。）

以下范例说明了另一位教师如何运用“概念获得”策略。

假设社会研究课的教师要讲解“欧洲中心论”这一概念。她告诉学生可以将该概念理解为一种“视角”，而且正例能够证实这个视角，而反例却不能。她要求学生通过辨析正反例来确定该视角到底是什么。她提供了大约20组正例和反例，部分如下：

正例	**反例**
• 中东	• 美国
• 东亚	• 日本
• 西方	• 加拿大
• 东方	• 中国
• 哥伦布发现美洲大陆	• 哥伦布入侵新大陆并奴役了原住民

当教师在“概念获得”的前四个阶段将这些正例呈现给学生后，学生逐渐意识到诸如“西方”“东方”和“哥伦布发现美洲大陆”这样的观点仅仅从“欧洲是文明中心”这样的视角来看才有意义。当教师指明该概念被称为欧洲中心论时，学生就能为它写出明晰的定义了。

7. 在学生接收信息之前、之中和之后运用各种教学策略

一些阅读理论家认为阅读过程包括三个阶段：阅读前、阅读中和阅读后。无论学生是阅读、倾听信息还是浏览信息，这三个阶段均适用。在每个阶段，学生都会做一些事情，为所接收的新信息建构意义。

一些教学技巧为学生提供了在接收信息之前、之中、之后都可以运用的策略。这些教学技巧将使学生认识到，他们不仅仅需要阅读课文或看影片，他们还应制定并运用一些策略（比如，了解自己的已知、提问并回答问题、创建与调整心理图示）以加深对所接收信息的理解。

以下是遵循之前、之中、之后结构的两种教学技巧：互惠教学法（Reciprocal Teaching）和SQ3R阅读法（即概览、提问、阅读、背诵和复习）。

互惠教学法

互惠教学法有助于师生积极运用旧知。具体操作步骤如下：

（1）**概述**。学生默读或朗读一段文章之后，一个学生担任教师（即"小老师"）来概述所读内容，其他学生则在教师的指导下进行补充。学生遇到困难时，教师可提供线索（如关键事件或明显的主题句）以帮助学生完成概述任务。

> 里夫、帕林克萨和布朗（Reeve, Palincsar & Brown）的研究表明：互惠教学法能有效提高学生的随堂理解测试成绩（正确率从20%提高到80%）和标准化理解测试成绩（连续两年均有提高）。

（2）**提问**。"小老师"向全班提问。所提问题应能够帮助其他学生识别文中重要信息。例如，"小老师"回顾这段文章并就具体信息进行提问，其他学生则根据回忆来回答问题。

（3）**澄清**。接下来，"小老师"尝试澄清段落中的困惑之处。他或她可以直接指出，也可以要求其他学生指出困惑之处。例如，"小老师"可能会说："我不明白'狗撞车的原因'，谁能解释一下？"或者要求其他学生提出需要澄清的问题，然后，大家一起尝试澄清它。澄清过程可能需要重读文章中的某些段落。

（4）**预测**。“小老师”要求大家预测文章下一段的内容。可以由“小老师”将预测内容写到黑板上或幻灯片上，也可以让大家写到自己的笔记本上。头脑中想着预测内容，全班学生开始默读或朗读文章内容。然后再重新选一名学生担任“小老师”，重复以上过程。在接下来的概述阶段，新的“小老师”要首先阐述之前所做的预测。

SQ3R：概览、提问、阅读、背诵和复习

SQ3R阅读法由弗朗西斯·罗宾逊（Francis Robinson）开发，是一个五步学习计划，可以帮助学生在阅读时建构意义。该方法包含提问、预测、设定阅读目标和监控困惑等要素，能帮助学生理解和回忆所读内容。正如《学科阅读教学：若非我，又是谁？》（*Teaching Reading in the Content Areas: If Not Me, Then Who?*）所述，SQ3R包括以下步骤：

（1）**概览**

- 想一想“我知道什么？”“我想知道什么？”。
- 浏览标题或略读段落首句。
- 看插图和图解。
- 阅读文章首段。
- 阅读文章尾段或总结段。

（2）**提问**

- 把文章标题转换成一个问题。
- 写下在概览阶段想到的问题。
- 把小标题转换成问题。
- 把副标题、插图和图解转换成问题。
- 写下不熟悉的词语并确定其含义。

（3）**积极阅读**

- 通过阅读探寻问题的答案。
- 回答所提问题，并根据上下文线索理解生词。

- 对弄不懂的段落、有困惑的词语和有疑问的语句提出额外的问题。

（4）**背诵**

- 合上书本，回忆所读内容。
- 大声背诵或者写出问题的答案。
- 重读文章，弄懂未解答的问题。

（5）**复习**

- 回答主要目标性问题。
- 浏览答案和所有章节，将所有内容串起来。
- 通过画流程图、写总结、参与小组讨论或考试来复习所学内容。

组织陈述性知识

除了建构意义，还可以通过组织信息的方式来学习陈述性知识，即识别出重要知识点后，找出知识点之间可能存在的关系或模式。在本维度引言中，我们强调了学生识别知识组织模式的重要性，还讨论了组织某节课或某单元陈述性知识的模式。然而，即使在备课时你已经为学生组织了知识，还是不能确保学生能够识别出知识的组织模式。建议运用本节所述策略帮助学生识别主要的组织模式，使他们在学习陈述性知识时能自主识别出其组织模式。请记住，这些策略也常可帮助学生建构意义、存储或记忆正在学习的知识。

1. 帮助学生理解组织信息的重要性

学生在接收大量信息时，可能会感到焦虑或不知所措。最好能让学生认识到组织信息是学习的一个基本阶段，识别并运用信息组织模式可降低他们的焦虑感并促进其学习。在教给学生组织策略之前，教师应让学生认识到运用该策略的目的在于帮助他们找到重要知识点并确定知识点之间的关系。如果学生相信信息组织过程能帮助他们理解、使用和存储信息，那么他们运用组织策略的主动性就会更强。为使学生深入认识并理解组织信息的重要性，可开展以下活动：

• 让学生在自己周围环境中寻找模式，并强调模式可以帮助我们整理和理解所接收的信息。

• 以哑剧表演的方式展示一些行为模式（比如：两个人见面、握手，然后离开；一个人走过来、打开门，然后害怕地跳起来），让学生发现他们可以很轻松地识别和回应熟悉的行为模式。

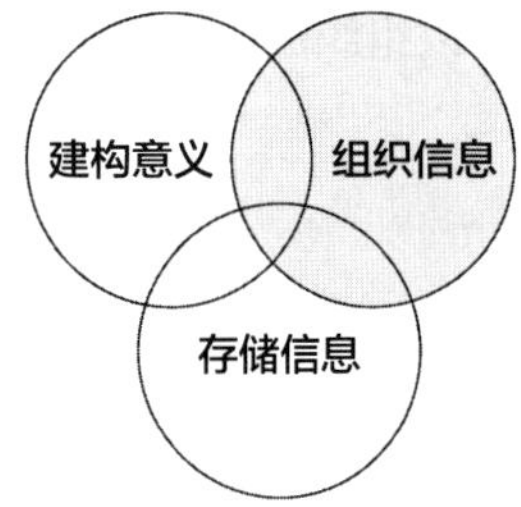

图2.4　组织陈述性知识

• 呈现一张包含学生熟悉的物体隐约轮廓的图片，让学生指出物体（比如，问"沃尔多在哪里？"）。告诉学生如果他们熟悉物体的模式，那么即使在复杂的环境中也能认出它。

• 向学生呈现文章中可能出现的信息，然后用图形组织者呈现相同信息。告诉学生一旦他们熟悉了组织模式，就能更好地识别文章中的信息。

以上方法都强调，就像生活中的模式可以帮助我们应对这个世界一样，组织模式可帮助我们理解、使用并存储信息。

2. 让学生使用图形组织者来识别组织模式

大多数陈述性知识都可以被组织成本章引言中提到的六种模式（描述、时间序列、过程/因果关系、情节事件、概括和原理、概念）当中的一种。每种组织模式都能以图形组织者的形式来呈现。在课堂上进行应用时，既可以是教师呈现图形组织者，也可以让学生自行绘制图形组织者。如果教师在备课时就将信息组织成某种模式，那么他或她就能为学生提供恰当的图形组织者。教师可以提供完整的图形组织者，也可以提供部分图形组织者让学生将其补充完整。当然，教师还可以要求学生选择能够帮助其透彻理解所学知识的图形组织者。以下是本维度的六种常见组织模式适配的图形组织者。

（1）**描述模式可用于组织词语或事实类信息**。具体而言，描述模式既可用来组织词语类信息，也可用来组织特定人物、地点、事物或事件特征等事实类信息。组织成描述模式的信息无须按顺序排列。例如，关于帝国大厦或词语"城镇"的知识就可以组织成一个简单的描述模式。描述模式可参照以下图形组织者来呈现。

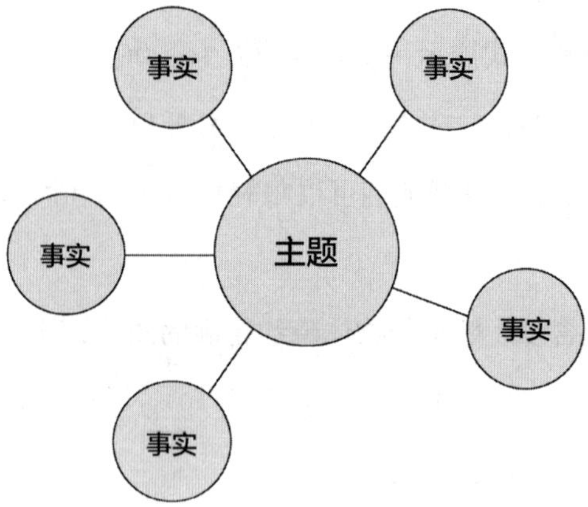

（2）**时间序列模式按特定的时间顺序组织事件**。例如，埃德加·爱伦·坡（Edgar Allan Poe）传记中的内容可以组织为时间序列模式。时间序列模式可参照以下图形组织者来呈现。

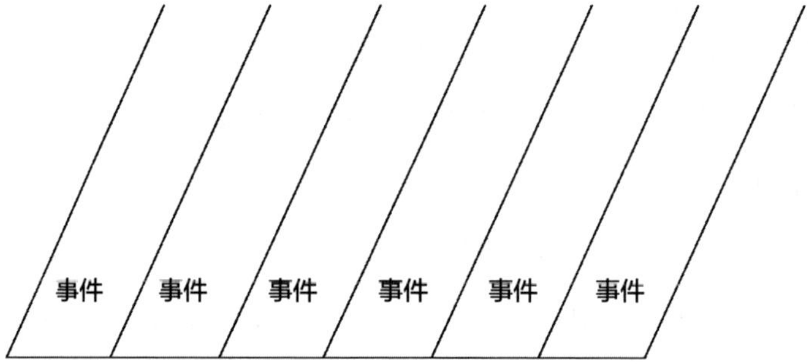

（3）**过程/因果模式将信息组织成指向特定结果的因果网络或一系列步骤**。例如，关于食物消化过程的知识可以组织成过程/因果模式。过程/因果模式可以参照以下图形组织者来呈现。

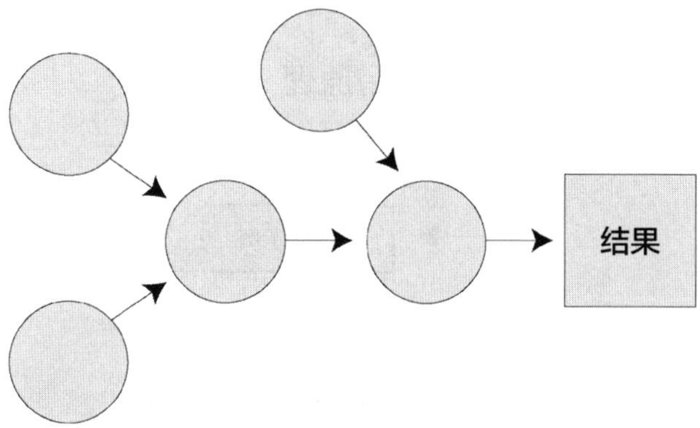

（4）**情节事件模式可用于组织有关特定事件的大量信息，其中包括背景（时间和地点）、人物、持续时间、事件序列、原因和结果**。例如，关于“水门事件”的信息可被组织成情节事件模式。情节事件模式可以参照以下图形组织者来呈现。

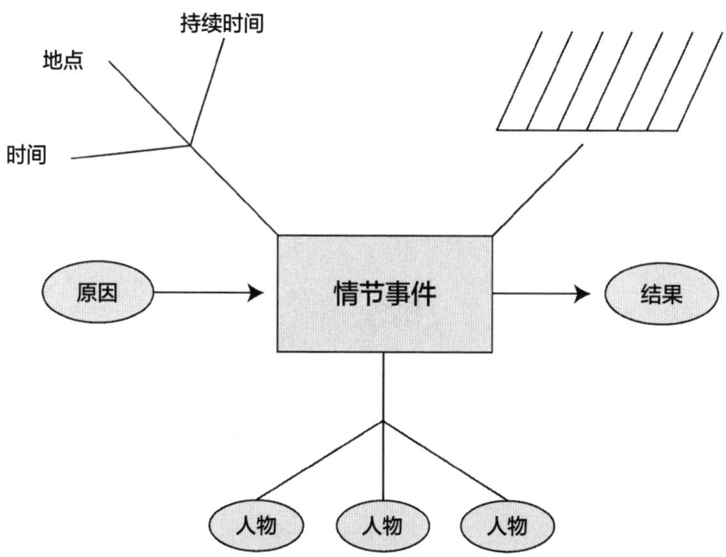

（5）**概括/原理模式将信息组织成有示例证明的概括性陈述。例如，“推理作品中经常运用伏笔技巧”，该概括性陈述可以按照如下图形组织者的方式呈现其证明示例。**

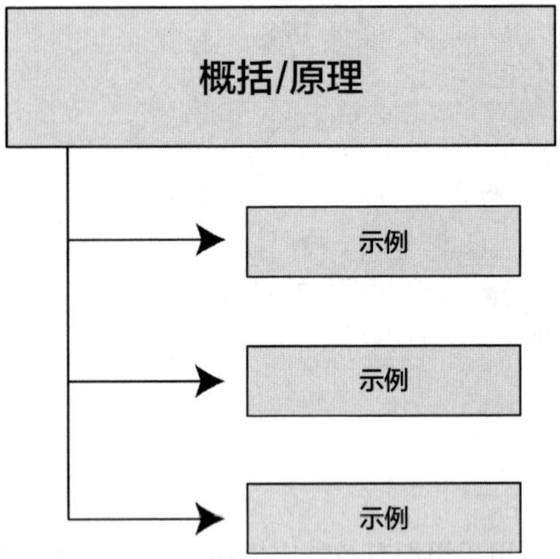

（6）**概念模式是所有模式中概括性最强的，它能组织代表某类人物、地点、事物和事件的词汇或短语**。概念模式应包括概念的特征和每个特征所对应的示例。例如，“文化”这个概念可以按照以下图形组织者进行组织。

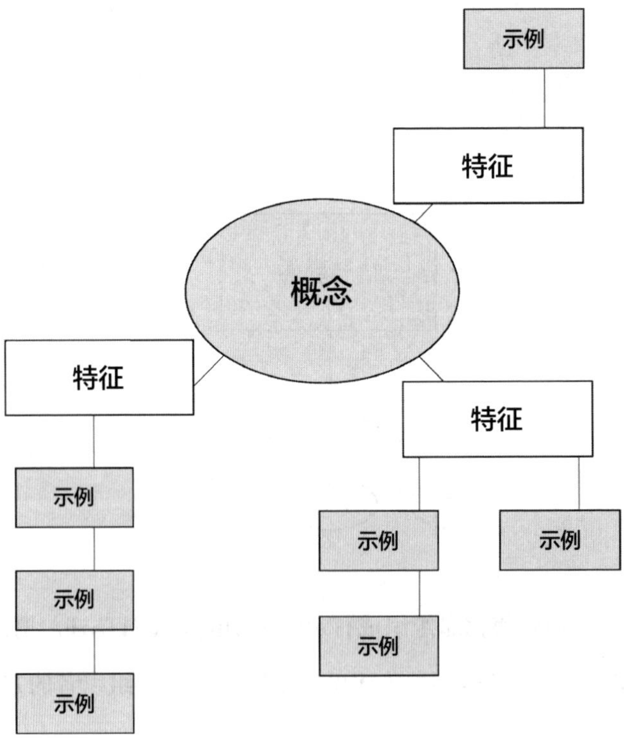

值得强调的是，同样的信息通常可被组织成不同的模式。图2.5、图2.6、图2.7和图2.8分别运用不同模式组织“独裁者”的相关内容。请注意，组织模式不同，学生的关注点也会不同。

美国并不是唯一遭遇经济大萧条的国家，欧洲各国同样也遭遇了沉重打击。此外，许多欧洲人还没有从第一次世界大战的重创中恢复过来。

艰难困苦的生活使得一些欧洲人愿意听信那些承诺让他们的国家重新富强起来的领导者。其中一些领导者确实给他们的国家带来了翻天覆地的变化，但他们的行为也同时引发了第二次世界大战。

独裁者执政。在20世纪20年代到30年代之间，意大利和德国成立了独裁政府。在独裁统治下，领导者完全控制属地人民，属地人民只享有独裁者或领导者所批准的权利。国家一切决策权都掌握在独裁者手中。意大利和德国独裁者的决策触发了第二次世界大战。

墨索里尼执政意大利。一战过后，许多意大利人梦想国家再次强大。法西斯党的创始人和组织者贝尼托·墨索里尼四处鼓吹他和他的法西斯党可以重振意大利昔日雄风，而为了实现这一目标，法西斯必须掌控国家经济、政府机构以及意大利生活的方方面面。

1922年，法西斯掌控了意大利政府，创建了以墨索里尼为首的独裁政权。墨索里尼及其独裁政权的反叛者或被监禁入狱，或被驱逐出境。

紧接着，墨索里尼妄图通过夺取弱小国家政权来增强意大利的国力和财富。于是他将目光转向非洲，并于1935年袭击埃塞俄比亚。不久后的1936年初，意大利军队占领了这个东非国家，并将其纳入意大利帝国的版图。

希特勒成为德国独裁者。一战战败之后，整个20世纪20年代，德国持续处于经济困境之中。种种经济问题与战败记忆使许多德国人加入纳粹党。纳粹党领导人阿道夫·希特勒乘势承诺会将德国变成世界最强国。1933年，纳粹党夺取了德国政权。希特勒成为德国的独裁者，并压制所有反叛者。

（接上）

希特勒将仇恨的矛头指向了在德犹太人，他将德国面临的所有问题都归咎到犹太人身上，毫无公平可言。由于不断地煽动这些虚假指控，希特勒成功激起了德国民众对犹太人的仇视。随后，他剥夺了犹太人的所有公民权利和财产。接着，他下令德国警察围捕犹太人，无论男女老少统统送往集中营或监狱。

希特勒向德国民众承诺，他将大力扩张德国版图。于是他立即在德国大规模制造武器和其他战争物资。1938年，希特勒进攻奥地利。希特勒解释说，吞并奥地利是因为那里大多数民众都是德国人。

图2.5　原始文字版：独裁者掌权

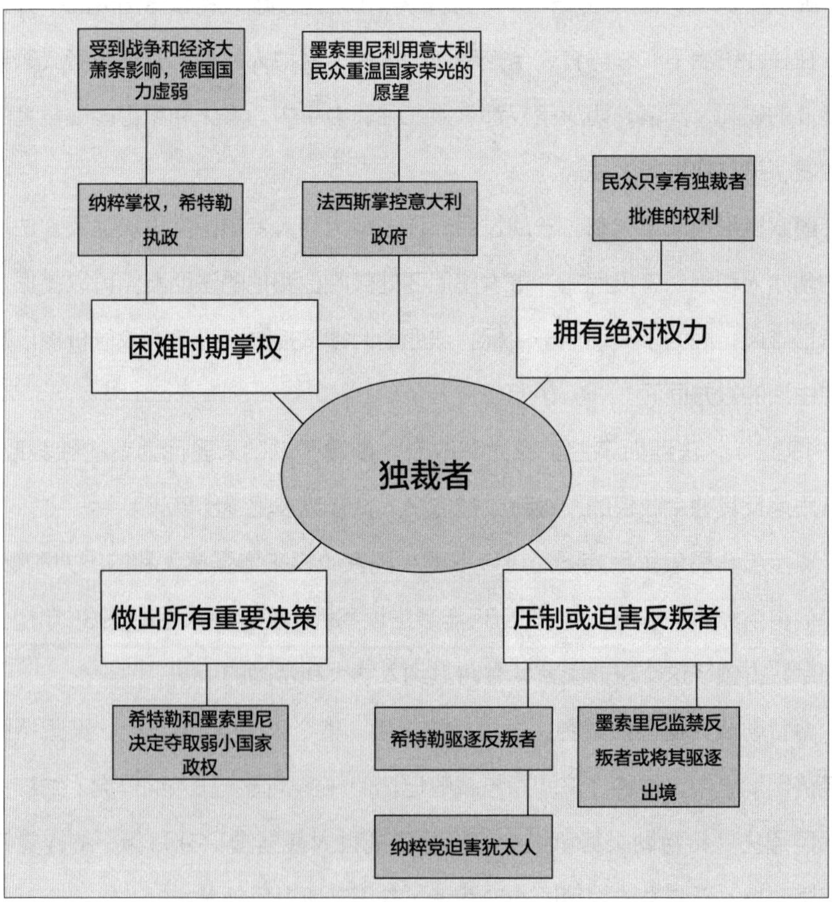

图2.6　概念模式：独裁者掌权

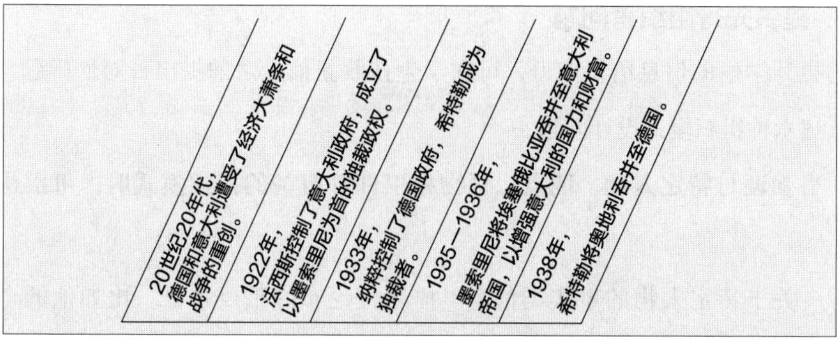

图2.7　时间序列模式：独裁者掌权

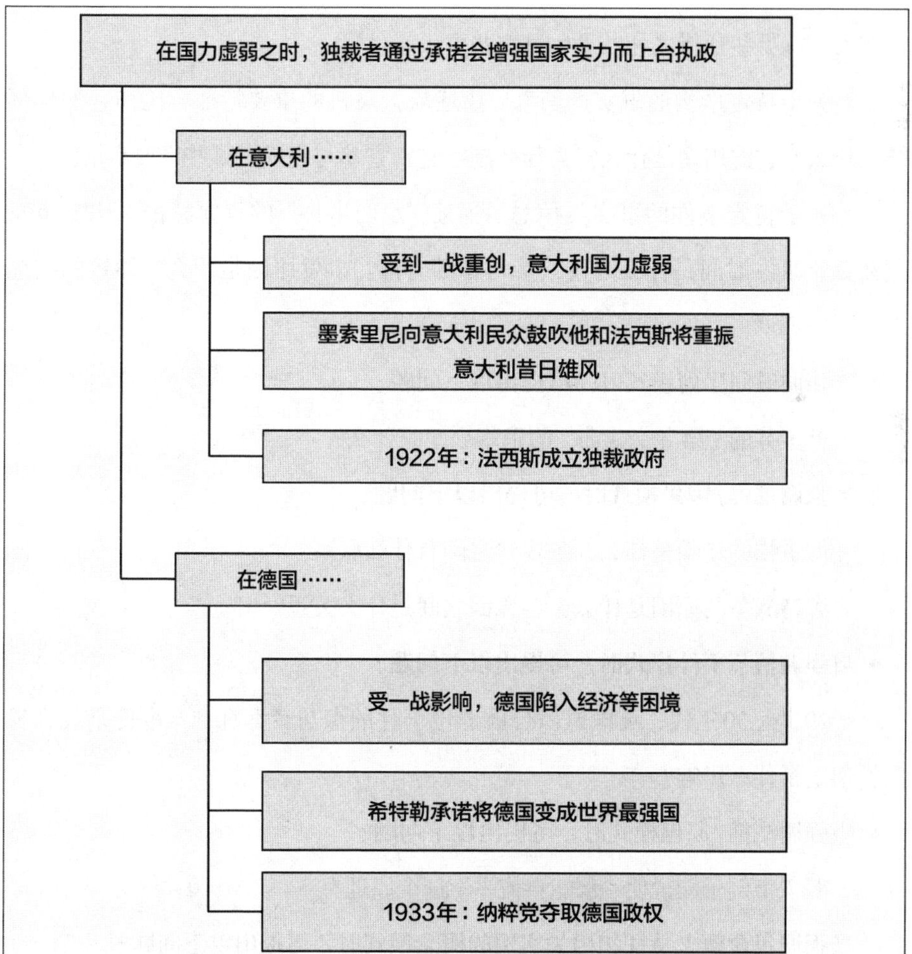

图2.8　概括/原理模式：独裁者掌权

3. 提供先行组织者问题

为提升学生的信息组织能力，可在学生接收新信息之前提出针对性问题。你可围绕上述六种组织模式设计问题。

- **当强调与特定人物、地点、事物和事件等有关的描述模式时，可提出以下问题：**
    - 关于特定人物的事实类信息：描述哥伦布的重要特征。比如他的个性如何？他做过哪些重要的事情？他为什么这么做？结果如何？
    - 关于特定地点的事实类信息：描述丹佛的重要特征。比如丹佛在哪儿？面积多大？有哪些独特之处？发生过哪些重大事件？
    - 关于特定事物的事实类信息：描述航天飞机的重要特征。比如它的外部特征是什么？它的用途是什么？为什么制造它？它参与完成过哪些重要事情？
    - 关于特定事件的事实类信息：描述“水门事件”的重要特征。比如事发地点在哪？事发时间是什么时候？参与者都有谁？事发原因是什么？导致的结果是什么？
- **当强调时间序列模式时，可提出以下问题：**
    - 贝多芬的《第九交响曲》的乐章顺序是什么？
- **当强调过程/因果模式时，可提出以下问题：**
    - 做蛋糕的步骤是什么？各步骤之间有什么联系？
    - 海湾战争的原因是什么？各原因之间是什么关系？
- **当强调情节事件模式时，可提出以下问题：**
    - 20世纪30年代，英国温莎公爵退位事件的参与者都有谁？事件是怎么发生的？产生了什么影响？
- **当强调概括/原理模式时，可提出以下问题：**
    - 哪三个例子能说明“水能自流平”这个原理？
- **当强调包含概念特征和相关实例的概念模式时，可提出以下问题：**
    - 哪三个人是现代独裁者？他们为何被称为独裁者？独裁者的典型特征是

什么？

4. 介绍图示笔记策略

为鼓励学生运用信息组织模式，教师可推荐图示笔记策略，如图2.9所示。学生用一条垂线将页面分为两半，在底部留出横穿整个页面的空白栏。学生在页面左侧按照自己喜欢的方式简单记录一些关键知识点，然后要时不时停下来在右侧绘制与笔记内容对应的图示。这种记笔记的方法虽然会占用学生额外的时间，但能促使学生再次思考所学内容。笔记结束时或做笔记过程中，学生在页面底部空白栏记录对所学内容的总结。

我们通过感官认知世界：

触觉

- 神经末梢
- 向大脑发送信息：压力、疼痛、热/冷

视觉

- 光线穿过角膜、晶状体、视网膜，然后到达大脑

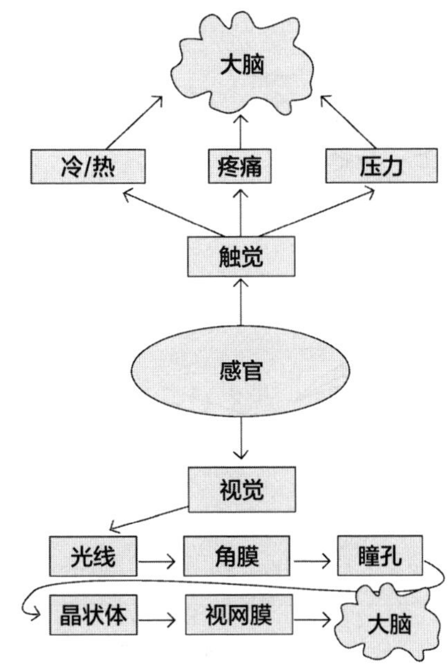

小结：感官的神经末梢将信息传送到大脑

图2.9　图示笔记法：五种感官（节选）

5. 让学生为所学内容创建实体和图示表征

对许多学生来说，创建所学内容的实体表征和图示表征（physical and pictographic representations）不失为一种有效的组织策略。实体表征，顾名思义，是指所学内容的实体模型或角色扮演。例如，在科学课上，学生用乒乓球和吸管制作出原子的三维模型，这就是创建了一个实体表征。学生将所学内容表演出来时，就在进行角色扮演。例如，在解释太阳系时，一个学生拿着手电筒站在教室的中心代表太阳，而其他学生代表行星围绕他行走（旋转）。

学生也可以用图示表征来组织内容。图示表征是一种用符号和象征性图片来表示重要知识的形式。例如，观看了关于美国科罗拉多州自然资源的影片后，学生可以用图2.10中的图示来组织所学知识。

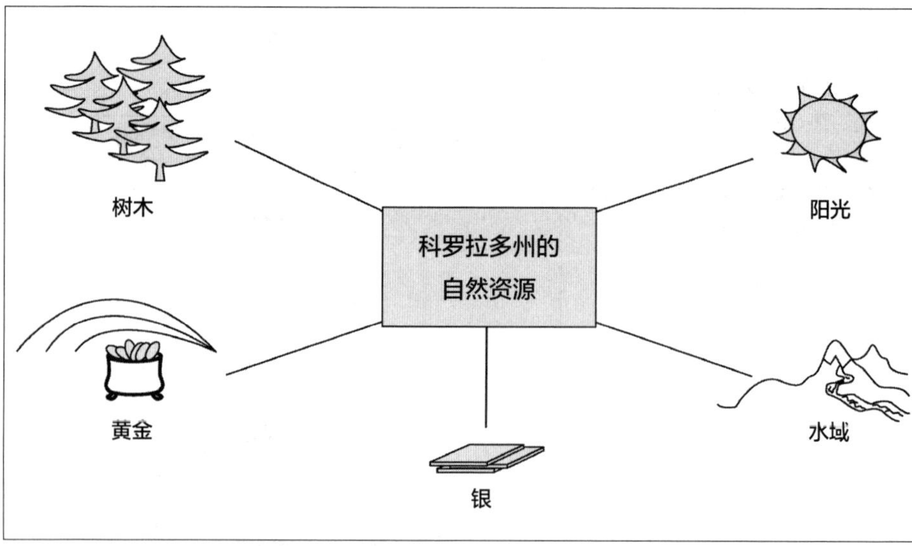

图2.10　图示表征：科罗拉多州的自然资源

6. 让学生使用图表

量化信息通常被组织成图表的形式。尽管图表在数学中使用较多，但也可在学习其他学科时使用。例如，一位文学教师通过让学生绘制含有人物、情节和场景的饼状图来对比三部电影的写作手法。绘制饼状图之前，她先让学生分别为三部电影创建图表，而这三部电影在人物、情节和场景方面的侧重点不一样。图2.11是一名学生对《告别有情天》(*The Remains of the Day*)、《碟中谍》(*Mission Impossible*)和《音乐之声》(*The Sound of Music*)三部电影的分析。

教研组的教师定期剪辑《今日美国》中的图表，并据此向学生介绍如何用图表来组织和交流简单或复杂的信息。

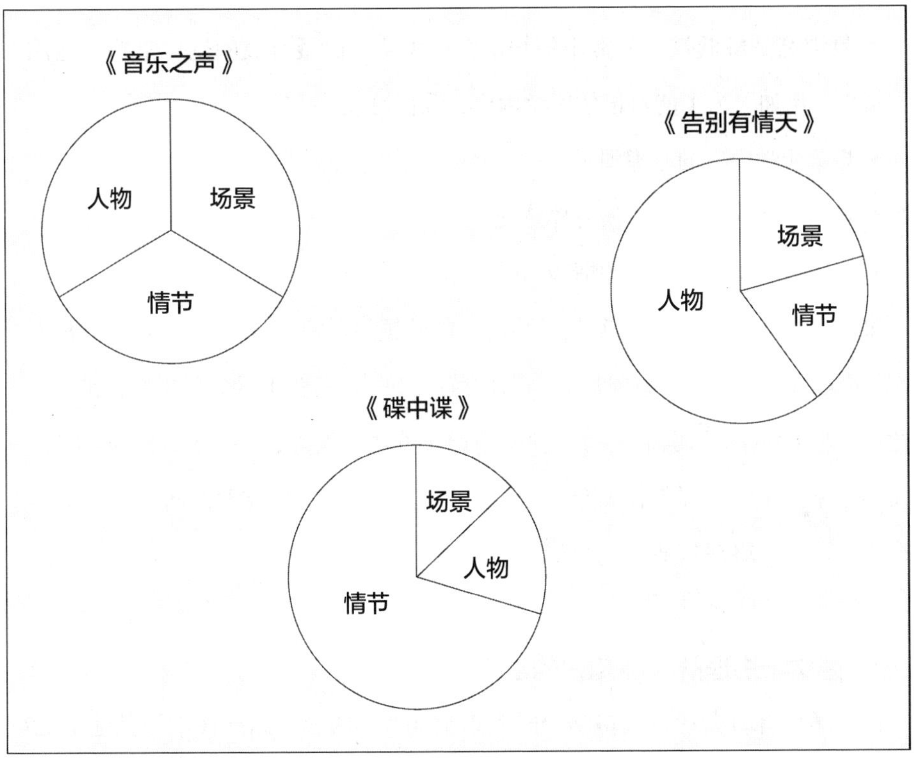

图2.11 饼状图：对比三部电影中的人物、情节和场景

存储陈述性知识

为便于提取和运用知识，我们通常必须有意识地将其存储在记忆中。意义建构和组织信息通常有助于强化记忆，但我们也需要运用存储策略来记忆重要内容。例如，即使你为所阅读的内容创建了心理图示(mental picture)并整理出了知识大纲，但是若想在后期回忆起它们，你还是需要牢固地记住关键知识。

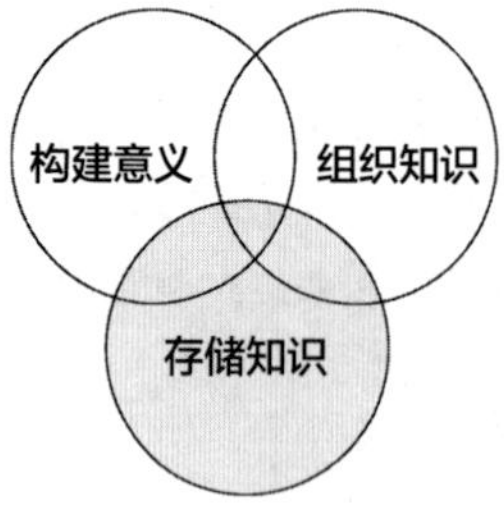

图2.12 存储陈述性知识

一些教育工作者认为在学习过程中不应强调死记硬背，应注重对知识的理解（而不是记忆），学会如何查找、获取信息。尽管大多数情况下，记忆不是学习的目标，但是在课堂上、工作中，甚至在娱乐时，我们也常遇到需要即时回忆信息的情况。作为教师，我们必须慎重决定需要学生记忆的内容，并为之提供有效的存储策略。

反复浏览是最低效、最常用的知识存储策略，而最有效的记忆策略是运用“意象”策略。例如，为了能够记住所学内容，我们可以：

- 想象所学内容的心理图示。
- 想象与所学内容相关的身体感受。
- 想象与所学内容相关的情绪情感。

如果你想在心里创建一个关于乔治·华盛顿的形象，你可以首先想象华盛顿在骑马（心理图示），然后想象皮革马鞍的气味和骑在马背上的感觉（身体感受）。除此之外，“自我对话”也不失为一种好的记忆方法。例如，“乔治·华盛顿是第一任总统。他率领军队在福吉谷集合”。最后，一腔爱国之情可能油然而生（情绪情感）。很多高效课堂策略都是基于“意象”而创建的。

1. 帮助学生理解存储知识的过程

由于学生有时会耗费太多学习时间来记忆所学内容，因此在学习其他记忆策略之前，他们必须理解两个关键点。其一，学生应将更多精力用于建构意义和组织信息，因为这两个过程不仅有助于促进他们对知识的理解，还有助于促进他们对知识的记忆。其二，需要立刻记住某些知识时，有效运用存储策略可以极大地缩短记忆时间。为帮助学生理解这两点，教师有必要组织学生讨论存储知识的过程，并为学生提供何时、如何使用存储策略的经验。具体包括：

- 为帮助学生理解建构意义如何影响记忆效果，给学生呈现两组信息：第一组信息需要学生运用建构意义策略和信息组织策略，第二组信息则不需要。随即测试学生的记忆情况，然后隔一段时间再测一次。测验结果表明，第一组比第二组的记忆效果更好。

- 为呈现存储策略的效果，让学生先通过复述记忆一些信息，然后运用已学存储策略记忆相似信息。随即测试学生的记忆情况，然后隔一段时间再测一次。将学生在两组信息中的记忆效果进行对比。
- 为确保学生能够适时运用存储策略，在呈现陈述性知识时，与学生讨论哪些知识需要记忆、是否需要运用存储策略。

2. 向学生介绍符号表征和替代策略

有些类型的知识比较容易创建意象，而其他类型的知识则不然。为有关乔治·华盛顿的事实类知识创建意象很容易，因为你可以想象他的外貌、他的马、他的军队，等等。但是对于抽象信息，比如水的基本元素是两个氢原子和一个氧原子，我们该如何创建意象呢？你可以运用符号表征（symbols）和替代策略（substitutes）。

你可以用符号表征任何你想记住的东西（一件事、一个人、一个地方或者一个东西）。例如，你可能用一个潜水用的氧气瓶来表征氧气。

替代词是指一个听起来与你要记的信息很像，也容易绘制成图像的词。如果不便于用符号表征或其他描绘信息的方法，你可以运用替代策略。例如，单词“消防栓”（hydrant）与“氢气”（hydrogen）的发音很像，并且易于想象。

你用氧气瓶表征氧气，用消防栓替代氢气。为了记住“水是由两个氢原子和一个氧原子组成”，你可以想象两个消防栓漂浮在水中，一个氧气瓶在上面保持着平衡。你还可能因此产生身体感受或情绪情感，并基于此自我对话。

3. 运用链接策略

链接策略（link strategy）常常与符号表征和替代策略一起使用。链接一般是指通过知识链或故事将一个又一个的意象串联起来。例如，假如学生想记住13个原始殖民地：乔治亚州（Georgia）、新泽西州（New Jersey）、特拉华州（Delaware）、纽约州（New York）、北卡罗来纳州（North Carolina）、南卡罗来纳州（South Carolina）、弗吉尼亚州（Virginia）、新罕布什尔州（New Hampshire）、宾夕法尼亚州（Pennsylvania）、康涅狄格州（Connecticut）、罗得岛（Rhode Island）、马里兰州（Maryland）和马萨诸塞州（Massachusetts）。由于很难在脑海中想象这些州名的意象，所以学生很可能需要运用符号表征和替代策略。例如，泽西牛（Jersey cow）听起来像新泽西，而帝国大厦是纽约的象征。乔治特（Georgette）听起来像乔治亚州，而圣诞颂歌（Christmas carol）听起来像卡罗来纳州，因此，可以将它们视为殖民地名称的替代词。

接下来学生可以将符号和替代词所生成的心理图示串成一个连续的故事。例如，学生可以先想象乔治特（Georgette听起来像是Georgia）和泽西奶牛（Jersey cow听起来像New Jersey），然后想象乔治特（Georgette）（一种泽西的奶牛）穿着一条黄色短裤（underwear听起来像是Delaware），站在帝国大厦（the Empire State Building象征着New York）的楼顶。她开始演唱圣诞颂歌（Christmas Carols听起来像North and South Carolina）。她的左臂夹着一根弗吉尼亚火腿（Virginia ham指Virginia和New Hampshire），右手拿着一支钢笔（pen指Pennsylvania）。乔治特拿着笔将一个个点（dots指Connecticut）连起来，最后形成一幅马路（road指Rhode Island）的图片。马路上的玛丽莲·梦露（Marilyn Monroe指Maryland）正要去做弥撒（mass指Massachusetts）。

4. 运用高度结构化策略来存储知识

高度结构化策略有助于学生存储信息，下面介绍其中四种。

（1）**押韵字钩法**（The rhyming pegword method）。押韵字钩法用于记忆能以表单形式组织起来的信息。学生运用该方法时首先应该熟悉下列押韵词：

1 is a bun（1是松鼠）　　6 is a pile of sticks（6是一堆木棍）

2 is a shoe（2是鞋子）　　7 is heaven（7是天堂）

3 is a tree（3是树）　　8 is a gate（8是大门）

4 is a door（4是门）　　9 is a line（9是线）

5 is a hive（5是蜂房）　　10 is a hen（10是母鸡）

单词bun、shoe、tree、door、hive、sticks、heaven、gate、line、hen 比较容易被记住，因为它们分别与数字1—10逐一押韵。如果学生要将某信息放入位置点1（1 is a bun）中，那么他需要形成一个包含bun（松鼠）的心理图示（mental image），因为bun是位置点1中的字钩词。例如，假定学生想要将有关克里斯托弗·哥伦布的以下信息放入位置点1中进行记忆：

- He landed in America in 1492（他于1492年登陆美洲大陆）
- He sailed with three ships（他带领了三艘航船）
- The popular opinion was that he would sail off the end of the world（人们普遍认为他将航向世界尽头）

为了形成包含字钩词bun的心理图示，学生可以想象一只松鼠正穿越海峡，克里斯托弗·哥伦布站在松鼠的头顶，另外两艘松鼠（船）也即将出航。然后学生想象在世界的尽头，海水如同瀑布般奔流而下。学生甚至可以将年份1492写在画面当中，并对自己说："哥伦布于1492年登陆美洲大陆。他带领了三艘航船。"

同样，如果学生想记住爵士音乐史课上某著名音乐家的相关信息，可将这些信息放入位置点2，那么她将形成包含shoe的心理图示。[比如，路易斯·阿姆斯特朗（Louis Armstrong）和恰克·曼吉欧尼（Chuck Mangione）正在试穿红色鞋子。]接着，她将十组不同的信息放入押韵字钩系统中——每组信息的心理图示中只包含一个字钩词。为了提取信息，学生所要做的只是从1数到10而已。每一个数字都会使她想起相应的字钩词，而每个字钩词又会使她想到对应信息的心理图示。

经常有人问学生能否有效利用字钩法来背诵乘法表。事实上，已有学生用此方法记住了那些曾令他们困扰的事实类信息。例如，如果学生记不起7×8的答案，他可以想象这样一幅画面：来自天堂（heaven是7的字钩词）的天使在大门（gate是8的字钩词）上荡秋千，数字56装饰在门前，大门发出嘎吱嘎吱的声音，听起来好像56、56、56。

（2）数字/关键词法。数字/关键词法看似烦琐，实际上操作简单且效果显著。在该方法中，0—9分别对应一种独特发音（通常是一个辅音）。

数字	发音	使用该发音的缘由
0	s	0（Zero）以z开头，像反写的s
1	t	T有一笔竖线
2	n	N有两笔竖线
3	m	M有三笔竖线
4	r	单词four以r结尾
5	l	L在罗马数字中表示50
6	j或ch	将字母j倒转过来与数字6相似，ch与j的发音相似
7	k	将字母k倒转过来与数字7相似
8	f	手写体中的f与数字8相似
9	p	将字母p左右翻转，与数字9相似

以上数字与字母的关联可用以创建易于记忆的关键词列表，这些关键词可由任意组数字/字母关联组合而成。例如，假设你想建立一个包含30个位置点的表格，每个位置点都有一个数字（分别从1—30），同时，每个位置点还有一个具体的辅音字母。你可以利用字母与数字的关联关系来确定关键词。以位置21为例：

$$21 = NT$$

这两个数字分别与字母N和T相关联，按照顺序排列为NT。按照相同顺序有同样发音的单词是NET。因此，要找到与数字相关联的关键词只需找到与数字所对应字母的顺序相同且发音相同的单词即可（比如，307 = M–S–K = MASK）。

你可以运用此策略给任意数字组合创建关键词。你也许认为关键词很难记住，事实并非如此。一旦确定了关键词与数字的对应关系，你只需回忆数字组合中每个数字对应的辅音发音，自然就想到了关键词。以下是数字1—30对应的一组关键词。你可以直接使用该列表，也可以自行确定关键词。当然，你设置的关联数量可以超过30。100个关键词列表可以让你轻而易举地记住100条信息内容。

1 = T = Tea	16 = TJ = TaJ Mahal
2 = N = kNee	17 = TK = TKo（Technical Knockout—boxing）
3 = M = Maypole	18 = TF = TurF
4 = R = Rug	19 = TP = TeePee
5 = L = Law	20 = NS = NoSe
6 = J = Jaw	21 = NT = NeT
7 = K = Key	22 = NN = NuN
8 = F = Free	23 = NM = NaMe
9 = P = Pie	24 = NR = NeaR
10 = TS = TosS	25 = NL = NaiL
11 = TT = TreaT	26 = NCH = NiCHe
12 = TN = ToN	27 = NK = NecK
13 = TM = TiMe	28 = NF = kNiFe
14 = TR = TRay	29 = NP = NiP
15 = TL = TaLe	30 = MS = MouSe

学生确定好关联数量之后，就可以像押韵字钩法一样创建表格：把要记忆信息的心理图示附加到表格相应位置的关键词的图示上。例如，学生用数字/关键词法记忆美国的历任总统，他会想象亚伯拉罕·林肯站在泰姬陵（TaJ Mahal）前的情景，回忆起他是美国第16任总统。

（3）**数字/图片法**。与押韵字钩法类似，数字/图片法是让学生将信息与数字相关联。其操作原理是：数字0—9与易于想象的事物形似。

1 = 警察 

2 = 天鹅 

3 = 鸟 

4 = 叉腰的女孩 

5 = 蛇 

6 = 脚趾疼痛的老人 

7 = 手杖或拐杖 

8 = 雪人 

9 = 大象 

0 = 大鸡蛋 

与押韵字钩法中的松鼠（bun）、鞋子（shoe）、树（tree）和门（door）一样，警察（policeman）、天鹅（swan）、鸟（bird）等也可以作为记忆信息的有力线索。数字/图片法共有十组关联线索。如果学生将信息内容放在第一组，那么他或她就要形成一个包含警察（policeman）的意象（因为第一组的关联线索是警察policeman），以此类推。

（4）**位置记忆法**。位置记忆法是最简单的记忆策略之一。首先，想象一个熟悉的场景，比如你的卧室，然后，在脑海中想象绕房间走一圈，确认房间里常见物品的摆放位置和顺序。你可以从房门开始向右走，依次是梳妆台上的镜子、椅子、椅子右边的绿植、窗户、床等物品。接下来，你选择其中六件物品或者说六个“位置点”与要记忆的信息相关联，比如①房门、②镜子、③椅子、④绿植、⑤窗户、⑥床。当然，如果需要，你可以在房间内继续“神逛”，找到足够多的位置点。

每个位置的物品都应该始终与你要记忆的内容相关联。例如，你想记住古代哲学家的重要思想，那可以首先在头脑中想象一打开你家的门就看到苏格拉底（Socrates）穿着菱形花纹的及膝袜，被一群穿着长袍的学生包围着。他手中握着一本书，正在向学生们提问。假设第二个位置点是你的镜子，那么你可以想象柏拉图站在一个洞穴里，头上的盘子在旋转。该方法的关键是：你所想象位置上的物品就成为你记忆特定内容的锚。只要能将内容分割成有意义的组块，那就可以将每个组块存储在不同位置上。

运用位置记忆法的另一种方式是想象一条你经常走的路（比如，驾车回家的路）。为了确定位置点，你可以选择途中比较熟悉的物品或位置，比如，拐角处的停车牌、道路左侧的学校、饭店等。

5. 为学生提供助记符以记忆重要内容

助记符（mnemonic）是一种有利于记忆信息的线索，通常是一个单词、短语、押韵词或其他类似的形式。例如，如果你将每种颜色的首字母拼写成姓名Roy G. Biv，那么光谱的颜色（红色red、橙色orange、黄色yellow、绿色green、蓝色blue、靛蓝indigo和紫色violet）记起来就变得更容易。同样，将美国的五大湖区（休伦湖Huron、安大略湖Ontario、密歇根湖Michigan、伊利湖Erie和苏必利尔湖Superior）的首字母拼成单词homes，也更容易记住。

对于不同类型的陈述性知识，教师和学生可以创造性地灵活运用各种不同的记忆策略。

课堂范例

以下课堂范例可供教师思考如何在课堂教学中应用维度2的相关内容。

1年级学生之前在学习《鸟类》单元时表现得非常积极，他们阅读鸟类相关文章、听鸟类相关故事、研究鸟的构造和行为、观察鸟、创编班级鸟类图书，并撰写不同鸟类的研究报告。教师们也喜欢教这个单元，但很快他们意识到自己过于关注学习活动的设置，反而忽略了学生所需掌握的陈述性知识。因此，教师们开始着手总结学生应该掌握的鸟类知识，然后，用常见的组织模式（比如，事实、概括、概念等）来组织这些陈述性知识。基于此，他们认为本单元的事实性知识体量过大，为提高单元学习效率，可采纳关键概念或概括模式，如：

单元学习结束时，学生将能够：

- 理解生物（关键概念）的特征
- 知道动物都有适应不同环境的特征（概括）

教师运用这些组织模式重构了《鸟类》单元教学。他们保留了许多学生喜欢的学习活动，同时确保每项学习活动都能增强学生对陈述性知识的理解。

● ● ●

5年级的加隆夫人将《玛雅人和阿兹特克人》单元的教学目标设定为：帮助学生理解在历史发展进程中文明兴衰的原因与过程。她决定采用心理意象策略（mental imagery strategy）。她从课本及辅助材料中找到一些细节内容，帮助学生形成关于玛雅文明和阿兹特克文明的心理图示，然后指导学生在脑海中想象繁荣城市的景象，最后她又提供了一些有关文明衰落的细节内容，使学生的心理图示由兴盛转变为衰落。此时学生在脑海中想象人们为黄金而战、军事袭击城市和过度耕种荒地的景象。在学生创建心理图示的过程中，加隆夫人注意到学生对这项任务非常感兴趣且参与度高，学生还会提出一些问题，这些都表明学生已经开始理解这些内容了。

在随后的单元教学中，当加隆夫人呈现美国西部鬼城的图片时，她让学生回忆玛雅和阿兹特克的衰落，并据此解释这些城市变成鬼城的原因。令她非常惊讶的是，学生能够很轻松地利用已学知识分析美国历史上的具体案例，这足以表明学生已经深刻理解并牢牢记住了前一单元的知识。

● ● ●

健康教育组的教师们决定围绕一些关键概念和概括来组织教学内容。例如，他们想让学生认识到几乎所有的健康主题（比如，锻炼、饮食、血糖和压力）都可以从平衡的角度来研究。他们想让学生能够解释每个健康主题最理想的平衡状态、失去平衡可能导致的结果以及恢复平衡的方式。为帮助学生理解这一常见组织模式，他们用以下方式组织教学内容：

描述血糖的最佳平衡状态

描述血糖过低的状况

描述血糖过高的状况

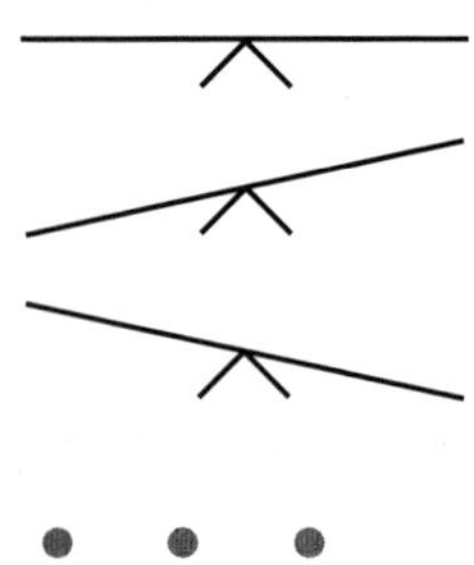

● ● ●

某一高中化学学习小组决定花时间记忆那些烦琐难记的化学符号。他们运用了一些在其他课上学到的记忆策略，效果还不错。例如，以铁元素（Fe）为例，他们联想到《杰克与魔豆》中的巨人怪物，他的妻子正在家里熨烫巨人的超大码工作服，并不停地大声抱怨着："Fe, Fi, Fe, Fum①，熨烫这条裤子真是傻。"至于金元素（Au），他们则在心里创建了一幅画面：一个小偷偷走了挖矿人的金子，挖矿人边追边喊："嘿！你，还我金子！"

维度2的单元设计：陈述性知识

陈述性知识的教学设计需要考虑以下问题：

如何帮助学生获取与整合陈述性知识？

解决这一问题需要四个基本步骤，其中前三步又需要考虑额外的问题：

- **步骤1：** 学生将获取与整合哪些陈述性知识？学完本单元，学生将知道并理解……
- **步骤2：** 为帮助学生获取与整合陈述性知识，可以开展哪些活动、调取哪些经验？
- **步骤3：** 为帮助学生对陈述性知识进行意义建构、组织或存储，可采取哪些策略？
- **步骤4：** 描述具体实施内容。

表2.4中有对以上问题的回答，阐述了教师如何帮助学生获取与整合陈述性知识。本维度设计指南中的案例"有关美国科罗拉多州的社会探究型学习单元教学设计"就是依据以上单元问题而设计的。（选择该主题作为案例，是因为它可迁移性强，能够适用于其他州或地区单元的教学。第六章提供了《科罗拉多州》这个单元所有维度的设计指南。除此之外，还提供了一般性评价建议。）接下来，将逐一介绍陈述性知识教学设计的四个步骤，并给出实施建议。

① Fee-fi-to-fum！是《杰克与魔豆》中巨人怪物的一句台词，没有实际意义，作用为语气词。因"fee"与"fi"的发音和铁元素（Fe）接近，故这里用Fe代替。——编者注

步骤1

学生将获取与整合哪些陈述性知识？学完本单元，学生将知道并理解……

确定学生将获取与整合的陈述性知识是单元设计中最难的部分。这是因为一个单元中常包含太多陈述性知识，而你只能选择其中最重要的知识。步骤1可帮助你确定陈述性知识，并为你提供有助于做出决策的工作表或图表。一旦明确了重要陈述性知识，你就可将其中每条知识填写到教学设计指南中，然后进行步骤2—4。（请参阅表2.2中关于《科罗拉多州》单元的陈述性知识的设计指南。全单元设计详见第六章。）

解决单元设计步骤1中的主要问题需完成额外的步骤。学校或学区的要求和理念不同，所需完成的步骤也不同。明确需要学生掌握的陈述性知识时，你可能有充足的自主权，也可能要严格遵循国家、地区或学校的标准和基准。（标准是指所有学生在毕业之前应该掌握的知识和技能；基准是根据标准的要求所规定的不同发展水平的学生应该理解和掌握的知识和技能。）我们就未基于标准和基准、基于标准和基准的情况分别提供了建议和范例。

（1）**确定单元标题和重点**。这可以是一个主题（如“生存”“英雄”）、一个话题（如“科罗拉多州”“内战”“罗密欧与朱丽叶”）、一个概念（如“力”“能量”“革命”）、一条原理或概括（如“艺术源于生活，又影响生活”），或与单元意义相符的其他观点。

（2）**开展头脑风暴并整理出一份单元重点知识清单**。其目的在于让你在单元教学设计之初就开始考虑本单元的重点陈述性知识内容。如果你所在学区有明确的标准和基准，那就首先明确相应基准，并依照基准确定教学内容。

（3）**确定并组织需要学生学习的陈述性知识**。当你从知识清单中选择教学内容时，首先思考：“本单元需要用到以下哪些组织模式？”

- 概念模式
- 时间序列模式
- 概括/原理模式
- 描述模式

- 情节事件模式
- 词语模式
- 过程/因果模式
- 描述特定人物、地点、事物和事件的事实

确定和组织信息时可以首先在陈述性知识工作表中进行记录，然后制作成图表的形式。本书将提供教师在未基于标准和基准、基于标准和基准两种情况下使用的工作表及相应的图表。其设计过程如下：

未基于标准和基准的情况（见表2.2和图2.13）

- 确定本单元适用的组织模式。
- 确定将运用所选组织模式组织的重要陈述性知识。
- 若有必要，补充额外的或特定的知识，为概括性较强的知识提供支持、范例或进一步解释。

基于标准和基准的情况（见表2.3和图2.14）

首先明确本单元重点内容的基准，然后——

- 确定本单元适用的组织模式。
- 针对各个基准内容，确定运用所选组织模式组织的重要陈述性知识。
- 若有必要，补充额外的或特定的知识，为概括性较强的知识提供支持、范例或进一步解释。

值得注意的是，使用以上两种方法时，你应该补充一些内容，以便为概括性较强的知识提供支持、范例或进一步解释。这也就是说，通过词汇术语模式、事实模式、时间序列模式、过程/因果模式和情节事件模式组织起来的特定信息可用以论证概括性较强的概念和概括/原理。

表2.2 《科罗拉多州》单元陈述性知识工作样表（未基于标准和基准）

步骤1

学生将**获取与整合**哪些陈述性知识？学完本单元，学生将知道并理解……（具体参考以下工作表）

确定本单元适用的组织模式	确定将运用所选组织模式组织的重要陈述性知识。 若有必要，补充额外的或特定的知识，为概括性较强的知识提供支持、范例或进一步解释。
概念模式？	地形、自然资源、气候、文化 ——以科罗拉多州为例介绍以上概念
概括/原理模式？	地形、自然资源和气候影响地区文化 ——以科罗拉多州为例（如山脉和积雪促成冬季体育文化）
情节事件模式？	
过程/因果模式？	
时间序列模式？	1859—1900年，科罗拉多州的“淘金热”。
描述模式：事实、词汇术语？	列举事实说明莫莉·布朗（Molly Brown）、西布隆·派克（Zebulon Pike）和阿尔弗雷德·帕克（Alferd Packer）是如何与所处环境互动的。 词汇术语：旅游、都市

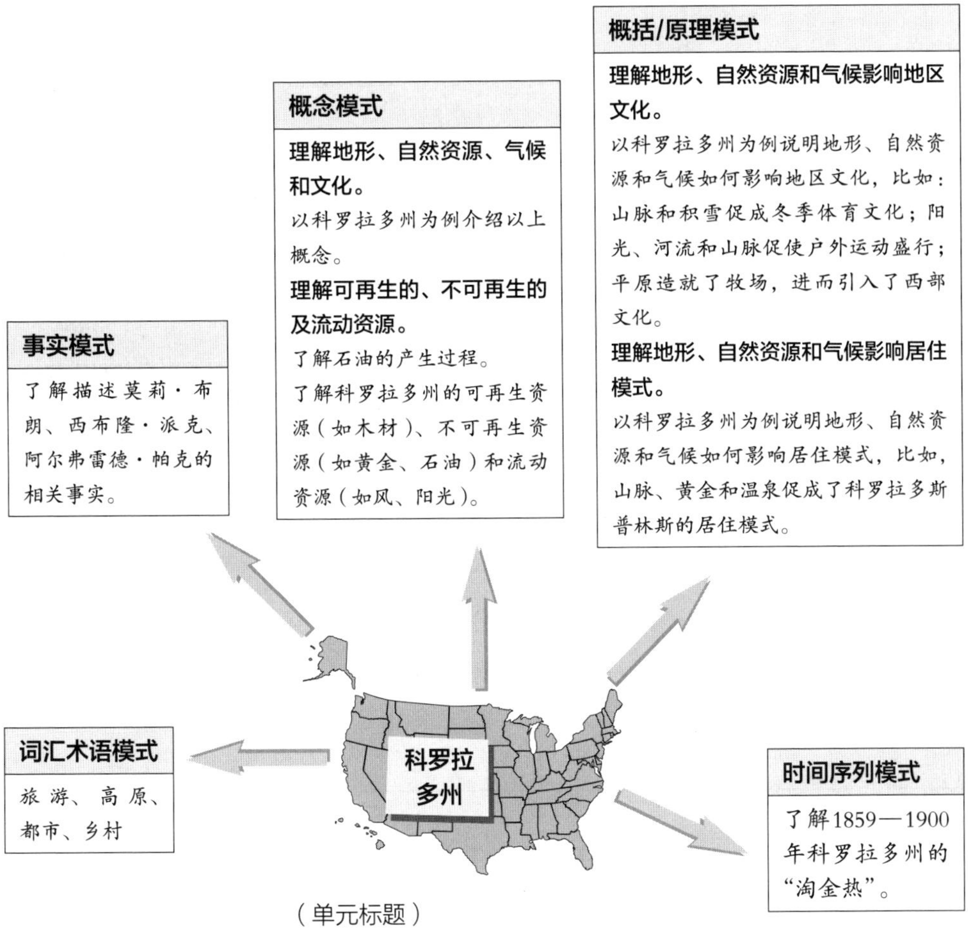

图2.13 《科罗拉多州》单元陈述性知识教学设计图示（未基于标准和基准）

表2.3 《科罗拉多州》单元陈述性知识工作样表（基于标准和基准）

步骤1

学生将**获取与整合**哪些陈述性知识？学完本单元，学生将知道并理解……（具体参考以下工作表）

确定本单元适用的组织模式	针对各个基准内容，确定运用所选组织模式组织的重要陈述性知识。若有必要，补充额外的或特定的知识，为概括性较强的知识提供支持、范例或进一步解释。
	基准用以解释一个地区内人类与环境之间的互动。
概念模式？	地形、自然资源、气候、文化 ——以科罗拉多州为例介绍以上概念
概括/原理模式？	地形、自然资源和气候影响地区文化 ——以科罗拉多州为例（如山脉和积雪促成冬季体育文化）
情节事件模式？	
过程/因果模式？	
时间序列模式？	1859—1900年科罗拉多州的“淘金热”
描述模式：事实、词汇术语？	列举事实说明莫莉·布朗、西布隆·派克、阿尔弗雷德·帕克是如何与所处环境互动的。 词汇术语：旅游、都市

地理学标准1，基准2（D）：理解某一区域内人类与自然环境之间的交互作用。

概念：地形、自然资源、气候、文化。
以科罗拉多州为例介绍以上概念。
概括/原理：理解地形、自然资源和气候影响地区文化。
以科罗拉多州为例说明地形、自然资源和气候如何影响地区文化，比如，山脉和积雪促成冬季体育文化。
事实：列举事实说明布朗、派克和帕克是如何与所处环境互动的。
词汇术语：旅游、高原

与基准无关的其他陈述性知识：

了解1859—1900年科罗拉多州的“淘金热”。

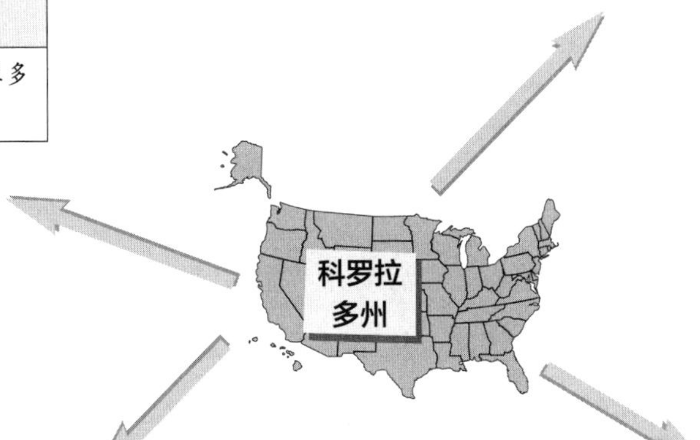

（单元标题）

地理学标准3，基准2（D）：理解可再生资源与不可再生资源的特征和分布区域。

概念：可再生资源、不可再生资源、流动资源。
了解石油的产生过程。
了解科罗拉多州的可再生资源（如木材）、不可再生资源（如黄金、石油）和流动资源（如风、阳光）。

地理学标准2，基准5（D）：理解区域内和区域间人口迁移的缘由。

概括/原理：了解地形、自然资源和气候影响居住模式。
以科罗拉多州为例说明地形、自然资源和气候如何影响居住模式，比如，山脉、黄金和温泉促成了科罗拉多斯普林斯的居住模式。
词汇术语：都市、乡村

图2.14 《科罗拉多州》单元陈述性知识教学设计图示（基于标准和基准）

步骤2

为帮助学生获取与整合陈述性知识，可以开展哪些**活动**、调取哪些**经验**？

你应确定学生通过何种方式获取每一项重要知识（步骤2、3、4可参考表2.4）。学生是通过主动和直接经验（比如，实地考察、仿真模拟）还是通过间接经验（比如，阅读文章、观看影片、听报告或者研讨）来获取知识？可参考以下活动或经验：

- 阅读文章
- 实地考察
- 进行实验
- 观察演示
- 参与探讨
- 观看影片
- 独立调研
- 仿真练习
- 访谈资料

步骤3

为帮助学生对陈述性知识进行意义建构、组织或存储，可采取哪些策略？

众所周知，丰富的经验和活动并不能确保学生达成学习目标，因此你应精心选择与学习活动相匹配的策略，从而促进学生对知识进行意义建构、组织和存储。请记住，学习陈述性知识的这三个阶段是重叠的（帮助学生建构意义的策略也可能帮助他们组织和存储知识）。然而，你还应该在每个阶段都思考相应的问题（具体问题及本章策略总结见下文）。

步骤4

描述具体实施内容。

简要说明这些教学策略如何与已确定的经验和活动配合使用。

陈述性知识教学设计之步骤3推荐策略

如何帮助学生对陈述性知识进行意义建构？可运用以下策略：

1. 帮助学生理解建构意义的含义。

2. 运用“3分钟停顿”。

3. 帮助学生运用多种感官体验知识。

4. 帮助学生建构词语的意义。

5. 运用 K–W–L 策略。

6. 创造机会让学生自己发现或理解新知。

7. 在学生接收信息之前、之中和之后运用各种教学策略。

如何帮助学生组织陈述性知识？可运用以下策略：

1. 帮助学生理解组织信息的重要性。

2. 让学生使用图形组织者来识别组织模式。

3. 提供先行组织者问题。

4. 介绍图示笔记策略。

5. 让学生为所学内容创建实体和图示表征。

6. 让学生使用图表。

如何帮助学生存储陈述性知识？可运用以下策略：

1. 帮助学生理解存储知识的过程。

2. 向学生介绍符号表征和替代策略。

3. 运用链接策略。

4. 运用高度结构化策略来存储知识。

5. 为学生提供助记符以记忆重要内容。

表2.4 维度2陈述性知识设计指南

单元：科罗拉多州

步骤1	步骤2	步骤3	步骤4
学生将**获取与整合**哪些**陈述性知识**？学完本单元，学生将知道并理解……	为帮助学生获取与整合陈述性知识，可以开展哪些**活动**、调取哪些**经验**？	为帮助学生对陈述性知识进行**意义建构**、**组织**或**存储**，可采取哪些策略？	描述具体实施内容。
概念：地形 ——包括地貌、水域、道路、桥梁等在内的自然和人工地形特征。 以科罗拉多州地形（包括落基山脉、沙丘、河流、平原、高原和山谷等）为例。	教材第8—10页 电影：《阳光海岸》（*From Sea to Shining Sea*）	K–W–L图表	在K–W–L图表中，首先填写K列和W列内容。然后阅读教材文本、观看影片并阅读地图，并最终填写L列。根据该K–W–L图表内容制作案例地形的地形图。
	阅读自然地图 自学：区域地形图	实体和图示表征	每位学生自主选择一个地区，然后通过独立搜索信息制作出一张区域地形图。任务完成后，将独立制作的地形图充实到班级地形图中。
概念：自然资源 ——用途广泛、必要且怡人的天然资源。 以科罗拉多州自然资源（包括积雪、黄金、土壤、阳光、森林、石油和山川等）为例。	电影：《阳光海岸》 阅读自然资源地图	3分钟停顿 运用多种感官	影片播放过程中，我会适时暂停播放，让学生识别不同类型的自然资源。播放结束后，我让学生在头脑中想象自然资源的画面，并描述自己所见所闻所感等。随后开始绘制自然资源的个人图示表征，再将每个学生的图示表征汇总成全班图示表征。之后阅读自然资源地图，并据此丰富图示表征。
	实地考察：阿尔戈金矿	图示表征	在实地考察过程中，学生会根据观察，为他们绘制的个人自然资源图示表征添加更多具体实例。

帮助学生获取与整合程序性知识

获取与整合程序性知识要求学生养成运用关键技能和流程的能力，其中既包括身体技能和流程（如打字），也包括心理技能和流程（如解方程）。帮助学生获得不同层级的程序性知识非常重要，因为学习复杂技能和流程通常取决于简单技能和流程的掌握水平。例如，如果学生没有掌握按比例测量这一技能，那在学习建筑物设计时将困难重重。事实上，每一项程序性知识都很重要，可是学生掌握技能和流程的速度有很大差异，这就意味着教育工作者必须首先了解获取与整合程序性知识的各个阶段——建构模型（construct models）、固化（shape）与内化（internalize），然后据此设计和实施教学，以使所有学生都能成功。

为程序性知识建构模型

学习一项技能或流程的首要阶段就是开发出包含具体步骤的粗略模型。例如，刚开始学打高尔夫球时，有人会在你亲自挥杆击球之前告诉你具体动作，比如教练会向你示范正确的握杆和站立姿势，以及如何调整身体重心，等等。同样，刚开始学习长除法时，有人会向你演示计算流程中的每一个步骤。总之，当我们学习一项新程序性知识时，我们需要一个起点，即一个初始模型。如果没有初始模型，那么学习新技能或流程可能就既杂乱无章又耗时费力，因为学习本质上就是一个不断试错的过程。若要学生高效地学习程序性知识，教师就必须帮助学生建构模型。

图2.15　为程序性知识建构模型

帮助学生建构模型时，教师应清楚地认识到，尽管自己已熟练掌握所教技能或流程，但是对学生来说它们是全新的内容。因此，在帮助学生建构步骤模型时，教师应特别谨慎，不要漏掉重要步骤，也不要盲目假设学生已具备执行某步骤所需的能力。

帮助学生建构模型可用以下方法。当然，如果多种方法并用，效果更佳，可使更多学生受益，因为一个方法适合这个学生，但不一定适合另一个学生。除此之外，多种方法的运用可以帮助你满足不同学生的学习风格偏好。

1. 帮助学生理解建构程序性知识模型的重要性

让学生理解获取程序性知识始于为其建构模型或一系列步骤，这对他们来说是不无裨益的。与通过建构意义来获取陈述性知识一样，学习程序性知识需要学生通过观察他人操作、阅读指导手册或自己摸索，从而在头脑中"建构"步骤。如果只是观看他人执行技能或流程，然后直接模仿其动作，这样的学习往往是无效的。为帮助学生理解建构模型的重要性，可参考以下方法：

- 结合自身学习经验，解释建构模型的过程。
- 让学生结合他们自己生活中的例子来理解建构模型的一系列步骤。
- 与学生进行一次实验，首先以不建构模型的方法教给他们一项技能，然后借助模型建构的相关策略教他们另一项技能。让学生比较两次学习经历，谈一谈在运用所学技能时的自信程度、技能掌握和保持的时间长度以及在不同情境中的灵活运用程度等方面的区别。

2. 运用"出声思维"策略演示新技能或流程

"出声思维"是建立初始模型的一个简单而有效的方法。"出声思维"是指教师边演示技能或流程边将自己的想法说出来。当然，教师应确保涵盖该技能或流程的所有重要步骤。例如，一位教师想运用"出声思维"策略帮助学生学习两位数加法，他可能在黑板上写出一道题，然后说：

我们一起来看，我要做的第一件事是将个位这一列所有数字加起来：2加3等于5，再加7等于12。12等于一个10和两个1。我在个位上写上2，把这一个10写到十位上。我觉得我应该把1写在十位的顶部，这样我就不会忘记它。

3. 给学生提供或与学生一起建构所学技能或流程的书面或图示表征

对一些学生而言，仅仅通过观摩教师建构模型的过程并不足以让他们有能力独立建构清晰、精确的模型，他们还需要一份描述模型中每个步骤的书面或图示表征。根据技能或流程的差异，可采用以下一种或多种表征形式：书面步骤（图2.16）、流程图（图2.17）、图示或符号（图2.18）。

① 阅读图表的标题，了解其中包含的信息。
② 查看图表底部的横坐标，明确其测量内容。
③ 查看左侧纵坐标，明确其测量内容及计量单位。
④ 明确横坐标上每一项测量内容在纵坐标上的“高度”，并解释其含义。
⑤ 总结并陈述图表所表达的重要信息。

图2.16　阅读条形图的书面步骤

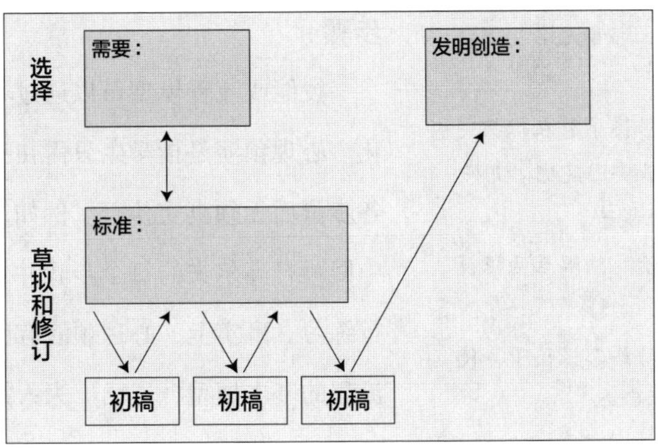

图2.17　发明创造的流程图

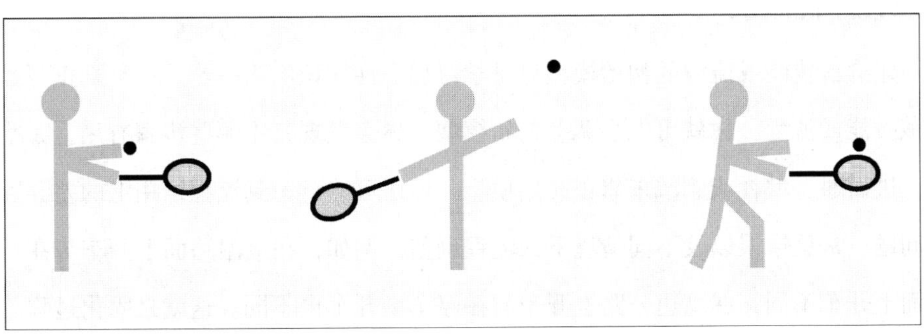

图2.18　网球发球图示或符号

4. 让学生看到所学技能或流程与其他技能或流程的异同之处

为帮助学生了解新技能或流程，教师应向学生说明新技能或流程中的某些步骤与已学技能或流程中步骤的相似之处。教师还应指明，尽管两者看起来相似，但本质上有很大差别。例如，教学生打棒球时，教师可与学生一起回顾打高尔夫球的步骤，其目的在于强调两者的相似之处，但也要解释差异之处，同时要让学生明白掌握一项技能可能会导致运用其他技能时错误频出。（比如，会打高尔夫球的人可能在打棒球时出错。）

> 也许中国及日本的酒店应该考虑为顾客提供更加详尽的《筷子使用指南》。指南中不应只有用筷的照片，还应包括以下具体操作步骤：
>
> 1. 在拇指和食指之间的虎口处握住一根筷子。
> 2. 用拇指上部和无名指下部固定这根筷子。
> 3. 将另一根筷子放在拇指尖和食指之间。不要固定它。用中指末端支撑这根筷子。
> 4. 调整筷子的细端至两根筷子齐平。
> 5. 来回移动第二根筷子，使两根筷子的细端贴合。
> 6. 使用步骤5夹取食物。

5. 指导学生心理预演技能或流程所涉及的步骤

技能或流程模型可以通过心理预演得到强化。心理预演是指学生只需在头脑中简单回顾各步骤而无须真实执行。例如，你可以在脑海中回顾打高尔夫的每个步骤并想象自己正在进行练习。事实上，心理预演有助于强化技能或流程的基本模型，这已广为人知并深受运动员推崇。

固化程序性知识

建构新技能或流程的初始模型只是学习程序性知识的第一步。一旦真正开始运用该技能或流程，你就可能会调整初始模型。你会发现其中哪些步骤有用、哪些无用，进而通过增补或删减来修正初始模型。你还可能意识到流程运用上的差异、潜在问题、常见错误以及不同情境下的流程调整，例如，在潮湿路面上开车与在干燥路面上开车不同，在高速公路上开车与在停车场开车也不同。这就是固化过程。例如，建构了长除法的初始模型之后，你会发现一些可使流程更简便的捷径或“诀窍”。

同样，在初次学习如何在文字处理器上创建文本之后，你开始寻找更有效地使用文字处理器的方法。

固化新技能或流程的重要性不言而喻，但常常被低估甚至被忽视。固化也许是学习新技能或流程最关键的一部分，因为如果不经历这个阶段，学生会犯错甚至内化错误，并因此难以纠正。同样也是在固化阶段，学生开始对技能或流程进行概念性理解，而不再只是简单地掌握一系列步骤而已。忽视对程序性知识的概念性理解是导致学生难以有效运用基本技能或流程的主要原因。程序性知识的教学设计理应包含旨在固化的课堂活动。为帮助学生固化程序性知识，可参考以下策略和技巧。

1. 帮助学生理解固化程序性知识的重要性

图2.19　固化程序性知识

如前所述，教师必须理解固化的重要性。同样，如果学生能理解固化阶段在获取程序性知识过程中的重要性，也就更能理解旨在固化的作业和任务的价值。如果学生能够认识到固化是一种使新技能或流程变成“自己的”技能或流程的方法，那么他们就会更有兴趣尝试理解并运用本章介绍的策略。为促进学生理解固化，可采用以下方法：

> 如果学生在最初练习时就有教师指导和监督，那就可以节省大量的学习时间和精力……成绩也会更快得到提升。
>
> ——亨特（Hunter）《掌握教学》（*Mastery Teaching*）

- 向学生解释固化的过程。
- 与学生分享自己固化技能或流程的经验，并鼓励学生寻找且分享他们自己的经验。
- 询问学生如果按照错误的方式练习一项技能，会发生什么。
- 鼓励学生提出调整或改进技能和流程的建议，并解释为什么这是课堂文化的重要内容。
- 鼓励学生寻找现实中固化技能或流程的案例，进而提高他们运用技能或流程的能力。

2. 示范并为学生创造机会练习运用技能或流程的变式

每一项技能或流程都有变式，理解这一点对于成功运用技能或流程非常重要。例如，想要熟练运算三位数加法，你必须理解在解题过程中的几种变式：从个位向十位进位时怎么做；不需要进位时怎么做；数字以横向形式出现而不是以竖排形式出现时怎么做。为帮助学生固化新技能或流程，需要将这些重要变式解释清楚。例如，固化三位数加法流程时，教师可以使用同一个问题，但通过不断改变某个条件来解释所有变式。教师可以提问："如果4变成7会怎样？现在，我有几个1和几个10呢？现在假设从个位进到十位上一个2，会发生什么？"

除了完成一两个例题，并提问"如果……那么……"式的问题之外，教师还应为学生创造机会练习所有变式。待学生顺利完成该例题的所有变式之后，教师让学生自己解答包含相同变式的其他题目。

3. 指出常见错误和纰漏

在学习的早期阶段很容易出现错误，如果在固化阶段不能及时识别和纠正这些错误，学生很可能以错误的方式练习，并难以纠正。无论目标技能是使用车床（错误操作可能使人受伤）还是掌握写作技能（错误表达会使人产生理解偏差），帮助学生识别和纠正错误都很重要。在固化阶段，可采取以下策略：

• 识别并演示一些常见错误。在演示错误时，以"出声思维"策略说出识别和纠正错误的过程。

• 演示技能的操作过程，并故意犯明显或细微的错误。让学生仔细观察，尝试发现并描述错误，然后让学生提出纠正方案。

• 在学生练习时，教师提供反馈以帮助他们意识到并纠正所犯错误。

• 让学生采访已经熟练掌握某项技能或流程的人。向他们强调应把采访问题集中在经常出错的部分，以使自己避免出现类似错误。

• 鼓励学生与同学分享在某项技能或流程中自己较难完成的部分，并从他们那里获得如何避免错误的建议。

- 如有必要，帮助学生为技能或流程中难以掌握的部分建构一个新模型。

4. 帮助学生形成运用技能或流程所需的概念性理解

固化阶段很重要的一环是帮助学生理解技能或流程，也就是说，让学生理解技能或流程的用途以及与其相关的重要概念。确切地说，我们应让学生掌握使用程序性知识所需的陈述性知识。例如，学生学会了统计学中的方差分析，但并不理解方差的概念，那么该项技能就没有什么意义。同样的，学生知道如何在地图上查找某一位置，但并不知道地图的各种用法，那么他们所获得的技能对他们而言也没什么价值。为确保学生理解运用技能所需的条件，可参考以下建议：

（1）描述某项技能或流程的适用情境

教师需帮助学生认识到很多技能或流程会根据不同情境而有所变化。例如，路面湿度不同，开车技巧也不同；裤子材质不同，锁边方法也有所差异；地图类型不同，阅读方法也有所区别。

如果在固化阶段，教师能为学生提供运用技能的不同情境并提醒他们注意每种情境下需要做出的改变和调整，学生将能够更加熟练地掌握这种技能。

（2）检查学生对与技能或流程相关的关键概念和原理（陈述性知识）的理解水平

在程序性知识教学设计的最初阶段，教师应首先明确并教授学生学习和运用该技能或流程所需的陈述性知识。然而，即使学生已经学过了相关陈述性知识，教师也须不时检查学生对关键概念的理解水平。在不了解其意义的前提下练习某项技能或流程就是在浪费学生的时间。为提升学生对与技能或流程相关概念和原理的理解水平，可以采取以下策略：

- 复习关键概念，让学生区别易混淆概念。
- 在学生练习技能或流程时，不时地让学生向教师或同学解释自己在做什么以及为何这样做。

• 认真倾听学生的讲解，发现学生混淆、误解之处，以及是否缺乏关键知识。如有必要，适当推迟练习技能或流程的时间，以使学生能有更多时间去理解他们正在学着做的事情。

内化程序性知识

学习新技能或流程的最后阶段是进行内化。对某些技能或流程而言，内化意味着可以不假思索地运用。当你可以自动地运用某些技能或流程时，这就意味着你达到了自动化水平。事实上，有些技能或流程只有达到自动化水平才真正有用。例如，如果踩刹车这一技能达不到自动化水平，总要思考何时、如何踩刹车，那将会产生危险的后果。

图 2.20 内化程序性知识

你不可能自动化运用所有技能或流程，但你可以让自己达到熟练水平。例如，编辑流程从来都不可能自动化，但是优秀的编辑人员能够熟练使用编辑语言。尽管他们也需要思考所要编辑的内容，但他们已经将必要技能内化到可以相对轻松驾驭的程度。

要想达到自动化或熟练水平，那就需要大量练习。学习程序性知识非常耗时，因此，教师应首先区分出哪些技能或流程真正需要学生内化、哪些只需熟练掌握，然后再投入大量时间和精力帮助学生内化那些需达到自动化水平的技能或流程。值得注意的是，很多时候学生在尚未内化技能或流程的情况下也能顺利通过考试。例如，如果学生要内化某项技能以便自己在六个月之后仍可以熟练运用它，那么教师就要给学生足够的时间内化这项技能。而现实情况是，教师给学生提供的时间和练习通常只够学生通过考试，而不足以使学生真正内化该技能。为帮助学生内化程序性知识，可参考以下做法：

1. 帮助学生理解内化程序性知识的重要性

自动化或熟练地运用某项技能或流程需要大量练习，而这恰恰是学生经常抗拒的。因此，让学生理解内化程序性知识的重要性非常有益，甚或有激励作用。

从学生的日常生活中找到内化技能的实例（如骑自行车、打字和投篮）并不难，要跟学生强调正是因为练习他们才能达到熟练运用的水平。学生也许还记得，在学习一项技能（如骑自行车）的过程中，他们必须心无旁骛，因为学习的过程占用了他们所有的精力。然而现在，他们可以一边骑自行车，一边与朋友聊天，还可以欣赏周围的风景，这是因为骑自行车的技能已经被内化，他们能腾出来精力同时去做其他事情。教师应让学生认识到，他们需要掌握并熟练地运用在学校里学习的多种技能（尽管不是全部）。

具体建议如下：

- 结合自己的生活实例，给学生解释什么是内化。

- 教学生一项技能，无须进行内化，然后进行测验，过一段时间要求学生再测验一次。此时，许多学生会抱怨，因为尽管他们之前通过了考试，但是现在无法完成该技能。利用这个机会与他们讨论如何做才能内化技能以便在未来还能熟练运用。

- 借助日常生活、时事、电影或图书中的示例来说明内化的过程。例如，在电影《空手道少年》（*Karate Kid*）中，教师让男孩反复给车打蜡，使其内化特定手部动作技能，这就可以确保他在更复杂的空手道动作中运用该技能。

2. 帮助学生制定练习日程表

当学生首次学习一项新技能或流程时，他们应即时、高频地练习，也就是说，进行集中练习。例如，计算机技术课上，你可以让学生通过演示流程和制作流程图的方式为“操作电子表格的流程”建构模型。在学生固化该技能之后，让他们开始集中练习。本堂课结束前，他们可能在计算机上对操作电子表格的流程进行了充足的练习。第二天给学生时间继续练习——可能时间较前一天稍微短一些，但也足够。之后，不用每天练习，而是逐渐延长练习时间的间隔，每隔一天练习一次，然后隔两天练习一次，以此类推。这叫作分散练习，即延长两次练习的间隔时间。久而久之，学生自然而然就内化了新技能。

一般来说，分散练习的间隔时间应该先短后长。图2.21呈现了集中练习和分散练习的关系。

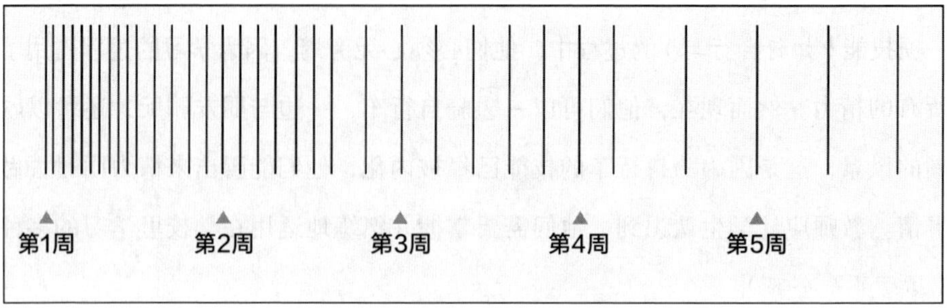

图2.21　集中练习和分散练习的关系图

3. 让学生记录并汇报练习新技能或流程时的速度和准确度

有些技能的培养重在准确度，而有些除了准确度还有速度。帮助学生掌握新技能和流程的策略之一就是让学生记录自己在练习中的进步情况。例如，训练准确度时，可以分几组练习，然后记录每组的准确率。同时训练准确度和速度时，可以创建一个表格，先记录在给定时间内正确解决问题的数量，然后尝试用更短的时间解决下一组问题。如果发现速度提高而准确度下降，学生应考虑是否需要再次放慢速度以提高准确度。

教师应让学生认识到，记录自己练习速度和准确度的过程实际上就是内化技能的过程，即通过反复练习达到熟练、持久掌握某项技能的目的。学生记录的图表和数字所反映的信息能够解释他们经常提出的疑问，比如，既然已经知道此类问题的解答方法了，为什么还要再练习20道类似题目？

课堂范例

以下课堂范例可供教师思考如何在课堂教学中应用维度2的相关内容。

福克斯夫人在教《百分比》这个单元。学生已经可以非常熟练地计算各类百分比问题，于是她决定给学生布置一些关于百分比的应用题。令她失望的是，多数学生都解答不出来。与部分学生交谈后，她意识到自己没有教授与计算百分比相关的陈述性知识。因此，学生既无法理解何时运用哪类计算，也读不懂题意。例如，要求计算商品的销售价格占原价的百分比时，多数学生不知道应该用哪一个步骤、公式或计算方法。基于此，她决定首先整理出与百分比相关的重要概念和知识，然后一一教给学生。

● ● ●

在帮助学生理解并运用类比的过程中，霍尔菲尔德女士想教学生如何解决类比的问题（比如，男人对男孩，那么国王对？选项：A.孩子　B.王子　C.王后　D.儿子）。尽管她已经通过“出声思维”策略展示了问题解决的过程，但还是发现很多学生并没有掌握。她想起曾经跟一位当运动教练的朋友聊天时，朋友曾提到学生应该非常清楚各个步骤才行。于是，尽管她自己觉得解决类比问题的步骤是非常显而易见的，但还是决定为学生提供详细的书面步骤（如下所述）。她惊喜地发现这样做确实对学生有很大帮助。

1. 描述第一组中两元素之间的关系。用描述关系的短语说出两者之间的关系。

例如：“A与B相似”或“A与B相反”或“A导致B”。

2. 说出第二组中的给定元素和第一组所用关系词。

例如，步骤一：A导致B。

步骤二：C导致____________。

3. 在第二组横线处填入与给定元素存在以上关系的元素。

● ● ●

埃尔韦教练是一名体育教师，他让实习老师教其他学生传球。实习老师凯文首先演示了“长传冲吊”，然后让学生利用剩下的时间练习这一传球动作。而学生的练习效果并不好，于是凯文请埃尔韦给予指导。埃尔韦认为，凯文应该花更多的时间与学生一起探讨传球的每一个步骤，并在要求学生练习之前先纠正他们对传球流程的误解之处。

● ● ●

雪莉的父亲问钢琴老师克莱本夫人："为什么孩子必须一遍又一遍地练习同样的音阶和技巧？孩子已经厌烦了，家里其他人也觉得很沮丧。"克莱本夫人笑了笑，耐心地说："伟大的钢琴家每天都要练习很多小时。雪莉只有掌握了基本技巧，才能弹奏出她喜欢的《肖邦夜曲》。她必须练习，练习，再练习。"

维度2的单元设计：程序性知识

程序性知识的教学设计需要考虑以下问题：

如何帮助学生获取与整合程序性知识？

解决这一问题需要三个基本步骤，其中前两步又需要考虑额外的问题：

- **步骤1：** 学生将获取与整合哪些程序性知识？学完本单元，学生将能够……
- **步骤2：** 为帮助学生对程序性知识进行模型建构、固化和内化，可采取哪些策略？
- **步骤3：** 描述具体实施内容。

表2.7中有对以上问题的回答，阐述了教师如何帮助学生获取与整合程序性知识。本维度设计指南中的案例"有关美国科罗拉多州的社会探究型学习单元教学设计"就是依据以上单元问题而设计的。（选择该主题作为案例，是因为它可迁移性强，能够适用于其他州或地区单元的教学。第六章提供了《科罗拉多州》这个单元所有维度的设计指南。除此之外，还提供了一般性评价建议。）接下来，将逐一介绍程序性知识教学设计的三个步骤，并给出实施建议。

步骤1

学生将**获取与整合**哪些程序性知识？学完本单元，学生将能够……

解决单元设计步骤1中的关键问题需完成额外的步骤。学校或学区的要求和理念不同，所需完成的步骤也不同。明确学生所需掌握的程序性知识时，你可能有充足

的自主权，也可能需要严格遵循国家、地区或学校的标准和基准。我们就未基于标准和基准、基于标准和基准的情况分别提供了建议和范例。

确定学生所学技能或流程时，你可以首先在程序性知识工作表中进行记录，然后制作成图表的形式。本节分别提供了在未基于或基于标准和基准的情况下可使用的工作表及相应的图表，以便你在使用时能看到其设计过程的不同之处。具体设计过程如下：

未基于标准和基准的情况（见表2.5和图2.22）：

- 确定重要的程序性知识（技能或流程）
- 若有必要，确定支持更通用流程的特定技能

基于标准和基准的情况（见表2.6和图2.23）：

首先确定本单元重点程序性知识的基准，然后——

- 针对每条基准，确定重要的程序性知识（技能和流程）
- 若有必要，确定支持更通用流程的特定技能

上述两种情况下的设计目标均是精准确定学生将要学习的内容。值得注意的是，基准是从一个较为抽象的层面提出来的，而你所确定的技能和流程则要非常具体。相反，如果确定的程序性知识过于笼统或抽象，比如“学生将知道如何开展研究过程”，那么学生将难以生成一个模型或一系列操作步骤。多数通用流程中包含许多特定技能和流程，其中每一个都涉及一整套操作步骤。因此，如果你确定了一个通用流程作为学习内容，那你必须同时提供足够具体的技能或流程，以使学生完成模型建构、固化及内化阶段的相关任务。

步骤2

为帮助学生对程序性知识进行**模型建构**、**固化和内化**，可采取哪些策略？

想要解决这一问题，教师首先应明确希望学生达到技能或流程的何种运用水平。有时你只需要简单介绍技能或流程，帮助学生建构模型并固化该技能或流程。而有

时，你要帮助学生透彻理解程序性知识的各个阶段，以便他们内化该技能或流程。

当你回答与程序性知识的每个学习阶段相关的问题时，可参考本章提供的各种策略。

步骤3

描述具体实施内容。

简要描述如何运用这些策略帮助学生获取需要掌握的程序性知识。

表2.5 《科罗拉多州》单元程序性知识工作样表（未基于标准和基准）

学生将**获取与整合**哪些程序性知识（技能和流程）？学完本单元，学生将能够……（详见下表）

确定重要的程序性知识（技能和流程）。 若有必要，确定支持更通用流程的特定技能。
阅读并解释自然地图 阅读并解释自然资源地图

图2.22 《科罗拉多州》单元程序性知识教学设计图示（未基于标准和基准）

表2.6 《科罗拉多州》单元程序性知识工作样表（基于标准和基准）

学生将**获取与整合**哪些程序性知识（技能和流程）？学完本单元，学生将能够……（详见下表）

针对每条基准，确定重要的程序性知识（技能和流程）。 若有必要，确定支持更通用流程的特定技能。
基准：使用专题地图 阅读并解释自然地图 阅读并解释自然资源地图

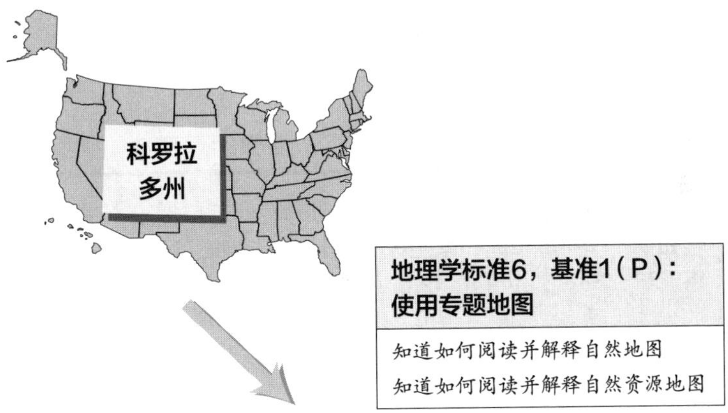

图2.23 《科罗拉多州》单元程序性知识教学设计图示（基于标准和基准）

程序性知识教学设计之步骤2推荐策略

如何帮助学生为程序性知识建构模型？可运用以下策略：

1. 帮助学生理解建构程序性知识模型的重要性。
2. 运用“出声思维”策略演示新技能或流程。
3. 给学生提供或与学生一起建构所学技能或流程的书面或图示表征。
4. 让学生看到所学技能或流程与其他技能或流程的异同之处。
5. 指导学生心理预演技能或流程所涉及的步骤。

如何帮助学生固化程序性知识？可运用以下策略：

1. 帮助学生理解固化程序性知识的重要性。
2. 示范并为学生创造机会练习运用技能或流程的变式。

3. 指出常见错误和纰漏。

4. 帮助学生形成运用技能或流程所需的概念性理解。

如何帮助学生内化程序性知识？可运用以下策略：

1. 帮助学生理解内化程序性知识的重要性。

2. 帮助学生制定练习日程表。

3. 让学生记录并汇报练习新技能或流程时的速度和准确度。

表2.7 维度2程序性知识设计指南

单元主题：科罗拉多州

步骤1	步骤2	步骤3
学生将**获取与整合**哪些**程序性知识**？学完本单元，学生将能够……	为帮助学生对程序性知识进行**模型建构**、**固化和内化**，可采取哪些策略？	描述具体实施内容
阅读和解释自然地图	注意：所述策略适用于教授任意类型地图。	我将详细介绍阅读地图的步骤，并示范每种地图的阅读程序。我会给学生提供一套阅读地图的书面步骤。
阅读和解释自然资源地图	“出声思维” 一组书面步骤 变式练习 内化不是目标	学生通过小组合作的方式学习，每个小组都会拿到自然地图和自然资源地图的多种变式（取自不同教材）以及相关问题。他们先在组内讨论，然后请小组代表回答。这样有助于学生熟悉每个变式，除此之外，还可以强化他们对地形和自然资源概念的理解。

第三章

维度3 *Dimension 3*

3

拓展与精炼知识

引　言

学习陈述性知识和程序性知识并不只是回忆知识或机械地完成一个流程那么简单，学生只有深入理解所学知识并将其应用到学习和生活中去，学习才是最有效的。要达到深入理解知识的目的，学生需拓展与精炼他们最初获取的知识。具体而言，拓展与精炼知识是指学生在核查和分析所学知识时，建立了知识间的新联结，发现或重新发现了意义，获得了新见解或澄清了误解。

例如，刚开始学习自由企业这一概念时，如果学生能够说出其定义并能举出例子，这表明他对自由企业有了初步的理解。但是，拓展对这个概念的理解就不仅仅只是背诵概念或举例这么简单，学生需要将自由企业与其他经济组织进行对比，或者能够根据自由企业的原则预测在新的特定情境中可能发生的事情。换言之，加深理解需要通过运用思维技能来思考所学知识，而这比简单地识别和复制知识要复杂得多。因此，我们有必要运用思维技能来拓展与精炼知识。

> 一所中学的校长和全体教师商定每月在全校范围内推荐学习一种复杂思维方式。给学生家长发送信件，解释其定义和步骤，请求家长在家协助学生练习该思维方式。学校在大厅张贴了不同年级、不同学科的公告板，上面会展示学生运用目标思维技能的作品。

帮助学生掌握复杂思维技能

维度3中介绍的8种复杂思维技能可作为教师帮助学生拓展与精炼知识的重要参考。针对思维技能进行提问或者布置相关任务是远远不够的，教师还需要直接教授这些思维技能。用于加深学生对所学内容理解的思维技能有：

- **比较：**识别并阐明知识之间的异同。
- **分类：**根据事物的属性将其归为有意义的类别。
- **抽象：**识别并阐明信息的基本主题或一般模式。
- **归纳推理：**从信息或观察中推断出未知的概括或原理。
- **演绎推理：**运用概括和原理推断关于某一特定信息或情况的结论。
- **提供支持：**为主张或观点提供系列证据。
- **分析错误：**识别并阐明思维中的错误。
- **分析观点：**明确某个问题的多种观点，并审视每个观点背后的推理或逻辑。

> 提供支持、分析错误和分析观点都是联结的思维技巧。
>
> ——一位来自艾奥瓦州的老师

人们每天都在无意识地运用以上思维技能，我们比较事物，归纳得出结论，在非正式沟通或学习场景中分析他人的观点。尽管如此，当教师要求学生运用思维技能来拓展与精炼知识时，他们必须教给学生每种思维所包含的具体步骤，这样学生才能够有意识地、严谨地运用它们。

教授思维技能时，学校或学区应谨记以下基本实施原则：

- 尽管教师应系统而严格地教授这8种复杂思维技能，但要避免在一个学期或学年中教完全部。因为要想让学生学习并内化，就必须给他们充足的时间进行固化和练习。学生最初学习思维技能时，以每年3—4种为宜。
- 所有年龄段的学生都有能力学习并运用每一种思维技能。当然，相对于高年级学生而言，低年级的学生需要教师给予更多的指导和示范。除此之外，他们还需在适合学习的内容中运用所学思维。无论高年级还是低年级学生，在学习思维技能的早期阶段，他们都需要指导和示范，并且随着学习内容的难度升级，常常需要更多的指导。

• 如果所有年级、所有学科的教师都使用一种通用语言、提供相似的经验、设定统一期望，让学生知道他们需要学会某种思维技能，那么学生就更有可能提高自己运用思维技能的能力。尽管本维度中介绍的思维技能并没有什么神奇之处，但真正运用起来确实会有极佳的效果。学生也许能够形成当今课堂中罕见的思维能力。

本章接下来的几节将从以下几个方面分别介绍维度3中的8种思维技能：

1. **帮助学生理解思维技能**。本部分将主要讨论如何向学生介绍思维技能以及如何帮助他们理解思维技能的功能和目标。

2. **给学生提供运用思维的模型并创造机会让他们练习该思维技能**。本部分将主要介绍复杂思维技能本身，即运用该思维的具体步骤模型。除此之外，还会提供一些范例，让教师理解应如何指导学生进行思考。

3. **帮助学生在学习和运用思维技能时聚焦重难点**。这部分将介绍思维过程中的重点和难点，以及具体应用范例和建议。

4. **为学生提供思维模型的图形组织者或表征以帮助他们理解和运用该思维技能**。图形组织者和表征可以帮助学生理解思维过程，并使整个思维过程可视化。本部分将提供图形组织者和表征的具体范例。

5. **综合运用教师构建和学生构建的任务**。本部分首先通过教师构建的任务来强调示范和指导的重要性。同时，将提供如何由教师构建的任务转向学生构建的任务的建议，使学生能够从完成高度结构化的教师构建的任务转向自行构建的任务，这将有助于学生更高效、自信地运用思维技能。

> 某课程编写委员依据复杂的思维技能，为不同年级、不同学科均创建了一个重点突出、高质量的课堂任务数据库。所有教师都可以直接使用其中的任务或将其作为基础模型来创建自己的任务。

比较

> **比较**是识别并阐明知识之间异同的过程。简言之，比较是描述事物之间异同点的过程。

我们几乎每天都在对事物进行比较，比较我们上的课、读的书、吃的食物以及各种经历。事实上，比较无处不在。这种日常比较使我们能够从不同视角看待事物、提升洞察力、改变观点。比如，也许有一天你感觉自己过得很糟糕，但当你听到一个朋友过得更糟时，你会想："我的日子还算不错。"当你读了同一作者写的两本书时，你会将它们进行比较，然后发现之前阅读第一本书时遗漏的内容。因此，比较会影响我们对周围世界的看法。（有时在课堂上，比较指研究事物之间的相似之处，而对比则是指研究事物之间的不同之处。）

在课堂上运用比较也有相同的目的，即提高洞察力、发现差异、改变观点。然而，当要求学生比较知识内容时，他们就不能运用平时那种宽泛的比较，而应该遵循严谨的比较过程，只有这样才能通过比较来达到促进学习的目的。为帮助学生理解并透彻掌握比较过程，可采用以下活动和策略。

1. 帮助学生理解比较

尽管日常生活中经常用到比较，教师仍须给学生（尤其是低年级学生）介绍比较的基本概念。你可以给学生列举运用不同比较方法的示例。例如，你可以讲自己曾通过比较同名书和电影，从而对这本书有了新的理解。然后，你可以让学生列举自己曾经做出的比较（如比较他们上过的两门课；比较自己的家乡和曾旅游过的城市）。最后，让学生认识到比较在日常生活和周围世界中是多么常见。例如，你可以让学生收听各种新闻媒体，注意在新闻中对各种人物、时事或庆典进行比较的频率。

2. 给学生提供比较模型并创造机会让他们练习比较

（1）给学生提供比较模型

即使学生已经能够理解比较，但是在比较知识内容时，教师也应给学生提供比较的具体步骤。具体如下：

① 选择你要比较的事物。

② 选择要作为比较依据的事物的基本特征。

③ 依据所选特征，解释不同事物之间的异同。

对于低年级学生，可采用更简单的语言表述比较过程。

① 我想比较什么？

② 我想比较它们的哪些方面？

③ 它们哪些方面相同？哪些方面不同？

（2）创造机会让学生练习比较

向学生阐明并演示比较过程中的每个步骤。你可以运用“出声思维”策略。你可以说：

让我想想，我想比较苹果和橘子。这是比较的第一步。第二步选择我要比较的特征。我想我会选择比较它们的大小、形状、味道和营养成分。

示范了这些步骤之后，让学生抄写步骤或者将步骤呈现在黑板、活页纸上以供学生随时查看。然后创造机会让学生比较一些非学术话题，并从中获得乐趣，从而逐渐熟悉并适应比较过程。

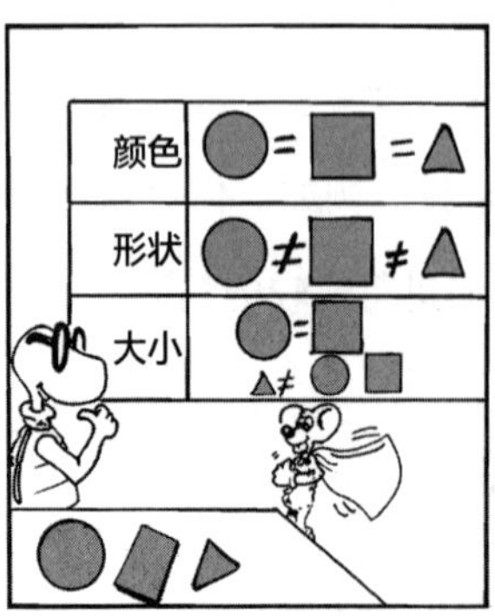

3. 帮助学生在学习和运用比较时聚焦重难点

为让学生能独自运用比较，教师应提供有针对性的指导和练习，以帮助学生避免常见错误和纰漏。下面的要点介绍几种常见错误，以及如何解决或避免出现错误的建议。

要点

1）比较是K–12课堂上最常用的思维技能。它可以有效帮助学生识别重要知识内容的关键特征，而且学生能够迅速熟练掌握比较的三个步骤。但正因为它便捷、高效，所以常被过度使用。因此，在教学设计过程中，教师应审慎考虑以下问题：学生为什么要进行比较？学生要比较的内容对所学知识重要吗？对本部分学习内容而言，比较是不是帮助学生拓展与精炼知识的最佳思维技能呢？

2）严谨比较的关键之一是要找出有趣又有意义的特征。例如，比较不同战争中"战马的种类"，这种比较看起来有趣，但是对学习没有价值。相反，把"国际冲突的程度"和"经济因素在战争原因中的占比"作为比较特征则可以促进学生对所学知识的理解。

> 难怪我的学生无法进行有效比较！我没有教给他们第二步。只有确定了比较特征，学生才能进行有意义的比较。
>
> ——一位5年级教师

学生要想熟练地找出有趣又有意义的特征，需要在练习时得到充足的示范和反馈。具体可参考以下建议：

- **全班头脑风暴比较特征**，尤其是在学生刚刚接触比较任务或比较内容特别难时。你可以让学生从头脑风暴出来的特征列表中选择，或者自己提出用以比较的特征。
- **运用扩展比较**。这需要通过比较矩阵来完成。首先给学生提供几个比较特征，然后要求学生通过添加既有趣又有意义的特征来扩展比较矩阵。教师应该为学生提供合理的初始比较特征，并为学生自行添加的比较特征提供反馈。

3）确保学生理解在课堂中运用比较的目的在于拓展与精炼知识。为了强化这一认识，学生完成比较任务之后，可以询问他们一些与所学知识有关的问题，例如："你得到了什么新见解？""所学知识与其他内容有什么新联系？""通过比较，你有什么新发现？"

4. 为学生提供图形组织者或表征以帮助他们理解和运用比较

有效帮助学生理解比较的一种方法是教给他们如何利用图表或图示来展示比较的思维过程。图3.1和图3.2呈现了两种对知识进行比较的方式。

维恩图是一种图形组织者。当被比较的两个事物有一些共同之处（在两圆相交区域表示），也存在不同之处（在每个圆的非相交区域表示）时，维恩图刚好适用。当比较多个特征时，可为每组特征绘制单独的维恩图。例如，图3.1呈现了1年级教师如何引导学生分别以节日和庆典、食物为特征比较英美文化的异同。图3.2是一个比较矩阵，用以帮助学生在比较的过程中组织信息。

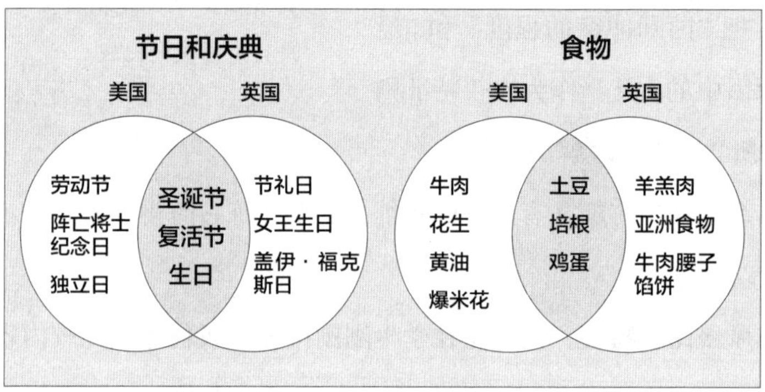

图3.1 维恩图

比较的知识

特征	#1	#2	#3	
1.				相似点
				不同点
2.				相似点
				不同点
3.				相似点
				不同点
4.				相似点
				不同点

图3.2 比较矩阵

5. 综合运用教师构建和学生构建的任务

在学生刚开始练习运用比较时，只要你心中有具体的学习目标，就可以为学生构建高度结构化的比较任务。教师构建的任务为学生提供待比较的知识以及待比较的特征。然后，学生根据教师给定的特征描述这些知识间的异同点。完成比较过程之后，要求学生总结自己所学内容。例如，教师给学生提供一张包含学生所在城市的城市列表，然后要求学生依据其面积、就业机会、文化背景、犯罪率和空气质量等特征对这些城市进行比较。构建此比较任务的目的是让学生开始理解不同城市的特征。

在学生熟练运用比较之后，让他们自行构建任务。你可以要求学生确定待比较的知识，或确定待比较的特征，或两者都由学生完成。然后，学生或独自或小组合作找到知识间的异同点。尽管学生可以独立完成，但你仍需监控整个比较过程，以确保学生严格运用比较，进而促进他们对重要知识的学习。

课堂范例

以下课堂范例可供教师思考如何在课堂教学中应用维度3的相关内容。

约翰森先生幼儿园的学生正在学习生物是如何生长和变化的。为了帮助他们更好地了解不同动物在成长过程中的变化，他让学生比较几种动物的婴幼期和成年期。例如，让学生比较青蛙和蝌蚪、蝴蝶和毛毛虫、鲸鱼和小鲸鱼、马和小马驹之间的异同点。他们比较的特征包括大小、颜色、皮肤和体型等。学生惊讶地发现，一些动物在成长的过程中发生了非常大的变化。

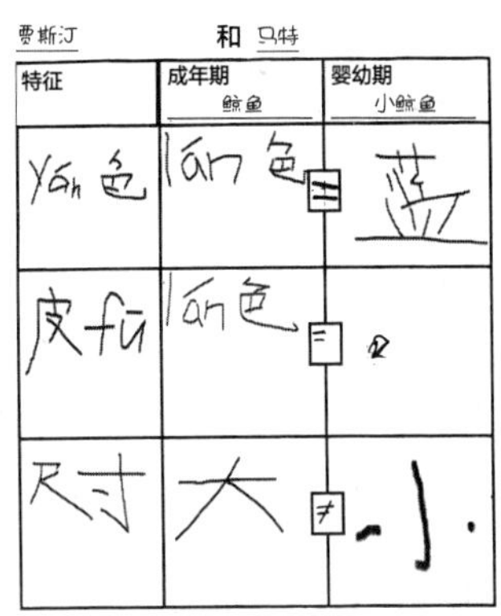

图3.3　幼儿适用的比较矩阵

● ● ●

沃森女士发现学生乐意在地理课上使用地图，但不乐意使用不熟悉的地图。于是她让全班就不同类型地图及其用途展开讨论。为了拓展与精炼学生的理解，沃森女士给学生布置了下一周的任务，要求学生首先确定表明地图投影价值的特征，然后选出三种不同类型的地图投影（如墨卡托投影、鲁滨逊投影和摩尔维特投影），之后再让学生基于这些特征对所选地图投影进行比较，并据此解释不同地图投影的异同点。如此一来，学生开始对各类地图投影的不同用途有了进一步的理解。

● ● ●

本学年的第一学期，诺福德女士想让学生在健康教育课上理解疾病对于个人、家庭和社区在社会、经济和政治等方面的影响。为增强学生的理解和加强学生对比较的运用，她布置了一项任务，让学生比较伤寒病人玛丽（一位在1900—1907年传染了22位或更多纽约市民的厨师）和瑞恩·怀特（一位在20世纪80年代感染了HIV病毒的小孩）的异同点。学生需要比较疾病的要素（如症状和治疗方法）、受感染社区的情况（如公众对该疾病的态度）以及病患个体的应对情况（如他们对疾病的接受程度、是否寻求治疗以及是否将患病情况告知他人）。

分类

分类是根据事物的属性将其归为有意义的类别的过程。简言之，分类是对相似事物进行归类的过程。

我们常通过不同的分类方式来整理事物。例如，在厨房里，我们会根据使用频率、大小或存储条件等属性对食物、炊具和餐具进行归类。商店、学校、图书馆和家里的物品都是以某种方式分类安置。尽管我们对这些分类系统不以为然，但它们确实在影响着我们的认知和行为。想象一下，如果我们改变了学生进校的秩序、便利店食物的摆放方式或者图书馆图书的摆放顺序会发生什么。可以说，改变分类系统就会改变我们的世界。

在日常生活中，分类影响我们的感知，同样，在课堂上运用分类可以影响学生对所学知识的理解。事实上，分类之所以能够有效拓展与精炼知识，其中一个原因就是有意识地将事物归为不同类别会影响我们对事物的认识。例如，当一个紫色的圆形物体与其他圆形物体放在一起时，你会注意到它是按圆形分类的；而当它与其他紫色物体放在一起时，你就会注意到它是按紫色分类的。所以，作为拓展与精炼知识的过程，分类或再分类过程可使学生关注所学知识的不同属性。

然而，要想让分类起到拓展与精炼知识的效果，教师不能只是简单地要求学生“将信息分类”。作为一种拓展与精炼知识的活动，分类常常具有一定挑战性。学生需要获得精心指导才能完全掌握其要领。教师应首先帮助学生理解分类，然后再让他们充分探究和练习分类，建议采用以下活动：

1. 帮助学生理解分类

尽管分类是人类的一种很自然的行为，但仍有必要向学生介绍分类的概念，以使他们理解分类过程并认识到有意识地将知识分类能促进他们的学习。首先确定各种分类方式以及分类的益处。例如，你可以与学生讨论归类放置家中抽屉里的物品是如何帮助他们快速找到所需物品的。为了让学生充分认识到分类对自身认知和行为的影响程度，你可以让学生试着想象一下：如果我们习以为常的分类系统发生改变（如杂货店里的食物按照价格区间分成三类，或者百货商店里的衣服只按照尺码进行分类），我们的认知和行为会有什么变化。让学生选择一个事物（如一只老虎），并将其放入不同类别中（如一群猫，一群野生动物，或其他斑纹动物）。让学生注意将同一事物放入不同类别时，所看到该事物的属性有何差异。

2. 给学生提供分类模型并创造机会让他们练习分类

（1）给学生提供分类模型

虽然很多时候我们可以进行宽泛的分类，但学生还是应该学习一套系统的分类步骤。学生可参考以下步骤：

① 确定待分类的项目。

② 选择重要项目，描述其关键属性，并找出其他具有相同属性的项目。

③ 详述该类别项目必须具备的属性，创建第一组类别。

④ 选择另一项目，描述其关键属性，并识别其他具有相同属性的项目。

⑤ 详述该类别项目必须具备的属性，创建第二组类别。

⑥ 重复上述两个步骤，直至将所有项目分类完毕，并确定每组类别属性。

⑦ 若有必要，合并类别或拆分成更小的类别，并详述新类别的属性。

对于低年级学生，可采用更简洁的语言表述分类过程：

① 我想把什么进行分类？

② 哪些事物是相似的，可以归为一类？

③ 这些事物有什么相似之处？

④ 我还可以创建哪些其他类别？每个类别中的事物有什么相似之处？

⑤ 现在是不是所有事物都归了类？

⑥ 是否需要拆分一个类别或者合并几个类别？

（2）创造机会让学生练习分类

向学生介绍分类的具体步骤时，你可以运用“出声思维”策略来示范每个步骤。例如，在示范分类步骤时，你可以说：我将对50个州进行分类。我觉得应该先从纽约开始。其他州与纽约州有什么相似之处？为什么呢？

一旦学生熟悉了分类步骤，就可以让他们开始练习运用分类。让学生将周围的物品（如教室里的书、桌椅和课桌里的东西）进行分类或重新分类。每次都让学生描述类别属性以及将某物品归为某类别的原因。

3. 帮助学生在学习和运用分类时聚焦重难点

在学生学习分类时，要想达到拓展与精炼知识的目的，你需要特别注意以下几点：

要点

1）**使分类属性相关联**。在分类过程的第二步，学生基于特定属性对事物进行分类。到第四步时，学生创建另一个类别并详述该类别属性。为使分类过程保持一致，第二类属性及其以后的属性都要与第一类属性相关联。例如，如果学生将美国的50个州进行分类，第一类属性是“气候温暖”，那么第二个属性应该是“气候寒冷”或“冷暖适宜”。如果转换成诸如“人口稠密”等不相关的类别属性，就会造成混乱，使学生困惑而难以理解所学内容及其属性。

2）**聚焦关键属性**。分类是根据事物属性将事物归入不同类别的过程。在分类过程的第二步，学生需要选择一个重要事物，然后识别并确定与其具有相同属性的其他事物。在一开始分类时，学生就应聚焦所学内容的重要且有意义的属性。所选属性应能够激发学生发现更多与该内容相关的信息，或者将其与已学内容建立联系。如果所选属性无趣或不重要，那么学生也许能够将事物准确归入相应类别，但对学习没有任何明显的积极作用。

> 尽管我在课堂上曾多次要求学生分类，但我发现我只是让他们准确地将内容分类，并没有达到拓展与精炼知识的效果。
>
> ——一位来自阿肯色州的老师

3）**充分理解各个分类属性**。为了对事物进行合理分类，学生应该充分理解每个类别的关键特征。有时分类理由很明显，例如依据颜色进行分类。但是，待分类内容越复杂，对分类理由的解释就越困难。因此，应要求学生解释分类理由。以下是高中历史期末开卷考试中的一道题目。

下面列出的是本学年学过的所有战争和军事冲突。请创建一个至少包含三个类别的分类体系。解释每个类别及其关键特征。将每场战争归入相应类别，并解释它在多大程度上具有该类别的关键特征。

法国大革命	美西战争	美国独立战争	第一次世界大战
法印战争	第二次世界大战	越南战争	沙漠风暴（海湾战争）

4）**尝试多次分类**。让学生在分类后再重新分类，这能帮助学生有效识别事物之

间的独特区别。如果学生只对事物进行一次分类，那他们有可能忽略那些独特区别。你可以为学生提供不同的情境以帮助学生进行不同的分类。例如，你可以要求学生以园丁的身份将列表上的植物分类，然后再以过敏症治疗医师的身份将其重新分类。

4. 为学生提供图形组织者或表征以帮助他们理解和运用分类

对许多学生来说，图形组织者或表征可以帮助他们理解并运用分类。图3.4呈现了两种可供学生使用的图形组织者。

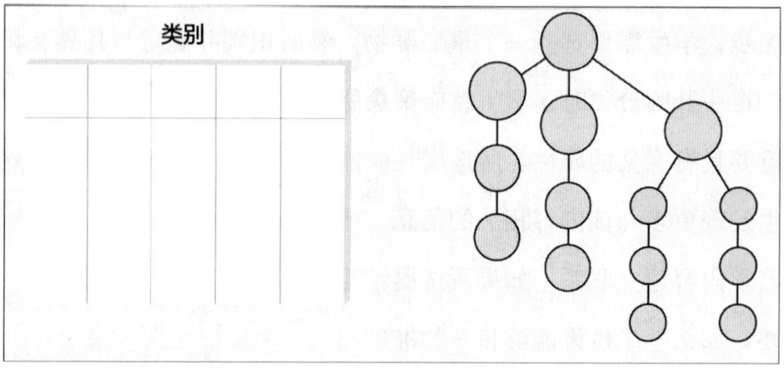

图3.4 分类的图形组织者

5. 综合运用教师构建和学生构建的任务

即使学生已经理解了分类及其具体步骤，但仍无法确定自己是否完全掌握。在学生初学分类，或教师心中有具体目标时，就可以为学生构建高度结构化的分类任务，即由教师指定待分类内容和类别。然后，让学生将给定内容归入相应类别，以此增进学生对所学内容的理解。例如，在文学课上，教师可以给学生提供一份书目清单，然后要求他们根据以下主要矛盾将书分类：（1）人与他人之间的矛盾；（2）人与社会的矛盾；（3）人与自身的矛盾。该任务的目的在于增进学生对文学作品中矛盾类型的理解，并聚焦研究特定矛盾。

在学生熟练掌握分类之后，你就可以让他们自行构建分类任务，促进其自主学习。在学生构建任务时，教师可给学生提供待分类内容清单，然后让学生自行确定分类类别，并解释分类规则。或者，教师可以要求学生自己提出待分类内容并确定分类类别。无论如何，一定要让学生总结自己在构建分类任务过程中学到了什么。

课堂范例

以下课堂范例可供教师思考如何在课堂教学中应用维度3的相关内容。

马丁内斯夫人班上的小学生正在学习对物品进行描述和分类的不同方式。为了拓展与精炼学生的理解，她要求学生从教室的储物柜里挑选12种物品，然后将相似的物品放在一起。学生选择的物品包括纽扣、石头、回形针、磁铁和橡皮球等。马丁内斯夫人让学生先后依据大小、形状、质地等属性对这些物品进行了多次分类。

● ● ●

施莱伯女士在课堂上为学生列出了一组地理术语（如海湾、盆地、峡谷、三角洲、冰川、港口、台地、半岛、高原、苔原和山谷）。为了拓展与精炼学生对地球自然地理特征的理解，她要求学生创建分类类别，并据此将这些地理术语归类。她发现学生会自动采用在课本上学的类别，如侵蚀、地球板块运动、冰河作用等形成的地貌，她认为这项任务只是对已学知识的简单回忆。于是她让学生假设自己是第一次看到地球自然地理特征的火星人，然后再重新对这些术语进行分类。

● ● ●

罗里先生班上的学生正在探究作家在文学作品中创建人物形象的不同方式。为帮助学生拓展与精炼知识，罗里先生从几部文学作品中罗列出30个人物，然后要求学生将这些人物进行分类，并解释分类规则。他对学生的理解深度和类别创建非常满意。例如，有些学生基于“性格缺陷类型”进行分类，有些学生则基于“人物随故事情节的发展而发生的变化（如身体上、情感上或心理上的变化）”进行分类。

● ● ●

在赫西女士的科学课上，学生正在学习物质的基本特性，尤其是那些构成生命和非生命物质的元素：氢、氦、锂、铍、硼、碳、氮、氧、氟、钠、钾、汞、锶、碘、氯、镭、铬、铁、氖和铅。他们还学习如何根据相似属性将这些元素进行分类。

赫西女士要求学生按照传统分类方式（即固体、液体、气体三类）将这些元素（假设在室温下）进行分类，他们很轻松就完成了该任务。为了拓展与精炼关于元素的知识，赫西女士要求学生将这些元素按照全新类别进行重新分类。她很欣喜地发现学生不仅创建出不同的类别（如“有经济价值”和“无经济价值”、“可再生”和“不可再生”等），还在这些元素之间建立了各种各样的新联系。

● ● ●

数学老师拉纳汉夫人想让学生理解实数集及其子集的基本特性。为实现这一目标，她一直在讲解如何区分以下几类数字：自然数、整数、有理数、实数。她认为学生已经理解了这些类别，因此也能很好地理解实数集及其子集。为了进一步拓展与精炼知识，她——

- 给学生一组数字（0, 2, 11, 15, 1/2, −7, 0.75, $\sqrt{48}$, π）。
- 要求学生增添数字至30个，要求所写数字符合以上数字类别。
- 要求学生将30个数字分别归入五个数字类别中。然后，要求学生按照自己的分类规则将数字重新分类。

抽象

> **抽象**是识别并阐明信息的基本主题或一般模式的过程。简言之，抽象是要寻找并解释存在于特定信息或情境中的一般模式。

我们常用的模式识别能力是抽象的基础。我们只有识别并运用各种结构、设计、行为和自然现象中的模式，才能更好地理解和应对这个复杂的世界。同样，无论在学校或在日常生活中，识别出我们所接收海量信息中的模式，有利于我们组织和运用这些信息。抽象可以使我们识别出信息中隐含的一般模式，进而运用该模式发现看似不同信息之间的相似之处，而在此过程中，模式识别能力也会得到进一步提升。由于抽象要求对信息进行比字面解释更深入的分析，因而运用抽象可以提高我们对信息的理解水平，课堂上的学生和任何尝试理解所接收信息的人都将从中受益。

与比较和分类一样，抽象能够帮助学生分析所学知识的异同。当学生意识到自己不熟悉的内容中包含着与熟悉内容中相似的模式时，他们就能更有效地理解这些不熟悉的内容。例如，在学习发生在古希腊的一场战争时，如果学生能够发现它的模式与自己熟知的童话故事的模式相似，那么他们就会对该战争有更深刻的理解。反过来，当学生运用从不熟悉内容中提取的模式来分析熟悉内容时，他们就能对熟悉内容产生一些新见解。比如，如果学生在学习外国习俗和仪式时提取出一般模式并将其与本国熟悉的习俗和仪式相联系，那么他们就会对本国文化有更深的见解。

学习抽象还因为抽象是隐喻和类比的基础。隐喻包含着抽象过程，例如，“爱是一朵玫瑰”，这个隐喻就是用具体的事物“玫瑰”来解释“爱”这个抽象概念。同样，类比也包含着抽象的过程（如“地球围绕太阳转，如同电子围绕原子核旋转”）。因此，提高理解和运用抽象的能力能够帮助学生理解并运用隐喻和类比。通过抽象我们可以发现两个看似不同的事物是如何相互联系的，因此抽象成为课堂上拓展与精炼知识的有力工具。为帮助学生培养抽象能力，可参考以下课堂活动。

> 类比的确决定不了什么，但可以让人更好地理解。
>
> ——西格蒙德·弗洛伊德（Sigmund Freud）

1. 帮助学生理解抽象

抽象极其复杂，因此应结合学生熟悉的内容来向他们介绍抽象。例如，你可以向学生解释抽象如何帮助我们识别《蚂蚱和蚂蚁》《皇帝的新装》等寓言故事的一般模式，并将该模式与一些时事或学校事件联系起来。你可以逐渐增加故事情节的复杂性，或结合时事事件来示范如何建立联系。通过让学生识别两个故事或两个情境之间的相似点来理解抽象，并且要让学生在越来越不相似的情境间建立联系。

学生观摩并亲自体验了几次抽象过程之后，你可以向他们解释抽象的主要功能：将信息提炼成最基本的形式，然后将其与看似不相关的信息联系起来，或者创建遵循相同一般模式的新信息。尽管学生不需要遵循具体步骤就可以抽象出简单信息中的一般模式，但是教师应该让学生明白在学习情境中要分析的信息往往更多、更复杂、更陌生，因此最好遵循抽象的具体步骤。此外，还应该让学生明白遵循具体步骤有助于增强他们对信息的理解，因为这可以帮助他们发现信息间的微妙联系，否则这些联系就可能被忽略。

最后，如果学生能够理解抽象所适用的情境，他们就会对抽象有更深入的理解。与学生讨论抽象示例，并鼓励学生在校内外寻找更多运用抽象的示例。有些电影和戏剧就是作家从历史或文学作品中抽象创作而成，例如，《窈窕淑女》就是套用了《卖花女》的模式，而《西区故事》则是根据《罗密欧与朱丽叶》改编而成。

2. 给学生提供抽象模型并创造机会让他们练习抽象

（1）给学生提供抽象模型

给学生提供抽象模型可以有效帮助学生理解并掌握抽象。模型中的具体步骤如下：

> ① 确定所学知识或情境中的重要或基本内容。
> ② 使用较为一般的方式表述该基本内容：
> - 用较为概括的词代替具体的词
> - 尽可能对信息进行概括
>
> ③ 找到适用该一般模式的新知识或新情境。

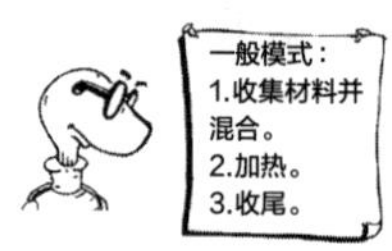

对于低年级学生，可采用更简单的语言来表述抽象过程：

> ① 这里的重要内容是什么？
> ② 我如何用更一般的方式来表述这些重要内容？
> ③ 还有什么内容具有相同的一般模式？

（2）创造机会让学生练习抽象

向学生示范抽象过程中的各个步骤，最好运用“出声思维”策略。为学生提供具体信息，然后让他们观察你的思维过程。比如，你可以向学生讲述以下内容：

两个敌对部落分别住在河的两岸。多年后他们开始贸易往来，一个部落用粮食换取另一个部落的牲畜。随着交易数量和质量日益提高，双方的社会往来也越来越多。在交往的过程中，他们发现双方就如何防止河流干涸的问题持有不同观点。尽管这条河干涸的概率很小，但双方却因分歧而变得恼怒愤懑。双方的分歧很快阻碍了他们的贸易往来。后来，他们中止了贸易，最终开战。

讲完故事之后，给学生示范如何确定故事的字面信息。这些信息包括：

- 两个部落
- 生活在河流两岸
- 用牲畜换取粮食
- 增加社会交往
- 就如何防止河流干涸双方持有不同观点
- 两个部落开始敌对
- 中止贸易，并最终开战

接下来，给学生解析如何将字面信息转换成更抽象的形式。首先确定每一条具体信息，然后再详细阐释如何创建一般模式。

- 两个群体居住在相邻的地方，但在某种程度上相互分离或对立。
- 两个群体开始交往。
- 在交往中，他们产生某种冲突。
- 最终他们逐渐减少联系，甚至更加敌对。

然后把以上一般模式与其他看似不同的情境相联系。例如，教师可引导学生发现关于这两个部落的抽象模式与某本书中的男人和女人之间的关系很相似，或者与自然界中两种生命有机体之间的关系也很相似。

接着，给学生提供一个片段或故事，让学生以班级或小组的方式练习抽象过程的每个步骤。给学生提供反馈并要求学生将创建的一般模式与趣味性更强、更具体的信息相联系。若想在学术知识中运用抽象，学生需要充足的练习。

> 学生提交报告以后，我感到非常失望。我要求他们解释中东局势如何遵循历史上另一事件的模式，但他们的报告令人难以接受。我开始意识到，我要求学生运用抽象，却从没教他们如何去做。
>
> ——一位来自俄亥俄州的高中老师

3. 帮助学生在学习和运用抽象时聚焦重难点

偏好形象思维的学生对于抽象这个词难免有些望而生畏，但如果能为他们提供一套结构化的具体步骤，他们就会发现抽象并不像听起来那样晦涩难懂，同时，这也能提高他们创建并运用抽象关系的能力。在帮助学生理解和运用抽象时，请谨记以下几点：

要点

1）对于许多学生而言，抽象过程中的第一步，即识别重要或基本的字面信息，往往是最难的。学生要么漏掉其中的重要部分，要么认为每一点都很重要。学生能否成功完成这一步取决于所学知识或情境的复杂程度以及自身的概括经验和能力。因此，针对第一步，学生应集中练习并获得反馈，必要时，他们还需要教师的指导才能准确完成这一步。

2）在学生将字面信息转化成抽象信息时，常常会有类似“抽象模式所用语言到底需要多大程度的概括性”的疑惑。很遗憾，这个问题没有明晰的答案。一般来说，所用语言的概括性要足以帮助我们在看似不同的信息之间建立联系，但又不能过于概括以至于使所有事物都有联系。以下是概括过度的例子。

字面信息	抽象模式
殖民地居民通过组织波士顿倾茶事件来反抗。	有人对别人做了一些事情。

下面这个抽象案例则可以帮助我们建立更深刻的联系：

字面信息	抽象模式
殖民地居民通过组织波士顿倾茶事件来反抗。	一小群人反抗权威的压迫。

因此，经验和常识可帮助我们确定抽象的程度，并借此拓展与精炼知识。

3）学生将一般模式运用于新知识或情境中时，首先看到的是最明显的联系。为了最大限度发挥抽象用以拓展与精炼知识的作用，你要鼓励学生发现更隐蔽的联系，还有必要鼓励学生严格遵循抽象步骤模型，尤其在跨学科知识间建立联系时更应如此。例如，如果学生能发现自然界中生产者与消费者之间的关系在本质上和经济学中生产者与消费者的关系相类似，那么他们就能对两者有更好的理解。

> 在学习抽象的过程中，学生意外地发现，从抽象的层面上来看，他们与别人的共同点远比想象中要多得多。
>
> ——一位中学教师

4. 为学生提供图形组织者或表征以帮助他们理解和运用抽象

对许多学生而言，利用图形组织者有利于他们理解抽象过程，并指导他们完成抽象过程中的每个步骤。图3.5呈现了一个抽象的简易图形组织者。

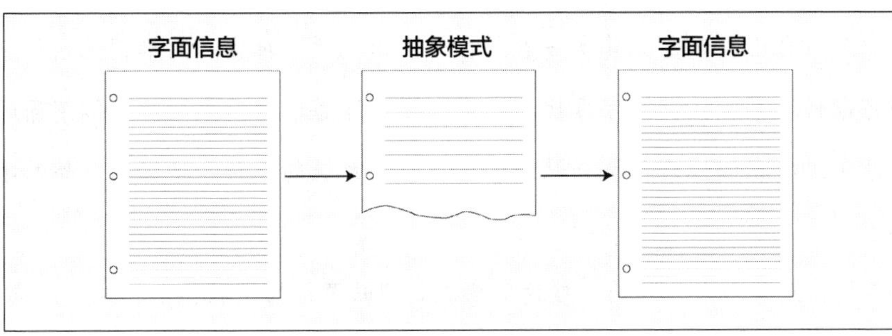

图3.5　抽象的图形组织者

学生可利用这个由三部分组成的图形组织者来记录字面信息和抽象模式。两种相互关联的字面信息分别位于图形组织者的两端。连接两种字面信息的抽象模式位于中间位置。（学生用此图形组织者时，可以将三个部分分别标注为“具体、一般、具体”。）

5. 综合运用教师构建和学生构建的任务

在学生刚开始运用抽象，或课程已确定了具体的学习目标时，可给学生提供高度结构化的抽象任务。教师应该首先为学生选择待抽象的内容，并指导学生识别字面信息，甚至引导他们抽象出一般模式，然后再要求学生找到该抽象模式适用的其他情境。

在学生熟练运用抽象之后，让他们自行构建任务。你可以先给学生提供原始信息，但是要让他们独立完成抽象过程中的每一步。尽管你仍需要监控学生的完成情况，但此时主要目的在于让学生更高效更自信地运用抽象。如此一来，不同的学生可能会抽象出略有不同的一般模式，他们也可能创建出你从未想过的联系。最后，学生应能自行判断何时运用抽象来拓展与精炼知识。

课堂范例

以下课堂范例可供教师思考如何在课堂教学中应用维度3的相关内容。

当克莱弗夫人初次了解抽象时，她认为它并不适合1年级学生。直到有一天，她突然意识到，自己在课堂上其实一直都在无意识地运用抽象。例如，她想让学生理解数字可以代表事物，就像字母代表声音一样。她通过向学生展示看似不同的事物在抽象意义上的相似性来拓展并精炼学生对符号系统的理解。事实上，她的学生确实理解了。

第二周，克莱弗夫人利用一些情节模式相似的童话故事教学生抽象。从那以后，她会不时让学生探寻所学知识的一般模式。她非常惊讶于学生的观察和发现。例如，有个学生发现多个数字可以组合成一个新数字，就像多个字母可以组合成一个新单词一样。在克莱弗夫人进一步的提示下，学生们又发现，如果改变单词中字母的顺序，单词的意思就会发生改变。例如，tap（水龙头）变成pat（轻拍）。同样，如果改变数字的组合顺序就会得到新数字。例如453变成354。

克莱弗夫人张贴了一个公告板，把学生发现的一般模式及其具体例子贴在公告板上。她还会不时添加某个一般模式，看看学生是否能将其运用到具体情境中，例如，“如果你将事物随机组合，不会产生意义，但如果你将事物有序组合，就会产生有意义的模式”。她希望学生能够明白，随机排列的单词毫无意义，而将它们有序组合才能形成一个句子；随机数字也没有意义，将它们按照某种模式（如偶数）组合，才会有意义。克莱弗夫人不得不承认，学生开始发现各种各样的联系，有些甚至是她都未曾注意到的。

● ● ●

在卢卡斯先生的语言艺术课上，学生刚刚开始学习运用抽象。为了帮助他们拓展与精炼对神话和史诗相关内容的理解，他给学生布置了一项他认为学生会感兴趣的任务。卢卡斯先生首先帮助学生确定电影《星球大战》中的重要或基本信息，然后基于这些具体信息创建出一般模式：

1. 一个年轻人拥有超能力。
2. 他注定要完成伟大任务。
3. 他必须通过一系列体能和意志的考验来塑造自己的品格。
4. 在善恶之战中他得到了智者的帮助。
5. 他濒临死亡和毁灭。
6. 他突破局限。
7. 他胜利凯旋。

卢卡斯先生要求学生将这个模式应用到《奥德赛》和之前单元学过的史诗、神话或传说中（比如，美洲原住民文学或古代传说）。

● ● ●

希尔曼先生向学生解释，“计算机病毒”之所以这样命名，是因为有人注意到计算机中的这种现象从抽象层面来看与自然界中的病毒相似。于是他让学生运用抽象思维追溯“计算机病毒”的命名过程。

归纳推理

归纳推理是从信息或观察中推断出未知概括或原理的过程。简言之，归纳推理就是从具体信息或观察中得出概括性结论的过程。

我们多数人每天都会无意地用到归纳。例如，当观察到超市收银员问候顾客和结算商品的方式时，我们运用归纳判断出他或她心情欠佳；在面试时我们同样运用归纳推断出雇主想要招聘一位自信果敢的员工。在这两种情境中，通过归纳得出的结论都有助于我们理解情境并做出回应。

然而我们也会通过归纳得出不正确的结论。例如，我们可能会曲解证据，从而错误地指控某人偷东西。我们还可能会曲解非言语线索，从而错误地解释某个行为或语言的动机。归纳推理的强大之处以及它之所以如此重要就在于它能使我们发现那些隐晦、不明显的信息。但是，归纳推理也有一定的局限性，因为无论我们如何谨慎地归纳，所得到的结论也不一定是真实的。

有人认为，恰恰由于不能确定归纳所得结论的真实性，所以学生才更应该理解并学会运用归纳推理。在生活中，我们应谨慎使用归纳推理得出的结论。某些情况下，在接受结论之前应该引用大量信息验证其有效性。例如，如果人们知道自己常基于极少信息或观察得出结论，那么他们就不太可能形成刻板印象。在履行陪审团职责时，人们经常需要通过归纳推理来做出裁决。如果能真正理解归纳推理，那么在做出裁决之前，人们会更仔细地听取并分析所有证据信息。诸如此类的情境也告诉我们，培养学生理解并运用归纳推理的能力是多么重要。

在课堂教学中，每当我们要求学生识别表达含糊的内容，或要求他们读懂字里行间的隐含之义时，我们都会提示他们运用归纳推理。通过学习归纳推理，学生学到的不仅仅是文字表面的东西。无论在课堂上还是在生活中，我们都要求学生严谨地运用归纳推理，这将帮助他们生成准确、有效的结论。

为帮助学生学习和运用归纳推理，可参考以下建议。

1. 帮助学生理解归纳推理

归纳推理是学生常用但又经常出错的思维方式，因此教师应首先向学生介绍归纳推理的概念。举例说明是介绍其概念的最好方法。例如：走进教室，“砰”的一声关上门，把书扔在桌子上，然后双臂交叉放在胸前。然后要求学生根据对你行为的观察给出结论。你需向学生说明，他们所运用的思维过程就叫作归纳推理，即通过具体观察得出一般结论。要求学生找出对所观察行为的其他解释，这样他们就知道他们得出的结论可能正确也可能不正确。

你可以让学生找一些其他的归纳示例。例如，让学生观察一则新闻并识别播音员做了哪些归纳推理，或者组织学生讨论归纳推理在日常生活中的用途及其必要性（如“如果不进行归纳，我们的生活将会是什么样子？”）。

最后，让学生明白，归纳推理能够提升他们在课堂上或生活中建立信息之间联系和发现信息模式的能力，进而帮助他们拓展并精炼知识。

2. 给学生提供归纳推理模型并创造机会让他们练习归纳推理

（1）给学生提供归纳推理模型

尽管归纳是人与生俱来的思维过程，但仍然需要给学生提供一个模型，以帮助他们在学习学科内容时运用归纳推理。该模型的具体步骤如下：

① 聚焦具体信息或观察到的事物。不要想当然地下结论。

② 寻找已选定信息中的模式或联系。

③ 对已观察到的模式或联系做一个概述性解释。

④ 进行更多的观察，验证你的概述是否合理，必要时予以调整。

对于低年级学生，可采用更简洁的语言表述归纳过程：

① 我有哪些具体信息？

② 我能发现什么联系或模式？

③ 我能得出哪些一般性的结论或预测？

④ 当我获得更多信息时，我是否需要改变之前的结论或预测？

（2）创造机会让学生练习归纳推理

当你向学生示范如何运用归纳推理时，你可以运用“出声思维”策略。例如，你可以说：

现在我正朝窗外看，只见一个男人在草坪上除草。此时正值中午时分，这个男人看上去六七十岁的样子。我经常见他待在家里。让我们把所有信息汇总到一起，可能得出“他退休了”的结论。我还看到或了解到哪些支持或者反驳这个结论的信息呢？

你可以将这些步骤打印出来张贴在墙上，方便学生参照。

让学生练习归纳推理的另一种方式是带他们进行户外归纳（induction outings）。户外归纳是指让学生走出教室去观察，并根据观察到的事物得出结论。例如，教师让学生在校园或校园附近进行实地观察（如“转角处那栋房子的仓库和后院里有很多健身器材”），然后学生由此进行归纳（如“住在转角处房子里的人热爱运动”）。汇报完他们归纳的结论之后，学生描述他们的观察内容并解释得出该结论的思维过程。让学生逐渐学会进行细致、纯粹的观察，并在得出结论之前进行多次观察。

3. 帮助学生在学习和运用归纳推理时聚焦重难点

在学生学习和运用归纳推理时，需要对部分步骤进行特别关注和重点讲解。为提高学生理解和运用归纳推理的能力，请注意以下几点。

要点

1）有时学生并非基于信息和观察中的联系或模式而得出结论。尤其当学生刚开始学习归纳时，他们的“结论”实际上是：

- 重述原始信息（“我推断他们真的很生气，因为他们说他们要疯了。”）
- 对观察的描述（“我推断是盐融化了冰。”）
- 观点（“我推断人们抗议是错误的。”）

学生需要反复练习归纳出代表信息片段或观察结果间联系或模式的结论。学生在练习时还需要教师的示范和反馈。

2）在学生练习归纳推理时，应确保他们是基于观察和信息得出结论，而非基于假设或观点。当然，这就要求学生能够理解观察与假设或观点之间的区别。例如，学生推断埃德加·爱伦·坡（Edgar Allan Poe）可能沉迷于死亡，如果学生的依据是“他的诗很奇怪”，这时就要告诉学生他得出的结论是基于一种观点，而不是纯粹的观察。

事实上，很难做到纯粹的观察，即不受观点、假设和偏见影响的客观观察。有时我们的观点、假设和偏见比较明显，我们可以谨慎避免受其影响，但有时不够明显，致使我们所做的观察总是受影响或干扰。学生要想熟练进行客观观察，就需要反复练习和接收教师的反馈。

3）好的归纳推理要求基于大量观察或具体信息而得出结论。虽然我们无法确定结论的真实性，但信息或观察的支持力度越大，结论的真实性就越强。因此，要不断督促学生寻找更多的信息和观察来支持他们的初步结论。

> 在数据不足的情况下过早下结论的倾向是我们行业的祸根。
>
> ——夏洛克·福尔摩斯（出自阿瑟·柯南·道尔笔下）

4. 为学生提供图形组织者或表征以帮助他们理解和运用归纳推理

对许多学生来说，图形组织者可以帮助他们理解归纳推理，并指导他们完成归纳推理的各个步骤。图3.6表明学生在得出结论之前需要进行多次观察。

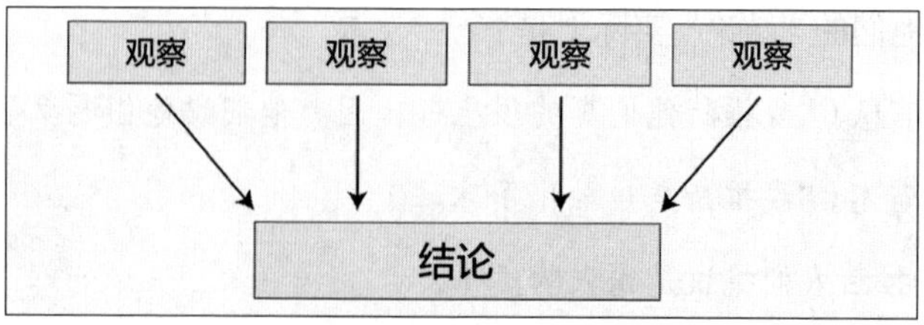

图3.6　归纳推理的图形组织者

图3.7是归纳推理的矩阵图，用以对海量信息进行归纳推理。归纳推理常应用于概念学习。归纳矩阵图的纵列中包含了需要考虑的所有概念。通常来讲，这些概念应该属于同一类别（如政府类型）。矩阵图中的横行中包含与每个概念相关的问题。需要注意的是，横行和纵列都可以得出结论。

> 学前班的孩子也可以运用归纳推理。我围绕非常简单的内容设计归纳任务，我的学生已经开始发现通过观察可以得到如此多的结论。
>
> ——一位幼教教师

当学生将四种政府类型（如“民主政体”）相关的横行中所有问题（如“谁统治”）回答完毕之后，他们就可以得出针对每种政府形式的结论（横行结论）。他们还可以得出关于治理、决策和政府早期形式等方面的结论（纵列结论）。最后，他们通过整合横行和纵列的结论做出总结性结论。

	谁统治?	如何决策?	早期形式?	结论
民主政体				
共和政体				
君主政体				
专制政体				
结论				总结性结论

图3.7　归纳推理矩阵图

5. 综合运用教师构建和学生构建的任务

在学生刚开始练习归纳推理或学习内容相对比较复杂时，教师应为学生构建高度结构化的归纳推理任务并密切监控学生归纳的过程。在最初进行观察或选择重要信息、寻找信息间的联系或模式、从模式中生成逻辑结论时，学生都可能需要帮助。例如，如果组织学生实地考察当地池塘，要想让学生得出与池塘周围生物有关的结论，那么就需要要求学生观察具体现象，并将其记录在自己的学习日志中。回到班里，你再组织学生就所观察到的内容进行讨论，并指导他们得出结论。

最终，随着学生逐渐熟悉归纳推理，你就可以试着让学生自行构建归纳推理任务。事实上，学生学习归纳推理的目标之一就是在没有教师明确指导的情况下也能自主发现所学内容间的微妙联系和模式。例如，下次再带学生实地考察时，你就可以只是鼓励学生进行自主观察，然后看看他们从各自的观察中能得出什么结论。

课堂范例

以下课堂范例可供教师思考如何在课堂教学中应用维度3的相关内容。

克鲁格女士给5年级学生布置了以下任务：

从化石遗迹中我们可以看到形成化石的动植物及它们当时的生存环境。这里有中生代化石（例如，肺鱼、蜥蜴、恐龙、昆虫、海藻和陆生植物）的各种照片、图表等。请观察这些化石的特征（如是否为脊椎动物、几条腿行走、是否有翅膀、身体表面的覆盖物等），正是这些特征使古代动植物在特定的环境中得以生存。找到你所观察的信息中的模式或联系。这些模式向你阐明了这些动植物的生存环境是什么（如水生还是陆生、是否面临其他生物的威胁、有没有季节性数量变化）？

● ● ●

在文学课上，史密斯夫人要求学生从自己最喜欢的书中选出一个最喜欢的人物，在该人物的行为、态度和与他人的关系中找到模式和联系。然后通过这些模式和联系推断出该人物的个性特征，并利用书中的相关信息来验证所得出的结论。最后学生将自己的结论和论据提交到课堂通讯工具的相应板块。

● ● ●

为完成政治讽刺文学作品的部分学习，钟女士的学生在高中文学课上阅读了《格列佛游记》。她不时地要求学生推断在书中故事发生的年代英国可能发生了什么。

● ● ●

奥莱利夫人正在设计一个主题单元，该主题已被纳入涵盖健康素养标准的国家文件中。该标准指出，学生应该了解影响消费者的各种因素，以及这些因素是如何影响健康资源、健康产品和健康服务等方面的决策的。学生意识到，广告商通过唤起消费者对健康的关注来影响他们购买产品的意愿。为了增进学生对“广告商影响消费者决策”的理解，奥莱利夫人给学生布置了一项任务：

我们生活的周围到处充斥着各种图片和信息，试图告诉我们如何更健康更强壮、如何跑得更快跳得更高、如何更长寿。这些图片和信息创作者的目标人群是谁？这些广告创作者认为受众需要什么？或者愿意相信什么？

选择一则宣称能改善健康的产品广告（如运动杂志上的超级能量饮料的广告、健康杂志上的长寿维生素广告或关于运动器械的电视广告）。仔细研究这则广告，关注其保健广告语、产品价格及广告设计等信息。根据你的观察，得出关于广告创作者的结论。你觉得广告商认为人们对健康的需求是什么？广告商认为人们相信什么可以帮助他们实现健康目标？（如“创作这则广告的人一定认为……”）根据你从这则广告中观察到的信息来支持你的结论。

演绎推理

> **演绎推理**是运用概括和原理推导出关于某一特定信息或情况的结论的过程。简言之，演绎推理是运用一般原理得出关于特定信息或情况的结论的过程。

我们每天都运用演绎推理来理解周围的世界。每当我们将一般原理应用到新的具体情境并因此理解新情境时，就在进行演绎推理。例如，因为我们知道蛋糕中通常含有使体重增加的成分，所以我们告诉自己不要吃巧克力蛋糕，这就是演绎推理。

我们推断出所搭乘的飞机上备有灭火器，其实也运用了演绎推理，因为这架飞机属于商用机，并且我们知道所有商用机都带有灭火器。这两个实例都表明我们每天都需要用演绎推理来应对新情况。

上述演绎推理的实例很简单，但有意思的是，很多人谈到演绎推理时都望而生畏，原因可能在于一般人们会把演绎推理与形式逻辑联系起来，而形式逻辑学起来很吃力，是很多人敬而远之的学科。虽然演绎推理确实是形式逻辑的一部分，但演绎推理不应该只出现在逻辑课上。所有学生都应该提升演绎推理的能力，因为演绎推理在日常生活和学习中都是极其重要的。

演绎推理，即把知识迁移到新情境的能力，是达成主要学习目标的关键技能之一。当学生学习如何将一般原理应用到新的具体情境时，其实就是在学习如何进行知识迁移。例如，学生在植物单元中学习了生命体的特征，那么他们应该能够通过演绎推理将所学知识迁移到动物单元的学习中；同样，如果学生理解了运动和力的基本原理，那么他们就应该能够预测在应用该原理的实验中会发生什么。当然，知识的迁移必须基于对一般原理的理解，但同时还应具备将原理通过演绎的方式应用于新情境中的能力。

与其他思维技能一样，理解演绎推理并加以练习才能使我们在日常情境中或完成学习任务时有效地运用演绎推理。虽然演绎的主题可以包括对多种类型的论证和形式逻辑规则的研究，但接下来我们主要阐述两个方面的内容：运用一般意义上的演绎推理，以及直言三段论（categorical syllogisms）。

下述5个策略提供了运用一般意义上的演绎推理的建议，即学会将一般原理应用于新情境，以提高对新信息的理解并能对新情况进行预测。如果学生掌握了演绎推理，那么他们应该能意识到演绎推理在日常生活和学业学习中的重要意义。

第6个策略帮助学生更深入理解直言三段论。

1. 帮助学生理解演绎推理

对于所有学生来说，从一般意义上理解演绎推理是很重要的，即让学生知道演绎推理就是运用一般原理得出结论或对具体情境做出预测的过程。教师可借用日常生活中运用演绎推理的实例来说明什么是演绎推理。例如，学生能够预测某个便利店里都有些什么，因为他们已经知道便利店的一些基本特征。同理，如果学生对考查内容不熟悉，那么他们也能够预测自己无法在考试中取得好成绩。

一旦学生开始理解演绎推理在日常生活中的应用，你就会希望学生更深入地理解演绎推理，进而将其应用到知识学习中去。鉴于人们常常混淆演绎推理和归纳推理，所以首先应对两者进行直接比较。具体解释过程如下：

演绎推理是运用一般性信息得出与特定信息或情境相关的结论，即从一般到特殊。

归纳推理是运用特定信息得出一般性结论，即从特殊到一般。

给学生提供每一种思维分析的具体示例。例如，当你应用重力原理预测出“如果从屋顶跌下就会掉落到地面上”，那么你运用的是演绎推理。同样，如果你理解力和运动的基本原理，并掌握台球的正确打法，你就可以预测台球的运动轨迹。

> 当福尔摩斯说“精彩演绎，我亲爱的华生”时，他是否本应该说“精彩归纳，我亲爱的华生”呢？

对比演绎示例和归纳示例。例如，侦探通过检查犯罪现场的线索进行归纳推理，进而得出结论，如抢劫犯可能是受害者认识的人。这个结论可能基于以下观察得出：

（1）屋内没有破门而入的痕迹。

（2）只有存放贵重物品的地方被弄乱。

（3）在抢劫期间狗并没有叫。

根据以上观察结果也许还可以得出其他结论，但运用归纳推理可得出如上结论。一个优秀的侦探，或者善于归纳推理的人，还会寻找其他线索信息来验证该结论是否可靠。

也许你还需要举出更多的例子来说明归纳和演绎之间的区别。尽量列举内容相关且有意义的例子。一段时间之后，让学生辨别给定示例中的结论是通过归纳推理还是演绎推理得出的。

2. 给学生提供演绎推理模型并创造机会让他们练习演绎推理

（1）给学生提供演绎推理模型

在运用演绎的很多情境中，学生可以采用以下基本步骤或准则：

① 确定正在考虑或研究的具体情境。

② 确定该情境适用的概括和原理。

③ 确保该情境符合概括和原理的应用条件。

④ 如果概括或原理适用，进一步确定关于该情境可以得出什么结论或做出哪些预测。

对于低年级学生，他们可以用更简单的语言表述演绎过程：

① 我正在学习的特定主题是什么？

② 我掌握的哪些一般性信息可以帮我理解该主题？

③ 我确定该一般性信息适用于我正在学习的主题吗？

④ 如果能确定的话，那该一般性信息如何帮助我理解我正在学习的主题？

（2）创造机会让学生练习演绎推理

在要求学生练习演绎推理的基本步骤之前，你可以结合具体情境，运用“出声思维”策略边示范边讲解。你可以说：

我是一名天气预报员，从雷达上我观测到龙卷风。我问自己：“对于龙卷风，我了解多少？”于是我回忆所有与龙卷风相关的一般原理，确定我观察到的龙卷风是否具备这些一般原理的特征。如果这次龙卷风确实具备这些特征，我就要预测龙卷风的动向，并决定是否需要发出警报。

或者：

我正在根据已知的两条边长来计算三角形的另一条边长。我知道直角三角形中斜边边长的平方等于两条直角边边长的平方和。首先我要判断这个三角形是不是直角三角形。如果是直角三角形，那么我就可以利用这个公式计算出未知的边长。

一旦学生熟悉了演绎推理的基本步骤，就可以让学生运用“出声思维”策略结对练习。学生可以运用所学学科（如数学和自然科学）中的原理，也可以运用从日常情境中概括出来的结论，如：“如果我能在妈妈下班回家之前就把房间打扫干净，不出意外的话，整个晚上都将会非常愉快。”

3. 帮助学生在学习和运用演绎推理时聚焦重难点

为帮助学生逐渐熟练运用演绎推理，教师必须了解演绎推理过程中的重点，并确保学生将学到适用于演绎推理的内容。教师可遵循以下指导要点进行教学设计。

要点

1）演绎推理是将概括和原理类一般性信息应用于新的具体情境中的过程。很显然，学生要想运用演绎推理，就必然要学习重要概括和原理。事实上，学生常将大部分时间用于记忆事实类信息，而并未深入理解概括和原理。无论书面课程还是课堂学习，学生要想掌握演绎推理，就必须先学会概括和原理。

2）演绎推理的第三步要求学生确保具体情境符合运用相关概括和原理的条件。学生必须明白，有时概括和原理的措辞表述并不包含所有条件。这就意味着他们需要重新表述概括或原理以清晰呈现所有条件。例如，如果学生想要运用原理“如果两块磁铁相互靠近，就会彼此推开”，那么他需要补充一个条件，即只有相同磁极（两个北极或两个南极）的磁铁相互靠近时，此原理才是正确的。

3）有教育工作者认为，直接教给学生重要概括和原理不如让学生自主发现它们有效。事实上，先直接教给学生概括和原理，再要求学生去运用，其效果与“发现法”不相上下。运用演绎推理学习知识，学生不仅要理解原理的意义，还应该理解其应用条件。并且，学生的理解应该足以帮助他们确定该原理能否应用于新的情境中。如果学生需要将某原理应用于更加复杂多变的情境，那么他们可能会达到等同甚至超越归纳教学法所能达到的理解水平。

> 让学生明白演绎推理是从一般原理到具体情境，而归纳推理正好相反，这很简单。但若想让学生理解只有符合某些条件的具体情境才能适用某个原理，就很难。
>
> ——一位8年级教师

4. 为学生提供图形组织者或表征以帮助他们理解和运用演绎推理

以下是两个可以帮助学生理解演绎推理步骤的图形组织者，它们有助于学生组织信息并遵循演绎推理的步骤。图3.8是描述具体情境、原理或原则、必要条件以及得出的结论或预测的图形组织者，其目标在于确定具体情境与原理或原则之间是否匹配。

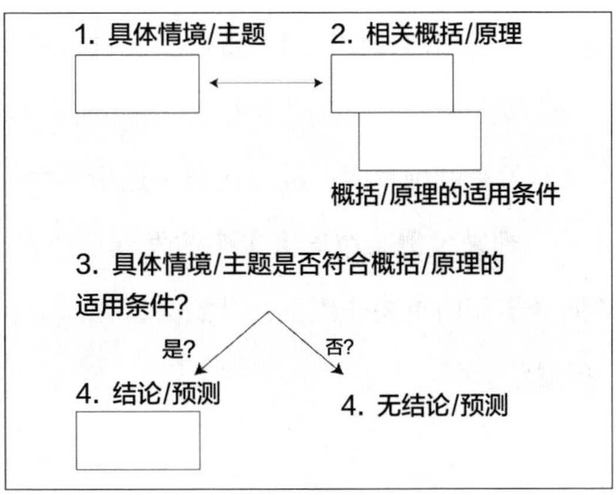

图3.8　演绎推理的图形组织者

图3.9是一个组织信息的矩阵图，每一列代表着演绎推理的各个步骤。该矩阵图

适用于在单个具体情境中应用多条原理并得到多个结论和预测的情况。

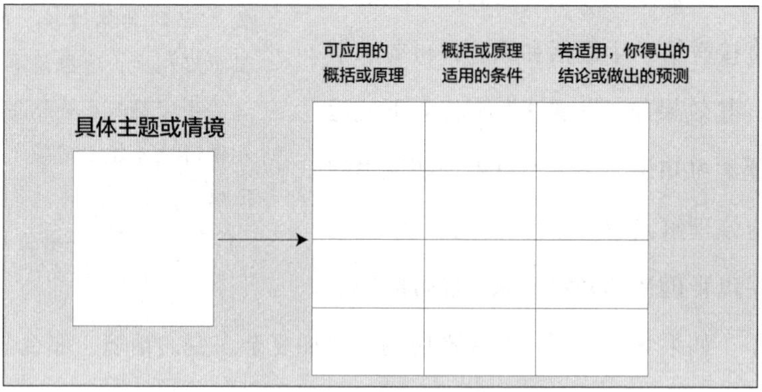

图3.9 演绎推理矩阵图

5. 综合运用教师构建和学生构建的任务

有时教师应该为学生构建需要运用演绎推理的高度结构化的任务。在学生刚开始学习运用演绎推理或教师想加深或拓展学生对特定知识的理解时，教师就应该为学生提供具体情境、相关概括和原理，以及必要条件等细节。例如，在科学课上，教师想让学生理解“水能自行流平”这条原理。她可以通过设置几个实验让学生判断在每个实验中该原理是否适用，并解释原因。如果适用，让学生做出预测。

当学生能够更加熟练地运用演绎推理时，就应尝试自行构建演绎推理任务。为了鼓励学生构建任务，教师无须再具体说明运用哪一条原理，而只需提供一些建议。例如，在社会研究课上学习东欧国家时，教师让学生运用所学经济学、社会学、公民学或自然科学的相关原理来预测某个国家未来的发展趋势。经过一段时间之后，学生将能够深入理解演绎推理的重要作用，并开始尝试在课堂和日常生活中独立运用演绎推理来理解和预测新情境。

课堂范例

以下课堂范例可供教师思考如何在课堂教学中应用维度3的相关内容。

在学习《植物》单元时，艾萨克斯女士的幼儿园小朋友们正在学习植物生存所需条件以及获取所需条件的不同方式。经过几节课的学习之后，艾萨克斯女士把三株绿色植物放在靠窗的架子上，其中一株放在中间位置，其他两株罩上盒子放在两边。她说将会给三株植物浇灌等量的水。然后，她要求学生预测一周后每株植物的生长状况，并用图画来描述预测的结果。

● ● ●

卡拉韦奥先生正在教小学生有关人类呼吸的知识。他请来一位客座讲师给学生们演示“海姆立克急救法”（Heimlich maneuver）。了解到学生已经学习过呼吸作用，这位客座讲师要求学生在下面的假设情境中运用所学知识：

你的朋友咳嗽发作，你问他要不要紧，但是他咳嗽得太厉害，无法回答。这时你应该采取海姆立克急救法进行施救吗?

● ● ●

威廉姆森夫人给商学院的学生布置以下任务：

如果东欧的某个国家采用自由市场制度，请你预测这个国家将会发生怎样的变化?

● ● ●

高中物理课上，图切特女士的学生在学习“动量”这一概念。他们已经学习了牛顿第一定律及其在汽车碰撞中的应用，而且刚刚讨论完非弹性碰撞中的动量守恒定律。为了帮助学生拓展与精炼有关动量的知识，图切特女士给学生布置了以下任务：

在撞车事件中，车辆的受损程度和乘客的伤亡情况都与车速变化有关。当一辆重型卡车和一辆轻型轿车迎面相撞时，由于卡车动量大，会使轿车朝向卡车行驶方向移动。卡车车速略有下降，而轿车的车速和行驶方向都会发生改变，并且轿车车速的变化远远大于卡车车速的变化。这就是卡车司机的伤亡率比轿车司机低的原因。在这类撞车事件中，卡车本身的重量保护了卡车司机，却对轿车及轿车司机造成了伤害。

理解这一原理，或物理学中的任何基本原理，都有助于理解生活中的许多行为。一位奥运会跨栏选手曾说他用了一种非传统的方式跨栏。他解释说虽然自己违反了跨栏惯例，但是并没有违反物理学的原理。显然，自然科学帮助他理解了自己的运动项目。正如上述用动量原理来解释轿车与卡车的碰撞，动量原理同样可用以解释体育运动（比如，足球、棒球、拳击或网球）中的至少两种现象。比如，发生了什么、为什么发生，以及因为发生了什么而采用了什么装备。对物理学原理的理解既可以帮助汽车制造商设计研发保障驾驶员安全的新方法，也可用于提出选用新体育设备器材的建议。

6. 让学生理解直言三段论

直言三段论是演绎推理的一种表现形式。为提升学生对直言三段论的理解，教师可采用以下解释和建议。

从根本上来说，当你从前提中得出结论时，就是在进行直言论证。例如，当你的思维遵循以下模式时，就是在进行直言推理：

（1）所有商用飞机上都备有灭火器。

（2）我乘坐的飞机是商用飞机。

（3）因此，这架飞机上有灭火器。

这类论证被称为“三段论”。陈述（1）和陈述（2）是前提，陈述（3）是结论。三段论通常有两个前提和一个结论。日常推理时，直言三段论常包含一个隐藏前提。例如，以下论证就是一个包含隐藏前提的直言三段论：我知道这架飞机上有灭火器是因为它是一架商用飞机。在这个论述中其实包含前提（1）、前提（2）和结论（3）。我们确定结论是正确的。这就是各种形式的演绎推理都具备的定义性特征，即如果前提是真的，那么结论一定是真的。在课堂教学中至少可以采取四种有效方法来运用直言三段论，而我们通常将四种方法结合起来使用。

（1）帮助学生发现自己或他人推理中隐藏的直言三段论

学生最应该意识到的是，人们总是不知不觉地运用直言三段论。你可以让学生将自己或他人得出的结论改写成直言三段论的形式（两个前提和一个结论），这个过程叫作论证标准化（standardizing），这能帮助学生提高对直言三段论的觉察意识。

论证标准化的过程也许不是必要的，但教师须教学生掌握直言三段论的形式规则。其中一条规则上文已经谈及，即直言三段论有两个前提和一个结论。此外，还有一条规则，那就是在两个前提假设中总共只有三个要素。例如在上述实例中的三个要素分别是：

- 商用飞机
- 备有灭火器
- 陈述者乘坐的飞机

另外，三个要素中有一个要素在另外两个要素之间转移。在上述示例中，要素“备有灭火器”从要素“商用飞机”转移到要素“我乘坐的飞机”上。最后，直言三段论中所包含的要素被“所有”“一些”和“无一”等词语修饰。

一旦学生掌握了直言三段论的基本规则，他们通常就能够找到包含隐藏前提的三段论论述，并将其标准化，即将其改写为标准的直言三段论。

（2）为学生提供表示三段论的图形组织者

直言三段论非常抽象，以至于有些人很难理解。我们可以采用“欧拉图”（Euler diagrams）（利用圆圈来表示成员关系）的形式使思维过程更加直观形象。在欧拉图中，每个直言三段论中的要素都分别用一个圆圈来表示。根据直言三段论所表达的关系，三个圆圈之间或包含、或分离、或重叠。我们用下面的例子进行解释：

- 所有哺乳动物都呼吸空气
- 所有鲸鱼都是哺乳动物
- 因此，所有鲸鱼都呼吸空气

该直言三段论中的三个要素分别是：

- A = 哺乳动物
- B = 呼吸空气
- C = 鲸鱼

如果我们用圆圈来表示每个要素，第一个前提如下图所示：

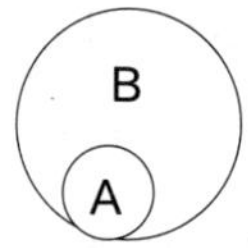

第二个前提中，代表鲸鱼的圆圈C被包含在代表哺乳动物的圆圈A内。因此，整个直言三段论如下图所示：

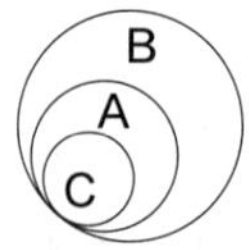

一旦学生能够将论述转化为标准的三段论形式，他们就可以使用欧拉图来理解并检验该三段论推理的有效性。

（3）为学生提供多种形式的有效和无效的直言三段论

尽管直言三段论具有许多种形式，但只有部分形式能够得出有效结论。例如，以下形式的直言三段论就不会得出有效结论。

- 所有A都是B
- 所有C都是B
- 因此，____________

欧拉图可以帮助学生看到有多种可能的结论（见下图）：

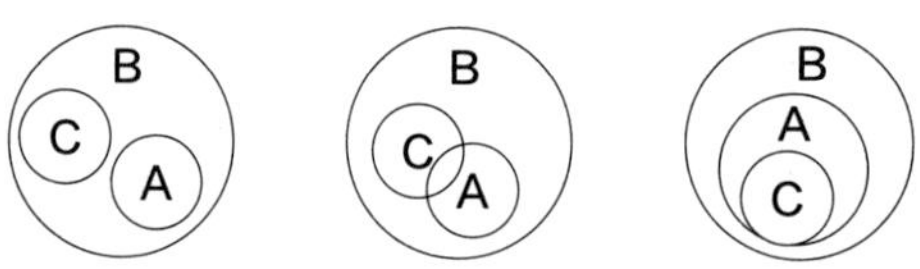

由于上述三种结果都有可能，因此我们不能得出一个明确的结论。图3.10列出了直言三段论的所有形式及可能得出的有效结论。

	前提一			
前提二	**所有A都是B**	**部分A是B**	**A不是B**	**部分A不是B**
所有B都是C	所有A都是C	部分A是C 部分C是A	部分C不是A	
部分B是C			部分C不是A	
B都不是C	A都不是C C都不是A	部分A不是C		
部分B不是C				
所有C都是B			A都不是C C都不是A	部分A不是C
部分C是B			部分C不是A	
C都不是B	C都不是A A都不是C	部分A不是C		
部分C不是B	部分C不是A			

	前提一			
前提二	**所有B都是A**	**部分B是A**	**B都不是A**	**部分B不是A**
所有B都是C	部分A是C 部分C是A	部分A是C 部分C是A	部分C不是A	部分C不是A
部分B是C	部分A是C 部分C是A		部分C不是A	
B都不是C	部分A不是C	部分A不是C		
部分B不是C	部分A不是C			
所有C都是B	所有C都是A		C都不是A A都不是C	
部分C是B	部分C是A 部分A是C		部分C不是A	
C都不是B	部分A不是C	部分A不是C		
部分C不是B				

图3.10 直言三段论的有效结论

在图3.10列出的64种形式的直言三段论中，只有27种能得出有效结论。学生明白这一事实后，才能更好地识别出无效推理。

（4）让学生检验直言三段论中前提的真实性

直言三段论可能在逻辑上有效，但实际上得不出正确的结论。如果三段论形式有效，但前提不真实或不被接受，那么结论就是不正确的。例如，以下直言三段论在逻辑上是有效的：

- 所有小偷都是入室抢劫
- 比尔是个小偷
- 因此，他也是入室抢劫

之所以说以上三段论在逻辑上有效，是因为所得出的结论是遵循其前提的。但是，前提本身应该得到验证，例如，第一个前提“所有小偷都是入室抢劫”是不真实的，因此，所得出的结论也不正确。特别值得注意的是，直言三段论可能逻辑上有效，但结论未必正确。学生应该学着根据三段论的逻辑去分析其有效性，而根据三段论的前提来判断其正确性。先分析直言三段论的有效性，然后再通过检验其前提的真实性来判断结论的正确性。

在学生熟练掌握直言三段论之后，建议他们继续学习条件三段论。可参考弗吉尼亚·克伦克（Virginia Klenk）的《理解符号逻辑》（*Understanding Symbolic Logic*）。

提供支持

提供支持是为主张或观点构建支持系统的过程。简言之，它是为观点提供支持的过程。

日常生活中，我们常常想影响或说服某人接受某个观点，我们一般会搜集支持这个观点的证据，并通过口头或书面的形式表达出来。有效提供支持需满足两个要求：理解并能熟练运用说服技巧、理解构建有力论点所需信息。理解并成功运用说服技巧对于学生的生活也是不无裨益的。但是，为了培养提供支持的能力，学生还必须深入理解论据中的具体信息。因此，学生应学会提供支持，不仅因为它是一种生活技能，还因为它作为一种思维方式能帮助学生拓展与精炼知识。

既然提供支持对生活和学习都有益，那么它就不应该只出现在演讲课或辩论课上。当然，这些课程可以使学生学习与说服相关的知识和技能，但许多学生并不选修演讲和辩论课。所有的学科领域中都存在着一些有争议的话题，学生可以采取自己的立场并为之提供支持。如果所有学科教师都能够在教学中运用提供支持，那将会有更多的学生养成提供支持的能力，并在不同学科中、不同情境下运用它。

在课堂教学中运用提供支持还有另外一个好处，那就是就某个问题提出自己的观点可以提高学生的课堂参与度，尤其是当你给学生提供一些观点让其选择时。教师有时会抱怨学生在课堂上很沉闷、缺少热情甚至无精打采，其中部分原因在于学生太过于简单地接收信息，以至于被动地接受所读到、听到的一切。如果你鼓励学生找出存在意见分歧的问题，然后提出并捍卫自己的立场，那么学生对所学知识会更感兴趣，也更有学习动力。提供支持为课堂注入了新的活力与热情，也因此能够促进学生的学习。

如果想跨学科运用提供支持，那就需要统一其定义和运用流程。本书所提供的定义和建议将帮助教师培养学生理解并应用提供支持的能力。

1. 帮助学生理解提供支持

针对学生感兴趣的话题（如要求学生穿校服）精心设计一些观点，以此介绍提供支持的概念。但是，给出观点之前，你应向学生说明接下来你将要试图说服他们接受你的观点。要求学生识别出你用来说服他们的具体策略。陈述完毕后，请学生在黑板上列出他们观察到的策略。然后根据黑板上列出的内容，向学生解释说提供支持是指提出一个观点并运用列表中的策略来提供支持。学生熟悉这些策略之后，再让他们添加其他技巧和策略。

一旦学生能够理解提供支持是一个需要计划与实践的过程，教师就要帮助学生认识到社会生活中经常运用到这种思维技能。鼓励学生观察个体在日常生活、新闻报道、与同学互动或学习知识时是如何试图说服或影响他人的，并判断每种情境下在多大程度上说服或影响了他人。不时要求学生分享他们观察到的示例，并围绕以下问题开展课堂讨论："为什么说服或影响他人对于一个人来说很重要？""如果一个人能成功说服或影响他人，会有什么样的结果？不成功，又会怎样？"此时学生应该开始明白，提供支持的能力不仅对于个体，而且对于许多人甚至整个社会来说都是非常重要的。

2. 给学生呈现提供支持模型并创造机会让他们练习提供支持

（1）给学生呈现提供支持模型

提供支持的策略有很多。以下是学生在运用提供支持时可遵循的一组基本步骤。

① 确定你正在陈述的是事实还是观点。

② 如果是观点，确定这种情况是否需要论据支持。

③ 如果需要论据支持，那就利用各种方式（例如事实、证据、示例或说服力等）来提供支持性论据。

对于低年级学生，可采用更简单的语言表述提供支持过程：

① 我在陈述事实还是观点？

② 如果是观点，那我需要提供论据吗？

③ 我将提供哪些论据（事实？示例？证据？还是说服力？）？

（2）创造机会让学生练习提供支持

在要求学生练习以上步骤之前，教师可运用"出声思维"策略给学生示范和讲解提供支持的具体步骤。例如，你可以为学生示范如何为自己的观点（“建议延长学制”）提供支持，注意要确保步骤完整。

我们一起来看看，我正在陈述我的观点“建议延长学制”。这个观点需要提供论据支持吗？是的，我认为这对学生来说是一个非常重要的问题。我最好能提供一些合适的论据，包括其他地方学制年限影响学生学业成绩的事实，或许还应说明家长对此的反应。我认为我还需要提醒大家“优先发展教育”一直是传统，并向他们说明延长学制符合这一传统的要求。

让学生结合他们感兴趣的话题练习提供支持的各个步骤。你可以让学生在结对练习或小组合作中运用“出声思维”策略演示每一步。刚开始的时候，选择一些日常生活中学生比较关心的简单话题（如运用提供支持来说服父母养小狗或给他们买一套新音响或游戏）。然后，逐渐提高问题的复杂程度，要求学生查找信息来支持他们的观点。

3. 帮助学生在学习和运用提供支持时聚焦重难点

学生对其观点的理解影响论据的说服力，但学生对论据相关概念的理解程度也影响其观点的说服力。帮助学生理解和练习提供支持时，应谨记以下建议。

要点

1）对于学生而言，理解事实和观点之间的区别很重要，原因有二。其一，有必要为观点提供支持，而事实不需要。其二，当我们要支持某个观点时，事实可以增强论据的说服力。学生需要认识到，对知识本质的研究表明，事实是可以被证实的，而观点则反映一个人的信念及其原因。例如，“五月份的降雨量一般多于四月份”是一个事实，不存在同意还是不同意。我们只需要查看一下气象服务部门的降雨量记录就可以证实或否定这个说法。“某人将成为最好的管理者”是一个观点，其他人可能同意也可能反对。它无法被证实，因此需要为其提供支持。

当学生区分事实和观点时，我们需要强调两点。第一，尽管人们经常用“事实”

这个词来表示真实发生的事情，但从语言学角度上来看，“事实”只是一种能被证实的陈述。也就是说，事实不一定是真实的，它也可能是假的。“月亮是由鲜奶酪做成的”是一个“事实”，也就是说，它是可去被验证的。要求学生辨认事实时，首先确保他们明确“事实”的定义。

第二，陈述并不是只分为事实和观点两个类别。实际上，更准确地说，事实和观点可以被看作一个连续体，一端是被证实的事实（如“去年对10名重罪犯执行了死刑”），而另一端是纯粹的观点（如“执行死刑是错误的”）。当某个陈述接近连续体的中间位置时（如“执行死刑可降低犯罪率”），学生会感到困惑。

为帮助学生理解事实与观点之间的区别，你需要列举出事实、观点以及介于两者之间陈述的示例。教师可组织学生讨论事实和观点的特征，尤其强调上述内容，并让学生写在黑板上。然后让学生将自己读到或听到的信息进行分类，看哪些是事实，哪些是观点。学生练习提供支持时，可将这些观点作为讨论的主题。

2）提供支持的最后一步是选择建构有说服力的论据的方法：事实、证据、示例和说服力。学生对前三个方法比较熟悉，而对说服力相对陌生，它是一种可追溯到希腊早期的正式说服艺术，包含四种基本说服技巧，我们称之为四种说服力。具体来说，包括展示个性、传统或普遍观念、修辞技巧和推理。尽管在学校里多运用推理，但学生也应该了解其他形式的说服技巧，以便更好地为自己的观点提供支持或者在别人使用这些说服技巧时能够识别出来。以下将分别介绍这四种说服技巧。

展示个性（personality）。当通过展示个性来提升说服力时，那么演讲者或作家就在试图让你喜欢他。为了达到这个目的，他可能会讲述许多自己的故事或者表现得对你很有兴趣。另外，亲和力也是一个常见的说服力因素。

传统或普遍信念（tradition or accepted beliefs）。通过传统或普遍信念来提升说服力其实就是“做正确的事”。当观点涉及人们普遍接受了的信念或价值观时，它就更有说服力。例如，当你证明自己的观点自20世纪初以来就已被美国人所接受时，你就是在诉诸传统或普遍信念来提升论据的说服力。

修辞技巧（rhetoric）。运用修辞技巧意在通过优美的语言来说服他人。这主要体现在感人的措辞、习语甚至手势的使用。观点的说服力来源于强大的语言组织能力。

推理（reason）。推理即逻辑。演讲者首先提出自己的主张，然后为其提供系统性的证据。

通过清晰的示例向学生分别解释上述四种说服技巧，一个示例运用一种说服技巧。（这会有一定难度，因为人们一般会在论据中运用多种说服技巧。）此外，要求学生提供自己运用每种说服技巧的实例。最后，要求学生辨别各种有说服力的观点中所用到的说服技巧。

> 我一直善于教学生通过使用证据并诉诸推理来提升说服力。我记得在大学的修辞学课程中学习过其他类型的说服技巧，但没想过将它们教给我的学生。
>
> ——一位演讲比赛教师

3）尽管人们经常运用这四种说服技巧，但是民主社会主要运用的是推理。推理没有单一的方式，但一般都包含如下几个方面：

- **证据（evidence）**：得出观点的信息。例如，“昨晚两个街区发生五起案件”。
- **观点（claim）**：声称某事是正确的主张。例如，“我市的犯罪率飙升”。
- **例证（elaboration）**：支持观点的示例或对观点的阐释。例如，“通过调查过去二十年来市中心地区的犯罪率，可以看出犯罪率急剧上升”。
- **限定（qualifier）**：说明观点的适用范围或提出与观点相反的证据。例如，“然而，在其他地区犯罪率趋于稳定”。

如上所述，推理首先要呈现出能得出结论的证据，包括事件或数据等。证据旨在得出结论，进而在观点中进行清晰阐述。如果证据有力，且呈现形式得当，就能为观点提供论据支持，那么观点就会得到进一步佐证。例证通过提供关键术语的定义、具体示例和其他证据等为观点提供详细信息。限定则是对观点的限制，具体说明了观点不适用的情境，或观点中所包含的潜在假设。

为确保学生理解推理的各个方面，教师可提供示例，然后让学生辨别所接收信息（如社论或新闻报道）表达的观点。最后，让学生使用推理技巧为他们的观点提供论据支持。

4. 为学生提供图形组织者或表征以帮助他们理解和运用提供支持

图形组织者有利于学生运用提供支持。教师可以建议学生结合图3.11中的图形组织者来确定在提供支持时选择哪种说服技巧。该图形组织者主要强调对说服技巧的运用。

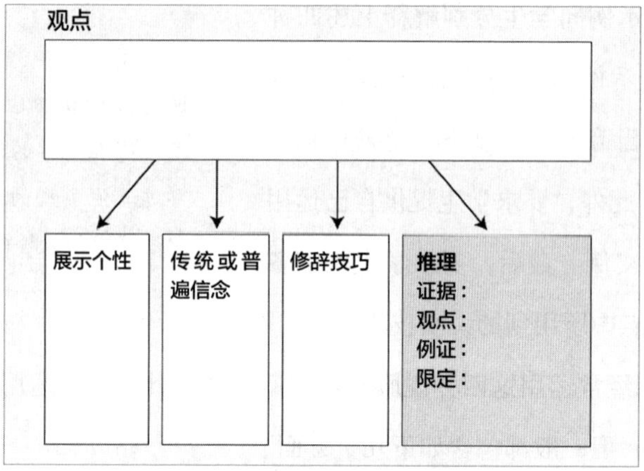

图3.11 提供支持的图形组织者

5. 综合运用教师构建和学生构建的任务

要求学生运用提供支持的任务一般需要教师精心设计，尤其是学生刚开始学习提供支持或需要让学生聚焦特定内容来实现特定学习目标时。你可以提供待讨论的话题，甚至待支持的观点，然后指定提供支持的方式。但是，由于提供支持的关键一步是要能够确定哪些观点值得支持，因此学生需要尽可能多地参与任务的构建。在学生构建任务时，教师要求学生选择话题、决定支持的观点，以及提供支持的方式。

课堂范例

以下课堂范例可供教师思考如何在课堂教学中应用维度3的相关内容。

在圣地亚哥先生的历史课上，学生正在学习20世纪美国的外交政策。为了拓展与精炼学生对历史事件发生的时间和地点等相关背景的理解，他将学生分成两组，并给每组分配以下任务：

第1组：美国总统伍德罗·威尔逊（Woodrow Wilson）刚刚请你就美国是否应该加入国际联盟发表意见。作为一名无党派外交政策顾问，你认识到，美国应采取坚定的立场，要么加入国联，要么回归孤立主义。总统要求你在下次外交政策会议上就自己的观点发表讲话。你的讲话内容应该涉及20世纪早期美国在国际事务中角色的变化。

第2组：现在是1999年，美国新任国务卿反对孤立主义政策。总统想听听你的看法。你选择支持还是反对？请清晰地陈述你的理由。

● ● ●

生活技能课上，吉拉迪女士的学生正在研究高中毕业后可直接从事的各种职业。学生还要研究这些职业所需的技能和培训类型，以及为职业做准备的教育机会。她要求学生就“传统大学教育对人们未来在工作中发挥作用和获得成功的能力是否起到重要的作用”提出自己的观点。

● ● ●

当西米诺夫人讲解长除法时，学生抱怨说学习长除法是在浪费时间，他们认为“每个人”都有计算器，“没有人”会手算长除法。有些学生还补充说正因如此，所以也不需要学习乘法。看到学生对这个话题有如此大的兴趣和“热情”，西米诺夫人决定让学生就“学习计算过程是否重要”提出自己的观点，并运用某种说服技巧来陈述各自的理由。

● ● ●

法语课上，希尔先生要求学生找出当前法国文化中存在的某个话题，然后就该话题提出自己的观点，并用法语向全班陈述自己的有力论据。

分析错误

分析错误指识别并阐明思维错误的过程。简言之，分析错误就是发现并描述思维错误的过程。

分析错误在我们的日常生活中非常有用，因为每天都有铺天盖地的信息试图说服我们去相信某事或采取某项行动。电视、广播和新闻报纸上的广告试图说服我们购买某种产品；政客们试图说服我们相信其政治纲领会提供更好的条件和服务；营销机构试图说服我们对各类邮件和电话请求做出回应。作为潜在的消费者，我们也许能够注意到信息中的虚假部分和错误之处，但有时仍然会被说服，事后也往往感到后悔。作为消费者和公民，我们必须能够识别并分析出他人思维中的错误，以及在我们接收这些错误信息时可能出现的思维错误。

我们受到错误信息或观点的影响，其后果一般无关紧要（如我们选择购买某种品牌的麦片而没有选择其他品牌），但有时后果则可能比较严重，以至于影响我们的生活质量甚至生命。我们在分析信息中的错误时，其严谨程度取决于它对我们的影响程度。风险越高，分析越需严谨。辨别高风险情境并提高关注和分析信息的能力，可降低遭受负面后果的可能性。

让学生在课堂上学习和运用分析错误，这不仅有助于提高他们关注和分析信息的能力，还有助于他们更好地理解人们常犯的错误，同时还有助于他们识别思维过程中更细微更隐蔽的错误。熟练运用分析错误可以使学生在“现实生活”中受益，也有益于学生的学业发展，因为分析错误能促使学生细致审查内容信息，从而帮助他们拓展与精炼知识。

1. 帮助学生理解分析错误

学生需要理解为什么分析错误在信息时代如此重要。给学生讲述普通人平常的一天，列出他在一天之内必须处理的信息类型，指出他应停下来识别思维错误的时间节点。

为帮助学生意识到通过暂停来分析思维中错误的重要性，教师应不时给学生举出一些包含明显错误和不明显错误的示例。当然，广告是最常用的示例资源，不过，其他诸如社论、演讲和各类媒体上的文章都是很好的示例来源。合适的时候，你可以录制或购买电台和电视访谈节目的脚本，向学生介绍人们在谈论自己感兴趣的话题时所犯的错误。另外，举出学生日常生活情境中的示例（如一位朋友说："每个人都在做……"）。通过这些示例讨论人们在思维过程中犯错的原因以及由此产生的后果。

2. 给学生提供分析错误模型并创造机会让他们练习

（1）给学生提供分析错误模型

分析错误的过程看似简单，但学生却不容易熟练掌握，因为这需要他们了解各种错误类型（有关思维错误类型的详细信息请参阅第164—167页）。分析错误包含以下步骤：

① 确定所呈现的信息是否重要或是否影响你的信念或行动。

② 如果信息重要或意在影响你，确定哪些语句言过其实、不可信或有误。

③ 寻找这些信息背后的思维错误。

④ 如果发现错误，给予澄清或寻找更准确的信息。

对于低年级学生，可采用更简洁的语言表述分析错误：

① 我接收到的信息很重要吗？它是不是在影响我的思维或行动？

② 信息中有错误之处吗？

③ 哪里错了？

④ 我如何得到更多更有效的信息？

（2）创造机会让学生练习分析错误

尽可能充分利用机会通过“出声思维”策略进行示范。你可以说：

等一下，这个信息意图让我相信……这里有些蹊跷。这与我之前听到的不一样。我需要寻求其他理由来……

当你讲述整个过程时，可以使用幻灯片呈现步骤或者把步骤张贴在显眼的地方，方便学生看到，以使学生关注这些步骤。

每次示范如何运用分析错误时，尽量涉及不同种类的错误。这样有助于学生在接收信息时识别各种类型的错误。

3. 帮助学生在学习和运用分析错误时聚焦重难点

学生能否成功分析错误取决于他们自身的知识水平和性格特征。他们必须能够识别分析错误适用的情境，理解思维过程中常见的错误类型，并愿意分析所接收的信息。

为帮助你培养学生分析错误的能力，这里提供了两种资源：（1）教师资源，解释并举例说明思维中存在的四种错误类型；（2）要点，可作为准备和实施分析错误教学时的参考。

要点

1）当教师就学生运用分析错误的能力提供反馈时，即使学生不能确定错误类型，也要肯定并强化学生为分析错误所做出的努力。辨别错误类型不像确定错误是否存在那么重要，但是只要学生具有查找错误的意识和能力，就有可能理解错误类型。

2）深入探究思维中的错误（如逻辑混乱、论据不足和故意非难）是形式逻辑课上的内容，而通常学生不会选修逻辑课。因此，学生一般都不具备逻辑知识。但是，当学生运用分析错误时，能否理解错误类型将会影响其识别错误并对其做出合理反应的能力。例如，如果学生理解特定的逻辑错误（如假因谬误或丐词错误），他们就可以识别出这些错误并驳回包含错误信息的观点。他们也能够在获得更准确的相关信息之前不做任何结论或采取任何行动。

为帮助学生辨别各类错误，教师首先要给学生提供大量示例和能够帮助他们识别错误类型的相关资源（如文章、书籍和术语表）。定期选择或让学生选择特定类型的错误进行研究，要求学生寻找或提出与之相关的示例。如果教师能够跨年级跨学科实施此类教学，学生就能超越当今大多数课堂中的学生，逐渐形成分析错误的能力。

我们需要运用分析错误的地方比我们想象的多。在刚开始学习分析错误之前，4年级学生很容易被他人有说服力的文章说服。而现在，他们真正关注的是所接收的信息是否与自己已知的内容一致。

——一位来自阿肯色州的教师

3）有时教师担心学生会质疑所有信息，因而不愿教学生分析错误。因此，我们应该帮助学生认识到，懂得何时运用分析错误与掌握分析错误本身同样重要。例如，一个优秀的思考者也可能仅仅因为信息来源而接受信息，或仅仅因为信仰而接受某些主张。

4. 给学生提供图形组织者或表征以帮助他们理解和运用分析错误

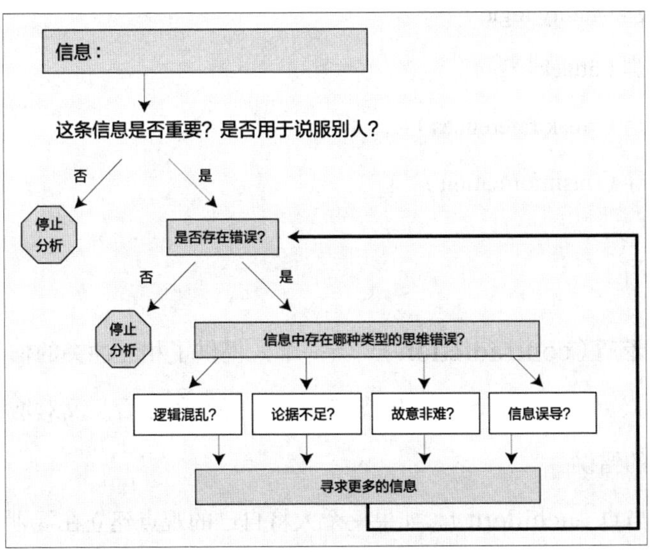

图3.12 分析错误的图形组织者

图3.12是分析错误的图形表征。它能帮助学生理解分析错误的各个步骤之间是如何相互作用的，也可供学生在分析错误时组织信息。

5. 综合运用教师构建和学生构建的任务

最初需要教师为学生构建高度结构化的任务，这样可以帮助他们集中学习特定类型的思维错误。你可以提供信息，让学生找出其中的错误，然后让学生对这个错误做出合理的反应（如需要澄清或需要提供更多信息）。例如，在学习《能源》单元时，教师可以让学生阅读一篇关于社区能源利用问题的社论，要求学生发现其中的误解性错误和证实性偏见。

学生逐渐能够在没有提示的情况下识别出错误。你可以只给学生提出建议，如找到影响主题或单元学习的思维错误。理想情况下，学生应主动识别思维中的错误，即使这并不是本单元的既定目标。

6. 教给学生思维错误类型

以下四个部分将简要描述思维错误类型。

- 逻辑混乱（faulty logic）
- 故意非难（attacks）
- 论据不足（weak references）
- 信息误导（misinformation）

逻辑混乱

（1）**前后矛盾（contradiction）**。当一个人提供了相互冲突的信息时，就犯了前后矛盾的错误。例如，有政客说她支持增税，但不久之后又反对增税，那么她就犯了前后矛盾的错误。

（2）**例外当真（accident）**。如果一个人将自己的观点建立在规则的例外情况之上，那么他就犯了例外当真的错误。例如，在观察单词neighbor和weight的拼写后得出结论：字母e总是在字母i之前，这就犯了例外当真的错误。

（3）**假因谬误**（false cause）。如果一个人把事件发生的时间顺序看成因果关系，或过分简化了非常复杂的因果关系，就犯了假因谬误的错误。例如，有人认为，将人类送上月球是因为美国未能成功发送人造卫星，这就是将时间顺序当成因果关系。当然，这并不是说时间顺序在因果关系中没有任何作用，这里要强调的是事件的原因往往不只包括之前发生的事情。同样，如果认为美国内战的原因只有一两个，那也犯了假因谬误错误，因为美国内战的原因是错综复杂的。

（4）**丐词错误**（循环论证）[**begging the question**（circularity）]。丐词错误是指提出一个观点，然后使用与原始观点同义的陈述来佐证这个观点。例如，如果你认为"那种产品不太有用"，然后你通过"你不能拿它做任何事情"或"它看上去没有什么用处"来支持自己的观点，那么你就在循环论证，你只是用意思相似的表述来支持你的观点而已。

（5）**规避问题**（evading the issue）。规避问题指通过转移话题来回避问题。例如，当一个人被问及是否参与了对外军火贸易时，如果他将话题转到武器的必要性上，他此时就是在规避问题。

（6）**无知之辩**（arguing from ignorance）。无知之辩是指当无法证明相反观点是真是伪时，就断定该观点是真实的。例如，因为无法证明外星人的存在，就认为地球之外没有生命体，这就是一种无知之辩。

（7）**合分失策**（composition and division）。合成失策（Composition）指部分真实决定整体真实。而分成失策（Division）指整体真实决定部分真实。例如，家庭成员中有一个人聪明，就此断定全家人都聪明（如罗伯特很聪明，那么他全家人都聪明），这就是合成失策。相反，仅仅因为华盛顿州以多雨著称，就认为华盛顿州的某个城市降雨量大，这就是分成失策。

故意非难

（8）**欲加之罪**（poisoning the well）。欲加之罪指反对与自己立场相反的一切事物。这类非难与其说是信息所蕴含的错误，不如说是人们不愿意听到或考虑与自己观点相反的任何信息。

（9）**人身攻击**（arguing against the person）。人身攻击指通过提出贬损某人的事实（真实的或编造的）来反对其主张。如果一个政客通过攻击对方的声誉来反对对方关于核裁军的观点，那么他就是在进行人身攻击。

（10）**施加压力**（appealing to force）。施加压力指通过威胁的手段来提高某个主张的有效性。例如，告诉某人如果他不支持你，你就不再喜欢他，这就是在施加压力。

论据不足

（11）**资源不当**（using sources that reflect habitual and confirmatory biases）。有时，因为某种明显或不明显的偏见而选择将某资源作为信息的来源。一般来说，偏见分为两类：习惯性偏见和证实性偏见。针对特定人群、地点、事物和事件的习惯性偏见经常在无意间出现在我们的思维中。例如，我们可能习惯于拒绝某电台脱口秀主持人的观点，或者接受某杂志的观点。当我们只接受那些支持我们的观点，而拒绝反对我们的观点时，很明显就犯了证实性偏见错误。例如，我们可能看到了关于某位政客的正面信息，但是由于我们已经决意不支持他，因而就有可能忽略掉这些信息。

（12）**资源失信**（using sources that lack credibility）。与主题或话题相关的信息来源可能缺少可信度。尽管辨别信息的可信度具有一定的主观性，但是多数人认为信息来源的某些特征确实会影响其可信度（如已知信息来源带有偏见、有传播虚假信息或谣言的先例、与主题不相关）。

（13）**诉诸权威**（appealing to authority）。诉诸权威指引用权威人士的话来证明某个观点的真伪。例如，如果有人断定某个说法是正确的（或错误的）仅仅因为某位权威人士也这么说过，那么他就是在诉诸权威。

“因为我是你妈妈，你就要听我的。”

这也属于证据不足，因为该权威人士未必知道这种说法是真还是假。

（14）**诉诸舆论**（appealing to the people）。诉诸舆论指试图通过观点的认可度来证明其合理性。例如，通过说明“在校学生都熬夜”来证明“熬夜不影响学业”。

“可是，妈妈，大家都在这样做。”

（15）**诉诸情感**（appealing to emotion）。诉诸情感指借助一个激发情感的故事或“伤感故事”来支持某个观点。例如，一个演讲者为了说服人们投票给某个政治候选人，他讲述了此人一家在悲惨事故中伤亡的故事。

信息误导

（16）**混淆事实**（confusing the facts）。人们经常利用一些看似真实、实则已被歪曲或篡改的信息。例如，不按顺序描述事件或遗漏重要事实时，就会发生这样的情况。

（17）**概念误用**（misapplying a concept or generalization）。对某个概念或原理有误解，而又用其解释某个情境或支持某个观点时，就在犯概念误用错误。例如，有人声称在市政厅集会的抗议者应该被逮捕，因为他们犯了“叛国罪”，很显然他误解了“叛国罪”这一概念的含义。

课堂范例

以下课堂范例可供教师思考如何在课堂教学中应用维度3的相关内容。

在2年级的健康教育课上，哈加多尔先生的学生正在学习如何预防受伤和保障生命安全。当学习各种拒绝技巧（如拒绝上陌生人的车、不屈服于同龄人的威胁）时，哈加多尔先生布置了一项任务来帮助学生拓展与精炼对思维错误（如逻辑混乱、故意非难和信息误导）的理解。他还为学生创建了一些需采取预防措施和拒绝技巧的情境。

哈加多尔先生要求学生首先进行情境表演，然后分析其中出现的思维错误。例如，在一个情境中，一群学生试图说服山姆吃蚯蚓。学生们发现了其中的几种思维错误：当孩子们用“吃蚯蚓很酷”来支持“蚯蚓对你有好处”时犯了“丐词错误”；当他们威胁山姆说“如果不吃蚯蚓就不再理他”时，又犯了“故意非难”中的“施加压力”的错误；当他们说“人人都应该吃蚯蚓，因为高中足球队的队长就吃蚯蚓”时，这是犯了“诉诸权威”和“资源失信”的错误。在此过程中，学生不仅掌握了拒绝技巧，还学会了识别思维中存在的错误。

● ● ●

在6年级的艺术课上，布朗宁女士的学生正在研究影响艺术作品市场价值的因素。为了拓展学生的理解，她给学生布置任务，要求学生调查当地一家技术研究所的广告活动。该研究所在广告中声称计算机生成的艺术作品与个人创作的艺术品具有同等价值。布朗宁女士要求学生利用课堂上学到的知识来分析这一观点，并揭露该研究所在其广告中所犯的思维错误（如诉诸权威和丐词错误）。

● ● ●

在学年末，科米纳米女士和麦克尔先生共同创建了一个整合自然科学和语言艺术的单元。单元重点在于让学生了解人们在多大程度上利用科学信息和有效推理来理解周围世界，以及在多大程度上基于虚假信息、错误概念或不当推理得出有关周围世界的结论。当年年初的时候，科学家宣称来自陨石的证据表明30亿年前火星上可能存在生命体。基于此，两位教师合作设计如下任务作为该整合单元学习的总结性活动：

你是否相信火星上曾经存在或现在仍存在生命？你是否相信其他星球上也存在生命？你的理由是什么？说出你的观点，并尝试分析你的理由和思维过程。另外，采访其他人对于其他星球是否存在生命的观点，并分析他们的理由和思维过程。在分析的过程中，留意你和他人的观点在多大程度上基于科学信息、可靠来源和有效推理，以及在多大程度上表现出思维混乱、论据不足和信息误导等问题。例如，如果你只关注支持自己观点的证据，那你就犯了“证实性偏见”错误。如果有人告诉你，他相信火星上存在生命，因为科学家们无法证明火星上不存在生命，那么他就犯了“无知之辩”错误。

观点在多大程度上是根据科学信息、可靠来源和有效推理而得来的？请给出你的结论，并列举尽可能多的实例来支持你的结论。

分析观点

分析观点指明确一个问题的多种观点，并审视每个观点背后的理由或逻辑的过程。简言之，分析观点就是阐述不同观点的理由的过程。

最有效的思维过程就是分析你自己的观点、思考你在某个问题上的立场并说明所依据的理由。若想理解同一问题不同观点的理由和逻辑，还应分析其他观点。如果你对某个话题有强烈的情绪，那么无论分析自己的观点还是别人的观点都是比较难的。举例来说，在争论过程中，我们需采取一定的方法或技巧来停止争辩，才能客观分析和理解自己或他人的观点。这就是为什么学生在课堂上应该通过非情绪化的学业考试来培养这种能力。这样的课堂教学不仅帮助学生拓展与精炼他们对所学内容的理解，还能培养他们在高度情绪化的情境中分析观点的能力。

在教学生分析观点时，教师应强调其目的在于发现观点背后的理由或逻辑，而不只是接受、赞同或支持对立的观点，也不是为了改变自己的观点。尽管你可能会改变自己的观点，但也可能因为更深刻地理解了自己的观点或者更明白为什么要反对其他观点，从而更加坚定了自己的观点。

成功分析观点的标准在于你是否能够清晰地陈述并解释自己或他人观点的理由和逻辑。要达到这个标准，我们常常需要更加深入地挖掘信息，寻找更多的资源或采访他人。这些活动可以提高学生对内容的理解程度，帮助学生培养获取重要相关信息的能力。教学生通过分析观点来拓展与精炼知识，你可以参考以下实施建议。

1. 帮助学生理解分析观点

定期与学生分享人们运用分析观点的示例，以此帮助学生理解分析观点的过程及其积极作用。让学生讨论“理解他人观点背后的理由将如何影响自己的判断”。尽量列举一些与学生相关的、学生有自身观点的例子（如学校里的着装规定、熄灯时间、体育运动要求等）。

即使在学生运用其他思维技能时，教师也可以适时指出人们分析观点的案例，或者因理解他人观点而获益的情境。你可以从文学作品中选择一些案例，介绍其中的人物角色如何通过理解彼此的不同观点而变得更加亲密。你还可以结合新闻报道来说明两个国家之间的冲突不仅源于对某个问题的意见分歧，还可能源于对某些观点的误解。

2. 给学生提供分析观点模型并创造机会让他们练习

（1）给学生提供分析观点模型

虽然分析观点不仅仅要求遵循一系列具体步骤，但如果教师按照这些步骤指导学生，那他们将更有可能掌握分析观点。分析观点模型包含如下几个步骤：

① 当你在研究人们有分歧的某个议题时，首先确定并清晰阐述其中的一个观点。

② 一旦你确定了某个观点，尝试探索其背后的理由或逻辑。

③ 接下来，识别并清晰阐述其他不同观点。

④ 尝试描述不同观点背后的理由或逻辑。

对于低年级学生，可采用更简单的语言表述分析观点：

> ① 其中的一个观点是什么？
> ② 这一观点的理由是什么？
> ③ 另一观点是什么？
> ④ 这一观点可能的理由又是什么？

（2）创造机会让学生练习分析观点

为了让学生更好地练习分析观点的具体步骤，你可以创设一个假设情境，通过“出声思维”策略进行角色扮演。在角色扮演时，请注意强调每个步骤。

等一下，跟朋友继续争论之前，我需要考虑一下我为什么认为……，我的理由包括……，但是他强烈认为……那一定是因为……

教师示范完之后，将这些步骤张贴在教室，并要求学生两两结对，运用自己生活或假设情境中的示例来练习分析观点的各个步骤。推荐运用“出声思维”策略。

3.帮助学生在学习和运用分析观点时聚焦重难点

> 某天，我班学生就父母是否应使用有频道锁码功能的V芯片来监控他们看电视这个话题发生了争论。我趁此机会教他们分析观点。我们一起讨论了两种观点的理由。
>
> ——一位来自科罗拉多州的高中教师

表面看来，分析观点是比较简单的思维过程。然而，在帮助学生理解和运用该思维时需谨记以下要点：

要点

1）分析观点不仅仅是要求学生识别和尊重不同观点那么简单。在分析观点时，学生不但要理解和清晰阐述显而易见的理由和逻辑，还要理解并详述更加微妙和复杂的理由。严谨的分析有助于学生拓展并精炼所学知识内容。

2）运用分析观点模型要求学生辨识出解释某观点的理由，并追溯解释该观点的逻辑。帮助学生理解“理由”和“逻辑”这两个概念是教授分析观点的一个重难点。理由（reasons）是用于支持特定观点的证据。在寻找理由的过程中，常见的错误之一就是只对观点进行简单的重述或改写，最多也就是注入更多的情感（如“我认为座椅安全带法是一个好建议，因为它真的很重要”），而没有提供具体的理由。逻辑（logic）是指将所有证据综合而成的观点所具有的说服力。此时常见的错误是提供了证据却不能将其组织成条理清晰的观点。为了减少此类错误并提高学生对这两个概念的理解程度，教师应给学生提供更多示例（包括正例和反例），使他们可审视各种观点所依据的理由和逻辑。

3）教师应让学生充分认识到很多问题都有多种观点。人们很容易产生这样的错误印象：问题只有两种观点——自己的观点和相反的观点。每当学生分析观点时，为他们提供或鼓励他们自己找到两种以上的观点。确定并分析那些不明显的观点能够使学生对问题本身及分析观点有更深刻的理解。

4）最后，如前所述，学生应认识到，分析观点并不是为了接受、欣赏或赞同不同观点。他们应该将重点放在提高自己分析观点的能力上，而不是试图改变他人的观点。教师最好让学生在非情绪化的学科知识领域运用分析观点。

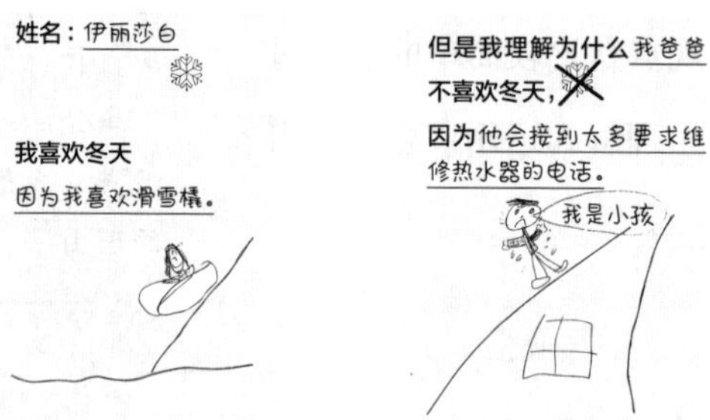

4. 给学生提供图形组织者或表征以帮助他们理解和运用分析观点

在练习分析观点时，以下两个矩阵图有助于学生组织自己的想法。当学生为自己的观点提供理由和逻辑时，可使用图3.13的“观点审视矩阵图”。而图3.14的“冲突澄清矩阵图”则可以帮助学生在审视某个包含自身观点的议题时更好地组织自己的想法。使用矩阵图可以引导学生记录每一步骤中的反应，这有助于他们在完成整个分析过程之后重新审视自己的观点。

观点或概念	表明立场	理由或逻辑
每小时75英里的时速限制	我认同这个观点。	
所有学生必须穿校服的新规	我反对这个观点。	

图3.13　观点审视矩阵图

议题	一种新的城市公共交通系统
个人观点	我认为这对这座城市来说是件好事情。
我的观点的理由和逻辑	该公共交通系统是个好主意，因为……
不同观点	有人可能会认为该公共交通系统对这座城市来说是件坏事情。
不同观点的理由和逻辑	他们给出的理由是……
结论	我从中学到了……

图3.14　冲突澄清矩阵图

5. 综合运用教师构建和学生构建的任务

学生刚开始学习分析观点时，教师应为学生构建高度结构化的任务，即教师确定话题和观点，然后要求学生找到观点的理由和逻辑。例如，在中学教授《西欧》单元时，教师给学生提供与“统一”话题相关的两三种观点，并要求学生通过分析来提高他们对传承历史文化和寻求未来变化的理解程度。在小学教授《鲸鱼》单元时，教师关注与“捕鲸”相关的话题，并要求学生辨别和分析多方观点，例如，狩猎者、他们的家人、环保主义者和科学家等人的观点。

经过一段时间的学习，学生可以开始自行构建分析观点任务。他们可以找一些与现实生活有关的话题，例如音乐风格或体育运动等相关话题的不同观点。然而，理想情况下，学生应该在学科内容领域中寻找值得分析的话题。例如，在健康课上，为帮助学生理解问题的复杂性，你可以不时鼓励他们寻找自己感兴趣的话题或者人们产生分歧的话题。然后让学生描述并分析不同的观点。在学生确定话题和观点时，你应该指导学生严格遵循分析观点的步骤，以确保学生自行构建的任务也能帮助他们拓展与精炼知识。

课堂范例

以下课堂范例可供教师思考如何在课堂教学中应用维度3的相关内容。

派恩先生和希克斯女士分别教授自然科学和社会研究，他们共同为学生创建了一个跨学科的任务。让学生收集有关黄石国家公园再次引入狼的资料，确定与该话题相关的多种观点（如农民、动物权利提倡者、野生生物专家和公园管理员分别持有的观点），描述不同观点的理由。两位教师随后要求学生选择他们感兴趣的其他话题来继续练习分析观点。

● ● ●

斯诺夫人想让6年级学生积极参与音乐学习，特别是增进对影响音乐质量（如运用营造统一、紧张/放松的方法）和效果（如表现力）的标准的理解。她知道学生很容易就失去兴趣，于是她决定采用学生感兴趣的且有经验的话题："说唱"是否可被视为音乐（艺术形式之一）？针对这一话题，她要求所有学生分析可能的观点。例如，有人认为"说唱"只是有韵律的词句，且背景中有噪声，其他人则认为这是一种新的音乐形式。学生必须详细阐明这两种观点，并提供相应的理由和逻辑以反映他们对所学标准的理解。

● ● ●

在公民课上，威廉姆斯先生与学生分享了晚餐时他与妻子的谈话，他们讨论了英国是否应该加入欧盟。这对来自英国的夫妇在谈话中非常沮丧。他们明确反对英国加入欧洲经济和政治联盟，但当时一起共进晚餐的朋友玛丽却说："不应只停留在过去，而应面对未来。大家应该意识到，旧的生活方式已经消失，君主政体很显然已经非常混乱，经济需要振兴，如果再不面对现实，未来就会注定失败。"威廉姆斯先生要求学生就是否应该加入欧盟提出至少两种观点，并且要说服玛丽相信他们的观点并非不理性或情绪化的。他还要求学生提供支持自身观点的理由和逻辑，并提出至少一种相反的观点，然后通过角色扮演来呈现这两种观点。

维度3的单元设计

维度3的教学设计需要考虑以下问题：

如何帮助学生拓展与精炼知识？

解决这一问题可遵循以下具体步骤。每个步骤都会提出几个基本问题或提供具体信息。设计指南（见表3.1）上留有空白处用来记录需拓展与精炼的知识（步骤1）和设计好的教学活动（步骤3）。本维度设计指南中的案例“有关美国科罗拉多州的社会探究型学习单元教学设计”就是依据以上单元问题而设计的。（选择该主题作为案例，是因为它可迁移性强，能够适用于其他州或地区单元的教学。第六章提供了《科罗拉多州》这个单元所有维度的设计指南。）

步骤1

学生将**拓展与精炼**哪些知识？具体而言，学生将能够拓展与精炼……

当你在明确学生需要拓展与精炼的知识时，必须牢记拓展与精炼知识的目的在于加深和拓宽学生对重要信息的理解。因此，需要拓展与精炼的知识应是本单元中重要的陈述性知识。此外，由于学生不需要加深对具体事实类信息的理解，因此他们要拓展与精炼的知识应是那些概括水平较高的概念、概括和原理等。

设计指南中有两处用于设计维度3的教学活动。当然，这并不是说必须有两个活动。活动的数量取决于单元的长度以及学生所需理解的重要知识的数量。

在设计拓展与精炼知识活动时，应考虑学生是否已经掌握了活动所需的思维技能。在每个单元的教学中，都应限制教给学生的新思维的数量。

步骤2

学生将运用哪些思维技能?

选择用哪一种思维技能很重要，因为学生运用的思维类型将极大地影响他们所学的内容。有时很难确定哪种思维技能最适合学生拓展与精炼知识。因此，这里我们提出一些问题，供教师参考。

比较

- 是否有必要让学生展示事物之间的异同之处?
- 是否有必要让学生关注相似事物之间的不同之处或不同事物之间的相似之处?
- 是否有必要让学生总结比较事物如何影响他们对这些事物的认知?

分类

- 是否有必要让学生将事物进行分类?
- 是否有必要让学生以多种方式对同一组事物进行分类?

抽象

- 是否存在一个可以运用的抽象模式?
- 通过形成一个抽象模式并将其运用于简单或熟悉的内容中，是否更有利于理解相对复杂或不熟悉的内容?
- 那些看似不同的事物能否通过某个抽象模式相互联系起来?

归纳推理

- 从观察或事实中能否得出重要的未知结论?
- 是否存在可能得出某些结论的情境?

- 是否存在学生用以审视归纳推理运用情况的话题或情境？

演绎推理

- 是否存在用以得出结论或做出预测的概括、原理或原则？
- 是否存在学生用以审视演绎推理有效性的话题或情境？

提供支持

- 是否存在要反驳或支持的重要主张？
- 是否有必要审视支持或反驳主张的论据？

分析错误

- 是否存在通过识别思维错误而获益的情境？

分析观点

- 是否有必要让学生明确并理解关于某主题或话题的观点的理由或逻辑？
- 是否有必要让学生分析关于某个主题或话题的对立观点？

步骤3

描述具体实施内容

你可以设计出多种拓展与精炼知识的活动——要求学生回答问题、建构一张矩阵图、得出某些结论，或收集信息。你应清晰描述学生应该做什么以及如何运用各种思维技能。

表3.1 维度3设计指南

单元主题：科罗拉多州

步骤1	步骤2	步骤3
学生将**拓展**与**精炼**哪些知识？具体而言，学生将能够拓展与精炼……	学生将运用哪些思维技能？	描述具体实施内容
地形、自然资源和气候影响当地的居住模式。	❑ 比较 ☑ 分类 ❑ 抽象 ❑ 归纳推理 ❑ 演绎推理 ❑ 提供支持 ❑ 分析错误 ❑ 分析观点 ❑ 其他____	截至目前，我们已经理解了地形、自然资源和气候是如何影响现有居住模式的。接下来，我们转换视角，来看看这些要素是如何导致原有居住模式消失的。我会给你们提供一些种群先繁荣后消亡的实例（如印第安人、鬼城、恐龙和“沙暴侵入区”）及其消亡原因。请你辨别其消亡是否与地形、自然资源或气候有关，并据此分类。如果原因有多种，你可能需要将它归为多个类别。

学生需要**拓展**与**精炼**哪些知识？具体而言，学生将能够拓展与精炼……	学生将运用哪些思维技能？	描述具体实施内容
地形、自然资源和气候影响当地的文化。	❑ 比较 ❑ 分类 ❑ 抽象 ☑ 归纳推理 ❑ 演绎推理 ❑ 提供支持 ❑ 分析错误 ❑ 分析观点 ❑ 其他____	在本单元的学习中，我们将多次从《今日美国》中挑选出能够反映陌生地区文化的相关文章。基于文章中对该地区文化的相关描述（如人们面临的问题或难题、他们的庆典活动），我们将归纳与该地区地形、自然资源和气候相关的具体事实。

第四章

维度4

Dimension 4

4

有意义地运用知识

引　言

获取知识的目的在于有意义地运用知识。例如，在决定购买哪种品牌或型号的音响或电脑之前，我们会尽可能地了解与之相关的信息；要预测基因工程研究会给未来带来什么影响，我们会深入学习遗传学。同样，如果想要出台一项新的退休制度，我们就必须研究关于社会保障方面的知识。简而言之，只有运用所学知识解决我们关心的具体问题时，真正的学习才会发生。维度4的重点就是关于学习的这一重要部分：有意义地运用知识。

有意义地运用知识的难点是让学生将所学知识运用在真正对自己有意义的情境中。遗憾的是，很多时候，学生只是机械地完成教师布置的任务。但是，如果学生认为任务是有意义的且与自己相关，他们就会主动获取任务所需知识，进而提高对知识的理解和掌握水平。此外，当学生有意义地运用知识时，他们的参与度会提高，也更有可能展示他们所学的知识。因此，要求学生有意义地运用知识的任务是一种有效且更准确的评价学习的方法。

弗雷德·纽曼（Fred Newmann）认为有必要区分要求学生复述知识的任务和要求学生生产知识（如问题解决、决策、澄清、解释和见解等）的任务。详见《真实性教学与评估指南》（*A Guide to Authentic Instruction and Assessment*）。

无论学生认为所学知识是否有意义，教师都应帮助学生积极参与学习任务。当学生明显感到所学知识的意义，即学生能够清楚地看到所学内容正是生活中所需的知识时，教师就更容易构建有意义的任务；在数学和语言艺术等学科领域，教师也能够相对容易地构建有意义的任务。但是，当学生不清楚知识的重要性及其与自身的相关性时，教师就需构建更有意义及高相关性的任务。例如，教师要求学生在真实或有趣的情境中运用知识，或让学生参与任务的构建，以此增进知识的意义和相关性，进而提高学生的参与度。

帮助学生掌握复杂思维技能

正如拓展与精炼知识（维度3）一样，有意义地运用知识也需要学生进行思考和推理，这与简单的回忆、复述、辨认、机械重复或知识再现等截然不同。运用知识要求学生在完成有意义的长期任务中进行复杂的思考和推理。本维度中将介绍六种思维技能，分别是：

- **做出决策：**制定并应用标准以从相似方案中做出选择。
- **问题解决：**克服阻碍目标实现的障碍和约束条件。
- **发明创造：**开发满足预期需求的原创产品或流程。
- **实验探究：**对观察到的现象进行解释并加以检验。
- **调查研究：**明确并解决有困惑或矛盾的问题。
- **系统分析：**分析系统的各个部分及其交互方式。

学生运用以上思维技能（即做出决策、问题解决、发明创造、实验探究、调查研究、系统分析）完成任务时，须利用已学知识内容。构建任务时，需要谨记以下几点：

- 每种思维技能的运用都没有学科边界。虽然有时存在某特定学科思维（比如，经济学中的问题解决过程），但实际上，每种思维都可运用于多种学科领域中。只有各学科教师持续运用这些思维（或者学区专门推荐），学生才更有可能熟练掌握，从

> 为了帮助学生理解复杂思维的价值，一个中学教师团队邀请了当地社区的几位商业领袖与学生会面。他们每个人都分享了自己在过去的一周是如何通过运用某种思维技能谈成业务的。

而更好地在特定内容或综合任务中运用复杂的知识内容。

- 当学生运用程序性知识（如技能或流程）时，待完成的任务可能只是要求学生在有意义的情境中执行该程序，而不要求学生运用本维度中的思维技能。然而，许多教师发现，运用思维技能来完成此类任务将有助于为程序性知识提供有意义的情境。例如，学生可能需要运用程序性知识做出决策、进行实验或生成创意。因此，学生不仅要提高运用学科技能或流程的熟练度，还要培养思维能力。

- 当学生运用陈述性知识（如概念、原则或原理等）时，思维技能就成为在任务中应用知识的手段。在本章末尾的教学设计部分，我们针对每种思维都设置了一些问题，教师可参考这些问题选择到底哪种思维技能有助于学生展示其对目标知识的理解（如要澄清某个现象，运用实验探究最合适；要创新或改进某个事物，就可运用发明创造）。如果学生清楚了解完成任务所需思维技能，他们就能把精力放在对陈述性知识的思考上，而不是去创造一种花里胡哨的产品。

- 在当今科技时代，有些教育工作者抱怨学生使用软件或在线资源，通过剪切和粘贴文本甚至下载整篇论文来完成研究报告或论文。尽管学术剽窃一直广受关注，但似乎越发严重。因此，无论知识是通过什么方式获取的，让学生有意义地运用知识变得尤为重要。打击科技滥用和剽窃行为的一个有效方式就是让学生掌握复杂的思维，并谨慎利用收集到的信息。

- 不同发展水平的学生都可运用这些思维技能。低年级学生可能需要多一些指导和示范，当然，所学内容也须适合其发展水平。然而，即使是高年级学生也需要从简单的内容开始练习。

接下来将从以下五个方面进行详细介绍：

1. 帮助学生理解每一种思维技能。本部分主要讨论如何向学生解释每种思维，以及如何帮助他们理解每种思维技能的目标和作用。

2. 给学生提供思维模型并创造机会让他们练习。本部分介绍复杂的思维技能本身，即思维模型及其具体步骤，还提供了指导学生运用该思维技能进行思考的范例。

3. 帮助学生在学习和运用思维技能时聚焦重难点。本部分将介绍思维过程中的重点和难点，以及如何解决重难点的具体范例和实施建议。

4. 给学生提供模型的图形组织者或表征以帮助他们理解和运用思维技能。图形组织者和表征可以帮助学生理解并形象表征思维过程。本部分将列举图形组织者或表征的范例。

5. 综合运用教师构建和学生构建的任务。本部分强调有必要首先通过教师构建的任务来示范和指导学生运用思维技能。关于如何从教师构建任务转向学生构建任务、如何使学生在熟练运用思维技能后自行创建任务，教师可参考本部分提供的建议。

值得注意的是，尽管在维度4中推荐了六种思维技能，但也可以通过其他思维来构建有意义地运用知识的任务。例如，如果学生已熟练掌握维度3中的八种复杂思维的性质和目的，你就可以要求他们完成综合任务，而不仅仅只是拓展与精炼知识。下面是一个综合任务的范例，该范例要求学生在学习《新墨西哥州的纳瓦霍和西班牙文化》单元时运用维度3中的两种思维。

从以下方面审视这两种文化：

- 住宅类型
- 饮食类型
- 宗教信仰
- 人口流动性
- 家庭模式

然后，针对两种文化，至少归纳出一个结论，解释支持该结论的信息证据。最后，识别并抽象出一种文化模式，并找出该模式适用的另一种文化或情境。

做出决策

> **做出决策**是制定并应用标准以从相似方案中做出选择的过程。简言之，做出决策就是制定并应用标准以从平行选项中做出选择的过程。

我们每天都要做出决策，无论重要与否，都是依据一定的标准进行的。不管是决定周五晚上看哪场电影还是决定上哪所大学，你的选择都是依据你当时认为重要或有价值的东西。当选择看哪场电影时，你可能只是粗略地说出你的标准，例如“我是想笑、想哭、想得到刺激，还是想获取信息？”。而当选择大学时，你可能会写下与学费、地理位置和专业课程等相关的标准，然后，依据每一条标准对所有备选大学进行严格评估。尽管这两个例子都在依据标准做出决策，但有着本质上的区别，因为选择大学需要系统而严密的思维过程。学习做出决策意味着要学习在高风险情境下完成一个应用标准的过程，即须运用系统而严密的应用标准。

当学生学习做出决策并将其应用于日常决策时，他们很快就会发现这需要掌握大量与标准和备选方案相关的知识。同样，学生要想在学习学科知识时运用做出决策，也必须掌握或寻求广泛的知识才能完成任务。如果对备选大学知之甚少，就无法运用做出决策来选择大学。同样，如果没有足够的化学知识储备，学生就无法应用标准做出化学决策。因此，想让学生灵活运用做出决策，教师不仅要教学生具体的思维过程，还应加强学生对内容的理解。

学生要完成决策类任务，教师必须多创造机会提高学生理解和运用做出决策的能力，具体可参考以下建议。

1. 帮助学生理解做出决策

教师可以列举自己做决策的实例，以帮助学生理解如何依据标准评价各个备选方案并做出决策。让学生区分无关紧要的决策（如周末去哪里）和需要遵循严谨程序的决策（如怎样在重要选举中投票）。对于每个实例，学生需确定所采用的标准，以及各备选方案符合标准的程度。其目的在于增进学生对于标准和相似备选方案的理解，并帮助他们理解依据标准在备选方案中做出决策的过程。

帮助学生理解做出决策的另一种方法是让学生了解在颁发奖项或表彰优秀时经常会用到该思维过程。学生应该熟悉颁奖典礼或公开授予的荣誉称号，例如，奥斯卡或诺贝尔奖的颁奖典礼、某项体育比赛中最有价值球员的评选，或出版物中“年度人物”或“最佳和最差着装”的评选。帮助学生认识到，以上各种情况都需要制定标准并依据标准做出决策。教师可以充分利用当前的颁奖典礼、特别出版物、体育奖项或荣誉项目，让学生讨论这些情境可能采纳的标准以及如何依据标准做出决策。

2. 给学生提供做出决策模型并创造机会让他们练习

（1）给学生提供做出决策模型

呈现清晰的决策模型有利于学生熟练掌握。本节提供了一个高效模型，其具体步骤如下：

① 确定你要做出的决策和正考虑的备选方案。

② 确定你认为重要的标准。

③ 给每条标准赋权重分。

④ 确定每个备选方案符合每条标准的程度。

⑤ 计算每个备选方案的标准分数之和，确定哪个备选方案的总分最高。

⑥ 根据你对所选方案的反应，决定是否需要改变标准的权重或增删标准。

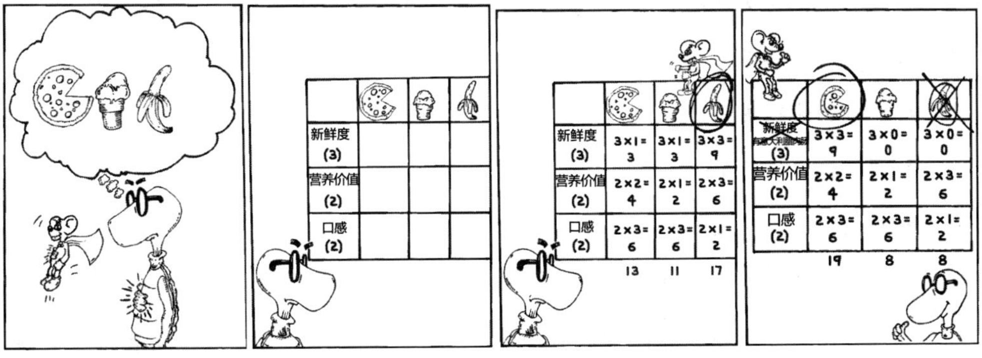

对于低年级学生，可采用更简洁的语言表述做出决策：

> ① 我想做什么决策？
>
> ② 我有哪些选项可以选择？
>
> ③ 做出决策的重要标准是什么？
>
> ④ 每项标准的重要程度如何？
>
> ⑤ 每个选项符合标准的程度如何？
>
> ⑥ 哪个选项最符合标准？

（2）创造机会让学生练习做出决策

多数学生起初都不确定自己是否能够按照步骤做出决策，所以你有必要向学生举例说明每个步骤。结合学科知识向学生解释如何在教师构建的高度结构化的任务中一步一步完成决策过程。例如，假设你想运用社会研究课的相关知识做决策，你可以这样做示范：

第一步，我要确定并陈述一个有待决策的问题。我们在课上学习了“世界领导人”，一个有趣的问题可能会帮助我们运用我们所学的知识，那就是：“如果世界和平，那从古至今的领导人中哪一个会是最好的国家领导人？”

接下来，我要明确在做出决策时可考虑的备选方案。我应该考虑哪些人？（让学生共同参与这一步。）玛格丽特·撒切尔、马丁·路德·金和安瓦尔·萨达特怎么样？

再下一步，我要确定做出决策时所依据的标准。这些标准包括（同样，这一步也可以让学生共同参与）：

- 良好的谈判技巧
- 富有魅力的领导力
- 广泛了解其他文化
- 深度掌握国际金融知识

如果我使用矩阵图，那就可以更好地整理备选方案和标准。给学生展示一个如

图4.1所示的决策矩阵图。

标准	备选方案					
	撒切尔		金		萨达特	
良好的谈判技巧（1）	1×		1×		1×	
富有魅力的领导力（3）	3×		3×		3×	
广泛了解其他文化（2）	2×		2×		3×	
深度掌握国际金融知识（3）	3×		3×		2×	
总分						

标准	备选方案					
	撒切尔		金		萨达特	
良好的谈判技巧（1）	1×2		1×3		1×3	
富有魅力的领导力（3）	3×1		3×3		3×3	
广泛了解其他文化（2）	2×2		2×2		2×3	
深度掌握国际金融知识（3）	3×3		3×1		3×2	
总分						

确定每个备选方案符合每条标准的程度。

标准	备选方案					
	撒切尔		金		萨达特	
良好的谈判技巧（1）	1×2	2	1×3	3	1×3	3
富有魅力的领导力（3）	3×1	3	3×3	9	3×3	9
广泛了解其他文化（2）	2×2	4	2×2	4	2×3	6
深度掌握国际金融知识（3）	3×3	9	3×1	3	3×2	6
总分		18		19		24

计算每个备选方案的质量分数。

图4.1 做出决策的图形组织者

我已经确定了决策问题、备选方案和依据标准，接下来我要按照重要程度为每条标准赋权重分。我把权重分数分为三级，分别用数字1、2、3表示。如果我认为一项标准“非常重要”，赋3分；如果我认为它“不太重要”，赋1分；如果我认为它介于两者之间，赋2分。我将在矩阵图中标注上每一个标准的权重值。（参见图4.1中的第一个矩阵图。教师向学生讲解时，可以让学生参与权重设置，并要求他们解释权重设置的理由。确保学生在建议权重分数时有合理的理由。）

接着，我需要确定每个备选方案符合标准的程度，并做出解释。我同样采用数字等级：0表示完全不符合标准；1表示有一些符合标准；3表示完全符合标准；2表示介于1和3之间的情况。（图4.1中的第二个矩阵图描述了各个备选方案符合每条标准的等级程度。当然，学生可能会给同一备选方案赋予不同的等级分数。）

最后，我将标准的权重分数与备选方案的等级分数相乘，计算出每一个备选方案在每一项标准上的得分情况。（具体可参见图4.1的第三个矩阵图，每个单元格中的数字乘以每行开头的数字，然后在右下角单元格中输入两者的乘积。）

在本例中，撒切尔的具体得分情况如下：“良好的谈判技巧”得2分，“富有魅力的领导力”得3分，“广泛了解其他文化”得4分，“深度掌握国际金融知识”得9分。

接下来是计算每个备选方案总分，并确定哪个备选方案的总分最高。从图4.1可看出，安瓦尔·萨达特得分最高。因此，依据做出决策矩阵图中的信息，我们貌似可以确定安瓦尔·萨达特为和平时代领导人的最佳选择。

但是等等，还有最后一步，我们需要确定一下自己对这个结果是否满意。我们可以调整标准的权重分数或者增删标准。例如，在本例中，我认为“良好的谈判技巧”的赋分应为3，而不是1。（最后这一步很重要，我们并不是随意改变分数，而是根据对决策的第一反应仔细地重新考虑各项标准及其权重。如有必要，做出调整。）

给学生示范并解释所有步骤之后，让学生结合非学科知识或时事练习运用做出决策。你可以给学生创建一个假设情境，或要求学生为“最佳”足球运动员或电视节目选择标准和备选方案。确保学生制定标准，并仔细、统一地依据标准来评估每个备选方案。

3. 帮助学生在学习和运用做出决策时聚焦重难点

学生在运用做出决策的过程中会逐渐提高对它的理解和运用能力。指导学生学习做出决策时，应谨记以下要点。

要点

1）在学生学习做出决策时，标准是需要他们理解的关键概念。无论日常生活还是学科领域中，决策的质量都取决于是否制定了清晰表述的、能够区分备选方案符合程度的标准。

标准无法用一个词来表达。鼓励学生用短语或句子来阐明“标准”的含义，以确保能统一地运用该标准来评估每个备选方案。例如，学生若想为所选文学作品中最有影响力的角色制定标准，他们应该对诸如“有趣”类的模糊标准进行更加清晰的阐述，如“该角色具有独一无二的品质”。

此外，与运用比较时通常用中性语言描述特征不同，对标准的描述必须带有明确的偏好和价值。例如，一家报纸可能会客观地比较两个政治候选人的“税收计划”，但是，一旦你要决定给哪位候选人投票，你的标准会更具有主观性，反映出你的偏好和价值取向。你可能会评估候选人“在多大程度上支持降低房产税”。学生在练习制定决策标准时，教师可以同时提供“特征”和“标准”的示例，帮助学生理解两者的差异。

> 我意识到，当要求学生参与决策任务时，我只关注他们做出的决策是否合理，而并没有让他们制定标准。在要求学生制定标准后，我发现他们对很多概念存有误解，而我之前只关注备选方案，并没有发现这一点。
>
> ——一位高中生物教师

2）尽管决策矩阵图是我们做决策时常用的方法，但正因为它清晰、简单、易上手的特点，让人们误以为做决策就是填写矩阵图。事实上，决策过程中最重要的是学生在填写矩阵图时的自我对话水平。因此，矩阵图应该作为进行缜密对话和精确思考的有力工具。按照步骤确实可以将数字填入方框中，但是学生必须能够仔细考虑每项标准的重要程度并确定备选方案符合标准的程度，从而设置相应分数（权重分数和等级分数）。让学生严格执行决策过程将有助于他们有意义地运用学科知识，提高做出决策的能力。

3）参与决策过程有助于学生运用所学知识，也有助于学生获得对所学知识的新见解或建立新联系，并激发学生学习更多知识的动机。具体方法可参考以下建议：

- 学生通过矩阵图做出选择之后，让学生返回去调整标准，使其中一两个得分较低的备选方案得到高一些的分数。这有助于学生发现备选方案之间的不同属性。例如，以上述“最佳国家领导人”为例，你可以增加一项“保障人权”的标准，删掉“深度掌握国际金融知识”的标准。这样就能改变每个备选方案的总分。
- 开始学习新单元时，首先要求学生根据自己对备选方案和标准的有限了解做出决策。例如，可以让学生根据自己对每个备选方案的已有认知选择“最佳国家领导人”。然后在单元学到一半和单元结束时，让学生回过头看看是否要更改分数、增删标准，或根据所学新知考虑不同的备选方案。这样做能让学生深刻地认识到，对备选方案相关知识的了解程度以及对标准的理解程度都极大地影响着决策结果。
- 指导学生运用本单元所学知识完成一项决策任务。然后让学生结合自学获取的新知识完成一项类似的决策任务。例如，学生学习某艺术形式的相关标准时，教师先指导学生依据此标准做出与该艺术形式相关的决策，然后，再让学生选择不同的标准和艺术形式，创建一个新的决策矩阵图。

4. 给学生提供图形组织者或表征以帮助他们理解和运用做出决策

学生遵循具体步骤做决策时，有必要使用矩阵图（详见图4.1）。矩阵图有助于通过组织大量信息来制定标准以及备选方案，并考量每个备选方案符合标准的程度。

学生熟练掌握做出决策之后，你可以鼓励学生自行绘制图形组织者来提高决策质量。学生还可以使用各类软件程序来辅助做决策。例如，一位高中科学教师使用软件程序绘制条形图来展示每个备选方案的总分，学生也可以使用该程序改变权重分数，并快速获得新的得分情况。

5. 综合运用教师构建和学生构建的任务

一旦学生理解了做出决策的一般过程，你可以先给学生布置高度结构化的任务，让他们练习并熟悉决策过程。事实上，只要学习目标清晰，你就可以构建部分或全部任务。教师构建任务时，可参照以下部分或全部内容：

- 清晰表述待决策的问题。
- 明确可以考虑的选项或备选方案。
- 明确判断备选方案的标准。
- 密切观察学生如何为标准设置权重分、如何为备选方案确定等级。
- 让学生在解释如何做出决策时关注具体知识。

例如，一位小学教师给学生布置了以下决策任务：

假定你是伊莎贝拉女王，现在须决定是否要资助哥伦布远洋航行。你不能利用你现在知道的信息，只能用伊莎贝拉女王所处时代可获得的信息。你制定的标准应该反映出女王最关心的事，即公共财政稳定和公众利益。但是，标准中还应该考虑你对建立新贸易路线的兴趣。做出决策时，你还应考虑所需资金数额以及航海过程中可能造成的伤亡情况。当然，远洋航行也未必成功。请做出你的选择并为之辩护。

学生应逐渐学会自行构建决策任务，即他们能够识别做出决策所适用的情境，并详述任务的各个部分。为此，教师应减少为学生提供建构好的任务的数量，而要多鼓励学生自行做出决策。具体可参考以下建议：

- 给学生提供一个需要做出决策的话题，或提出一个有趣的问题。鼓励学生提出他们感兴趣的类似话题或问题。
- 给学生提供可选择的备选方案，或鼓励他们适时自行设定完全不同的备选方案。
- 给学生提供可供考虑的标准，但鼓励学生自行制定清晰、有意义的标准。
- 让学生依据标准评估每个备选方案。在学生请求或你发现学生产生误解时提供反馈。
- 要求学生解释自己是如何做出决策的，并说明自己在此过程中的收获。

例如，在上例中，那位小学教师可能会鼓励学生在整个学年中寻找与伊莎贝拉女王相类似的情况，学生从中认识到，对一个历史性决策的分析可以增强自己对过去的理解。当然，这在科学、艺术、文学、地理或健康教育等课程中同样适用。

课堂范例

以下课堂范例可供教师思考如何在课堂教学中应用维度4的相关内容。

弗洛雷斯夫人为了让2年级的学生有意义地运用数学中的问题解决策略，特布置了以下任务：

比恩身高43英寸（约109.22厘米），凯莎身高66英寸（约167.64厘米）。你能用几种方法计算出两人的身高差？列出每种计算方法的重要特征（如所需时间、所用步骤），然后制作一张包含计算方法和重要特征的图表，以帮助你确定哪种是最佳计算方法。

● ● ●

王女士的初中学生正在研究影响人们做出移民决策的因素。为了激发学生兴趣，她大声朗读了几封从欧洲不同国家移居到美国的人的信件。信中描述了他们遇到的困难以及离开祖国的原因。有些人是因为战争或经济萧条选择移民；有些人是因为向往新国家的生活；还有些人是为了逃离宗教迫害。王女士向学生提出要求：在接下来的一年里，只要接触到有关移民的信息，就要去研究影响他们做出移民决策的因素。到年底时，学生查看每张矩阵图，并得出关于移民的结论，其中包括常见的影响因素和移民模式的历史变化。

● ● ●

一所市区高中正在筹划一年一度的“职业生涯探索交流会”。筹备委员会的成员讨论了以下事实：过去学生在探讨每种职业时通常都会做笔记，但这些笔记是否有用却无从知晓。而今年，委员会决定让每个参与的学生都制作一张决策矩阵图。参加交流会之前，教师帮助那些不了解决策过程的学生熟悉做出决策的具体步骤。然后给所有学生一定的时间和指导，让他们制定标准并为标准设置权重分，权重分的设置能够体现他们看重职业生涯的哪些方面。这张矩阵图就是他们参加交流会的门票。委员会成员观察学生运用矩阵图的过程并与之交谈，他们发现，与之前做笔记的方法相比，决策矩阵图有助于学生聚焦他们认为在职业生涯中重要的标准，学生也因此能向企业代表方提出更有价值的问题，然后利用所获取的信息调整和完善之前的标准，有时还会重新考虑标准的权重分数。

问题解决

问题解决是克服阻碍目标实现的障碍和约束条件的过程。简言之，问题解决就是排除阻碍目标达成的限制和障碍的过程。

多数人认为问题解决能力是人生成功的关键所在。然而，尽管人们认为需要将学生培养成优秀的问题解决者，但由于问题种类繁多，这一点并不容易做到。为便于讨论，我们将问题分成两种基本类型：非良构问题（unstructured problems）和良构问题（structured problems）。

非良构问题是我们在现实生活中面对的问题：没有清晰的限制条件、需要不明确的资源，有时甚至目标都不明晰，通常也会有多个解决方案。例如，要想提高工作效率（目标需要更加清晰），又不能违背惯例（限制条件需要进一步明确），这就是一个非良构问题。

良构问题往往是我们在教材、游戏或谜语中遇到的问题。这类问题一般会有清晰的目标、指定的实现目标的资源，且通常只有一种正确答案。例如，当我们要把几块拼图拼成某一图片时，目标是清晰的（拼成图片），可利用的资源也是明确的（拼图碎片），并且拼出这个图片只有一种正确的方式。

如果学生学习了一个问题解决过程，却发现这并不能帮助他们解决其他类型的问题，这会使他们感到困惑和沮丧。因此，教师应首先告知学生他们想解决的问题类型。因此，你需注意本节所涉及的问题解决的定义和过程都只针对非良构学术问题。这种问题有多种解决方案，且需要明确以下几个问题：

- 目标
- 阻碍目标实现的障碍和限制条件
- 实现目标的其他方法

聚焦非良构学术问题是因为它们与日常生活中的非良构问题类似。例如，尽管孩子们的运动和活动安排影响备餐和进餐的时间，家长还是要设法为三个孩子准备营养丰盛的晚餐。又如，公司必须设法在不增加成本的前提下提高产量。请注意，以上两种现实情况均具备非良构学术问题的定义性特征，即都需要澄清目标、阻碍或限制性条件，以及实现目标的其他方法。类似的非良构问题在现实生活中比比皆是，所以，随着学生逐渐提高在课堂上解决非良构学术问题的能力，他们也在逐渐掌握一项有用的生活技能。

除了掌握生活技能和提高解决学术问题的能力之外，学生也能在解决非良构学术问题的过程中有意义地运用知识。问题解决任务不仅要求学生深入理解重要知识，还要求他们努力寻求新知识，以确保能够明晰目标、理解障碍或限制条件或找到可利用资源。与其他复杂思维技能一样，教师可按照以下方法指导学生，使其完全理解问题解决过程并熟知何时以及如何运用它。

1. 帮助学生理解问题解决

学生也经常会遇到良构学术问题，因此让他们明白这一节的内容是为了帮助他们解决非良构问题而设计的，这一点很重要。因此，首先应该让学生对两者进行区分：

良构问题：有明确的目标，具备实现目标可利用的资源，并且答案唯一。

非良构问题：无论学术问题或现实生活问题，需要澄清目标、阻碍或限制条件，以及可利用的资源，答案不唯一。

> 我们只在遇到问题时才会思考。
>
> ——约翰·杜威

教师须向学生强调，本节阐述的问题解决思维是用来解决非良构问题的。学习该思维可以使学生回答“我的目标是什么？”“阻碍目标实现的障碍或限制条件是什么？”“克服这些障碍或限制，我有哪些不同的方法？”等问题。

给学生提供一些需要回答以上部分或全部问题的学术问题和现实生活问题。例如，如果一个人必须在9点前到单位，8点05分的时候发现汽车无法启动，此时她必须明确目标（去单位还是启动汽车），然后确定障碍条件（如今天没有公交车或汽车启动线短路），并确定如何克服这个障碍（打电话给邻居请求帮忙或推车启动引擎）。为了创建学习任务，教师可要求学生确定可利用的特定材料（限制条件）去解决某个问题（待澄清的目标）。

为了强调问题解决需要有意义地运用知识，教师应帮助学生确定问题解决所需知识。这些知识将有助于澄清目标、理解障碍和限制条件，并找到解决办法。你可以举出实例，然后让学生描述并分析自己亲身经历或听说的问题。

2. 给学生提供问题解决模型并创造机会让他们练习

（1）给学生提供问题解决模型

提供模型可以有效提升学生的问题解决能力。该过程的具体步骤如下：

① 确定你要实现的目标。

② 确定遇到的障碍或限制条件。

③ 精准识别这些障碍或限制条件是如何阻碍你实现目标的。

④ 确定克服障碍或满足限制条件的不同方法。

⑤ 选择并实施你认为最好的解决方案。

⑥ 评估该解决方案的实施效果。必要时，尝试另一种解决方案或找到克服障碍和限制条件的其他方法。

对于低年级学生，可采用更简洁的语言表述问题解决过程：

> ① 我想实现什么？
>
> ② 我会遇到什么限制或障碍？
>
> ③ 克服限制或障碍有什么方法？
>
> ④ 我会尝试哪一种方法？
>
> ⑤ 效果如何？我还用不用尝试别的方法？

（2）创造机会让学生练习问题解决

可结合学科示例（其中最好包含清晰的限制条件）向学生详细说明问题解决的具体步骤。你可以运用“出声思维”策略，例如：

几个世纪以来，人们一直用盐来腌制肉类、鱼类和其他食物，因为盐能杀死微生物。我如何在不用盐或含盐物质的情况下还能在常温中保存肉类、鱼类和其他食物呢？

首先，我需要重申目标（也可以让学生来做）。我想用能杀死微生物的东西来处理肉类、鱼类和其他食品，以便即使常温下也可以保存。

接着，我需要确定障碍或限制条件。在本例中，有两个限制条件：（1）不能用盐和任何含盐物质；（2）食物必须在常温下保存（不可冷冻或加热）。

然后，我需要判定这些条件是如何限制目标实现的。（让学生参与这一步。）让我想想，盐杀死微生物，冷冻可以抑制微生物的繁殖。因此，我必须想到杀死微生物或抑制其繁殖的不同方法。

哪些方法可以做到这一点呢？每种方法的优缺点又是什么呢？真空包装或干燥处理可以抑制微生物繁殖。（让学生参与这一步。与学生讨论每种方法能在多大程度上克服限制条件。如有足够的时间和资源，可让学生尝试一个或多个备选方案并讨论其结果。）

示范完各个步骤之后，你要创造机会让学生通过结对或小组的形式进行练习，可先从简单的学术问题或轻松的现实生活问题开始。

3. 帮助学生在学习和运用问题解决时聚焦重难点

当然，学生若想熟练运用问题解决来解决非良构学术问题，需要加强练习。让学生解决问题时，你可能会聚焦该过程的某些特定步骤。设计问题解决教学时，请谨记以下建议。

要点

1）有时候教师可直接为学生完成第一步，即确定目标。但尽管如此，学生仍需要练习独自确定目标。教师可以给学生提供一些目标不明晰的情境，让他们澄清目标，然后将自己的目标与其他同学的目标对比，学生会发现任何情境下都有可能存在多个目标。例如，早晨你的汽车无法启动，你的第一反应是重新启动汽车，但此时目标也许是准时上班。再如，家长来学校抱怨孩子考试成绩不佳，那么此时学校的目标是提高考试分数还是消除误解来减少家长的抱怨呢？因此，学生有必要反复练习建构和重构目标，因为目标不同，问题解决的其他步骤也不同。

> 智慧始于对术语的理解。
>
> ——苏格拉底

2）学生往往急于直接跳转到得出解决方案的那一步。但是，教师应让学生重点关注第三步，即分析阻碍目标实现的因素（注意，在给低年级学生的简单语言表述中，这是第二步）。当学生能够准确理解这些障碍或限制条件是如何阻碍目标实现时，他们就会设法找到克服障碍或限制条件的解决办法。例如，你要求学生只能使用某种特定材料制造一辆汽车。学生在提出解决方案之前，必须清楚这些限制条件是否影响汽车的强度、功率或动力。

> 这些年来我给学生布置的任务确实很有挑战性，也很有趣，然而我从未明确指出完成任务所需的思维方式。例如，同一项任务，我有时会把它称为决策任务，而第二天又称为问题解决任务。因此，我的学生并没有关注过思维过程；他们只关注结果。
>
> ——一位高中代数教师

学生仔细分析障碍和限制条件还可以促进其学习。例如，小学老师布置了一项问题解决任务，他要求学生在不用任何圆圈的情况下画出一幅繁忙城市的景象图。

如果学生能够首先判定“不可以用圆圈”这个条件是如何限制自己的，那么他们可能会更深刻地理解形状（或几何图形）在生活中的重要性。

3）当学生进入第五步（选择并实施你认为最好的解决方案）时，他们会发现可能需要用到“做出决策”和“发明创造”这两种思维技能。例如，当他们已经确定了几种可行的解决方案时，可以用“做出决策”来选出最有可能成功的方案；当无法生成解决方案时，可以用“发明创造”来探索新方案。如果学生熟知这些复杂的思维技能，就应该能够在问题解决中的第五步进行多种思维技能的自由切换。如果不熟知，这将是他们学习这些思维技能的好时机。无论哪种情况，理解这些思维之间的相互作用有助于学生认识其实用性。

4）学生应该认识到，运用问题解决不只是为了找到解决方案，而是要找到最佳解决方案。第六步就是强调这一点，因为它不仅要评估解决方案的有效性，还要根据评估结果确定是否需要采取进一步的措施。例如，如果第一个解决方案行不通，那就有必要返回前面一个或多个步骤：或者重新构建目标（步骤1），或者重新评估限制条件（步骤3），或者提出或尝试不同的解决方案（步骤4或5）。如果解决方案可行，仍然建议返回到前面的步骤找到最有效的解决方案，并且在课堂学习中，还可返回去进一步了解问题情境本身。学生照此方法运用问题解决，将有效提升他们的知识理解水平和问题解决能力。

4. 给学生提供图形组织者或表征以帮助他们理解和运用问题解决

> 只要持续思考，任何问题都能迎刃而解。

对部分学生而言，利用图形组织者有利于他们理解和运用问题解决。图4.2是学生可用的图形组织者。

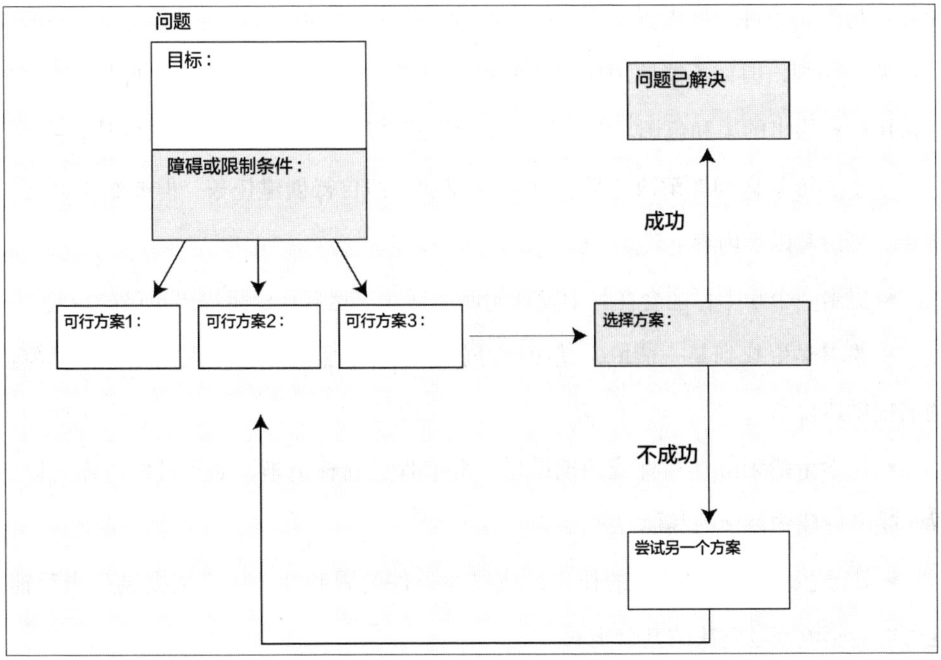

图4.2　问题解决的图形组织者

5. 综合运用教师构建和学生构建的任务

学生刚开始接触问题解决时，或有特定的学习目标时，教师应为学生提供高度结构化的任务。教师构建任务时可参考以下建议：

- 确定所教学科领域中的一个情境，该情境中已存在某种障碍或限制条件，或者可以人为施加某种障碍或限制条件（一种假设情境或模拟）。
- 明确预期目标，解释理解目标的不同方式。
- 清晰确定存在的障碍或限制条件。
- 与学生共同分析障碍或限制条件所产生的影响。
- 与学生协作确定克服障碍或限制条件的方法。
- 给学生提供必要信息和资源用以尝试他们的备选方案。
- 让学生评估其解决方案的有效性，然后做出合理反馈。

举例来说，一位美术教师知道粉彩在绘画中一般用于绘出柔和色调。她决定将粉彩作为限制条件，她告诉学生在此次绘画作品中不能使用粉彩："请大家画一幅柔和色调的油画，但你不能使用任何颜色的粉彩。"此时学生必须想到其他方法来画出通常用粉彩绘出的柔和色调。然后他们开始尝试自己的解决方法，并评估其有效性。

学生熟练掌握问题解决之后，你应该鼓励他们自行创建任务，但要给予必要的指导。可参考以下内容：

- 提出一个学生可能会在其中发现问题的话题，然后让学生提出自己的想法。
- 要求学生找到某一情境，其中已经施加或可以施加障碍或限制条件。你应该酌情提供建议。
- 让学生清晰陈述目标或预期结果。务必保证目标清晰，如有必要，你可以鼓励学生考虑建构目标的其他方式。
- 让学生描述限制条件的作用，或描述条件的限制性。你应该提供适当反馈，这可能会影响问题解决的其余步骤。
- 让学生说出克服限制条件来实现目标的方法，或在受限的情况下实现目标的方法。此时你应该澄清学生的误解，并适时提供建议。
- 给学生充足的时间获取信息及必要资源，让他们尝试自己的解决方案。提供帮助和建议，使学生能高效利用时间和资源。
- 让学生评估解决方案的有效性，并汇报其结论。确保学生在汇报中包含有助于他们理解和解决问题的知识。

> 问题不过是工作中的机遇。
>
> ——亨利·J. 凯瑟（Henry J. Kaiser）

在上例中，为帮助学生自行构建任务，这位美术老师首先布置绘画任务，然后要求学生自主选择另外一种常用的绘画材料或绘画技巧（如学生可能选择一种画笔或笔触），说明所选绘画材料或绘画技巧能达成什么效果，然后尝试如何在不用该材料或技巧的情况下也达成同样的效果。

课堂范例

以下课堂范例可供教师思考如何在课堂教学中应用维度4的相关内容。

在家庭与消费者研究课上，教师为学生布置了以下任务，其目标是让学生学会设计并准备符合不同营养需求和饮食禁忌的饭菜。

感恩节来临，多数家庭都会去买火鸡、做土豆泥、买蔓越莓果酱，还会烤一些馅饼。但是你家却不一样，爸爸患有糖尿病，妹妹有乳糖不耐症，哥哥是素食主义者，妈妈要吃低脂食物。

此时你怎样才能做出一顿能满足全家人需求的感恩节大餐，在保证适当营养的同时还能看起来像是传统意义上的感恩节美食？制定一份菜单，确定不同菜品的限制条件，并寻找可能的备选方案。尝试不同方案，确定哪一种既美味又有营养。继续尝试不同方案，直到实现既定目标为止。

● ● ●

中学英语教师布罗考夫人很喜欢语法，但是她的学生并不喜欢。为了提高学生对语法重要性的认识并了解他们对形容词用法的理解程度，她运用“逆向心理学”布置了一项任务：

写一篇热情洋溢的影评或书评。你可以自由运用冠词a、an、the，但是形容词只能用四次。

● ● ●

一家小剧团请你为下一部戏设计布景。预算虽然紧张，但是他们的舞台灯光还不错。实际上，制片人希望你充分结合自己对环境中视听元素（地点、时间、氛围和情绪等）的理解，仅利用灯光来设计布景。

发明创造

发明创造是开发满足预期需求的独特产品或流程的过程。简言之，发明创造就是开发满足特定需求的原创产品或流程的过程。

我们都遇到过一些令人沮丧的情境，不得不思考“应该还会有更好的方法”或“他们应该做得更好……”。这时就需要用到发明创造，其明确的目的就在于创造出新的产品或流程来满足预期需求。无论是编一款游戏还是设计一种更好的方式让学生有序进出午餐室，你都在进行发明创造，因为你要回答诸如“我如何才能做得更好或更有效？”或“我能创建出什么新内容？”这样的问题。发明创造所具有的创造特性使得许多学生认为它是一个既有挑战性又有趣的思维技能。当通过自由的头脑风暴产生新想法时，他们会感到很兴奋，而当意识到发明创造能帮助他们创建出一种全新的产品或流程时，他们又会感到欣慰。

发明创造与问题解决最大的不同就在于前者具有极高的自由度和创造性。尽管两种思维都要实现一个目标，但问题解决由障碍和限制条件驱动，而发明创造则由标准或准则驱动。障碍和条件是外部强加的，而标准是创造者自行制定的。例如，要设计出一种更好的方式让学生有序进出午餐室，你制定的标准是比现在的方式更安静、更省时。这些标准是由创造者你提出的。但是，这并不是唯一的标准，你可以采用不同的标准达到更有序进出午餐室的目标。相反，问题解决中的障碍和限制条件的掌控权并不在问题解决者手中。

尽管发明创造有很高的自由度，但创造者必须首先明确目标。要明确目标，就要了解有创造需求的情境。若不了解情境，那创建的产品或流程也许是独特的，但不具备改善当前情境的价值。同理，学生要在课堂上完成与学科内容相关的创造任务，就必须具备完成任务所需的知识。

> 只要一种思想的时机成熟，谁也不能抗拒它。
>
> ——维克多·雨果

让学生参与创造不仅可以培养学生运用该思维的能力，还有助于他们有意义地运用知识。为帮助学生形成理解和运用发明创造的能力，可参考以下建议。

1. 帮助学生理解发明创造

为帮助学生理解发明创造，教师可与学生一起列举出从古至今影响社会发展和人们生活的发明创造。列举出足够的实例之后，先给学生介绍发明创造的含义，然后选择实例让学生讨论并回答“促进该项发明的需求是什么？”或“创造者要改善什么？”，这些问题是要告诉学生成功的发明创造不仅具有独特性，更具有实用价值。学生应能够辨别出那些能够改变人们生活或者让人们生活得更好、有实用价值的发明创造。如果你可以给学生列举出那些已经成功开发成一种新职业或行业的创造，学生可能会更有兴趣。

如果学生同时正在学习（或已经学了）问题解决，将发明创造与问题解决进行对比将有助于他们理解这两种思维技能。例如，你要求学生在一条小溪上建造一座桥，但只能使用规格为“2×4”且不长于4英尺（30.48厘米）的木板，这时学生就面临着一个待解决的问题。该问题有清晰的目标，但同时需要克服一个主要障碍。另一方面，如果你要求他们建造一座坚固的桥，可以使用任何材料，那么他们就需要参与发明创造，因为此时目标清晰，且没有障碍或限制条件。但是，这个任务有一条标准，那就是“建造一座坚固的桥”，并且创造者还可能提出更具体的标准，如这座桥至少能承重5人。总之，运用发明创造时，创造者制定标准，并为之努力。而运用问题解决时，障碍和限制条件随问题情境而来，且决定着你不能做什么、不能用什么。

> 应该建造一个专门研究人类发明失败的博物馆。它唯一要面对的问题就是可能会一夜成名。
>
> ——R.S. 伍尔曼（R.S. Wurman）
>
> 《信息焦虑》（*Information Anxiety*）

一定让学生明白，理解问题解决和发明创造之间的区别——事实上，理解所有思维技能之间的区别都非常重要。这是因为，如果在任务伊始即能确定到底要用哪一种思维技能，你才更有可能实现任务目标。

2. 给学生提供发明创造模型并创造机会让他们练习

（1）给学生提供发明创造模型

给学生提供包含具体步骤的模型有助于学生理解并运用发明创造。该模型的具体步骤如下：

选择

① 确定你想改善的情况或要满足的需求。

② 陈述你的目的或目标；用不同方式写或说出来，以便对其进行多角度审视。

草拟

③ 为你的发明创造设置标准。你具体想做什么？

④ 为你的发明创造做出模型、初稿或提纲。

⑤ 开始创造你的产品。不断寻找其他方案或更好的创造方法，不要轻易满足。

⑥ 偶尔把半成品放一放，以便更客观地看待它。

修订

⑦ 反复检查你所创造产品的细节。

⑧ 直至符合你制定的规范和标准。

对于低年级学生，可采用更简洁的语言表述发明创造过程：

① 我想做出来什么或我想把什么做得更好？

② 我想为我的发明设定什么标准？

③ 做出初稿的最佳方式是什么？

④ 如何改进我的初稿？

⑤ 我创造的产品符合我自己设定的标准吗？

（2）创造机会让学生练习发明创造

最初给学生介绍发明创造时，应结合一个清晰的示例进行详细解释，可运用“出声思维”策略并尽量让学生也参与讨论。例如，在《地图》单元教学中，你可以按照以下方式进行介绍：

人们常常因为要根据不同目的查阅不同类型的地图而感到困扰，例如，察看地形需要查阅地形图，而查找国界线则需要查阅政区图。我觉得有必要制作出一幅地图，其中包含政治、经济和人口等各类信息。所以我的目标是：制作一幅综合某地区经济、地形和政治等信息的地图。

设定好目标之后，我就要制定这幅地图要符合的标准。首先，我需要确定地图中要包含的具体信息。我想包含经济元素（如进口量和人均收入）、地形特征（如湖泊、河流和高原）和政治元素（如联盟和领土关系）。我的目标就是在地图中呈现所有这些信息，并设计一个方便使用者找到所需信息的图例。地图必须条理清晰、整齐有序。（你可以让学生细化标准或建议其他标准。）

接下来，我需要画出地图的初稿。（要求学生依照自己的标准画出地图初稿或制作地图模型。在画初稿时，描述你预见到的困难，并要求学生也这样做。）

我完成了初稿，现在可以开始绘制地图了。在绘制地图的同时，我将与大家分享在创造过程中可能出现的问题。（你可以事先准备一幅成品地图或与学生共同绘制地图。学生同时也可以绘制自己的地图并彼此分享在绘制过程中出现的问题。）

好的，我很满意我绘制的地图。那么它符合我之前制定的标准吗？是的，但是我如何改进才能使其更完善呢？（你可以要求学生小组讨论他们绘制的地图是否符合预期标准，然后鼓励他们进行最后的调整改进。尽量给学生充足的时间改进地图，使它能满足预期标准。）

教师可让学生创造与学术内容无关的作品或流程（甚至可以让学生尝试创造鲁布·戈德堡式装置[①]），并让他们借此机会来练习发明创造。学生练习时，教师可与

① 一种设计精密而复杂的机械，以迂回曲折的方法去完成一些其实非常简单的工作。——译者注

> 要发明创造，你需要良好的想象力和无数次的失败。
>
> ——托马斯·爱迪生

他们讨论各个步骤，并提供必要的反馈以帮助他们理解创造过程。例如，学生设计初稿时，你应提醒他们谨记自己的标准。你也可以把这些步骤张贴在显眼的位置，以便学生参考。

3. 帮助学生在学习和运用发明创造时聚焦重难点

学生在发明创造时常常很投入，因为他们能够非常清楚地利用自己的想法创造出新事物。但值得注意的是，我们不能让学生只是完成创造项目，还应提高他们参与发明创造的能力。当你监控学生的创造过程并提供相应反馈时，可参考以下建议。

要点

1）关注发明创造的第一个阶段——选择，这是新产品或新流程成功的关键。在这一阶段，学生要精准描述他们要解决什么需求问题。清晰、简洁地描述待改进的情境有助于学生在草拟阶段制定标准，设计初稿、提纲或模型。当学生刚开始学习运用发明创造时，你可以让他们在轻松的环境中创造出一些有趣，甚至有点可笑的产品或流程来练习发明创造的步骤。不过，教师还是要尽早给学生强调：清晰地识别出发明创造所要满足的需求非常重要。

明确预期需求也是首次运用学术知识进行发明创造的一部分。例如，学生要设计出一种解决国界争端问题的新流程，他们就必须理解当前流程及其明显的弱点。否则，学生就无法明确地描述发明创造的目标到底是什么。因此，让学生解释发明创造要满足的预期需求就要求他们对重要的学术内容有深入的理解。

2）草拟阶段包括发明创造的一个关键步骤，即为发明创造设定标准。要设定标准须回答以下问题："该发明创造将提供什么样的新产品或新流程？"或"该发明创造将如何改进现有产品或流程？"标准不仅决定了如何满足预期需求，还能在草拟和修订阶段起到指导作用，因为创造者会持续不断地根据标准来评估自己创造的产品是否满足或超越了预期标准。

因此，即便学生急于开始创造，教师也应确保学生先制定出清晰、严格的标准。此外，在标准制定期间，让学生关注与发明创造有关的学术知识。与选择阶段一样，草拟阶段也需要学生有意义地运用知识。

> 据报道，托马斯·爱迪生用以下类比来激发自己对电影放映机的思考："我想创造一种机器，它对眼睛的作用就像留声机对耳朵的作用一样。"

3）修订阶段将考量自己的发明创造是否满足预期需求和既定标准。学生一定要明白，大多数成功的发明创造都要经过无数次的修改和调整。由于该阶段创造力较低，但需要进行反复调整，因此教师应该给学生大量反馈和强化，让他们不断地设计初稿、评估、修订、重新检查甚至修改标准，然后再次修订和改进。教师要让学生时刻记得，发明创造的目标是使创造的产品或流程满足甚至超越既定标准。

> 我现在喜欢为我的学生构建创造任务。在此过程中，他们专注于自己制定的标准，因而最终能创造出实用的产品，而不仅仅是所谓的"原创产品"。
>
> ——一位来自蒙大拿州的教师

4. 给学生提供图形组织者或表征以帮助他们理解和运用发明创造

对部分学生而言，利用图形组织者有利于他们在发明创造过程中有序实施步骤并组织自己的想法。图4.3是学生可用的图形组织者。

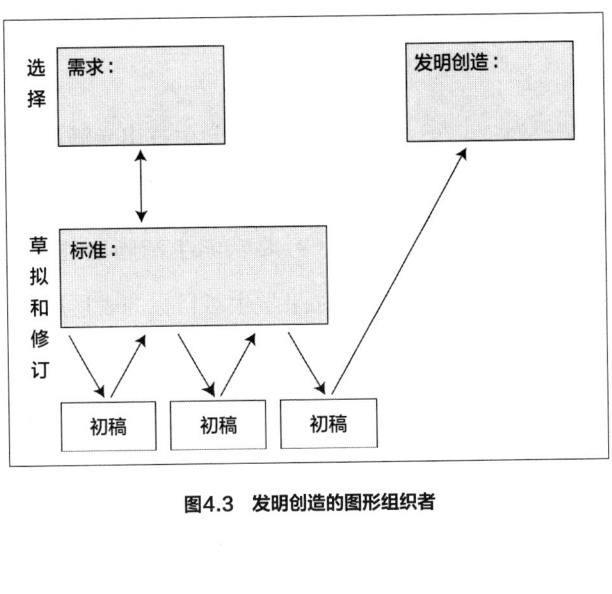

图4.3　发明创造的图形组织者

5. 综合运用教师构建和学生构建的任务

学生逐渐熟悉发明创造之后，只要在发明创造中需要用到具体学术内容时，教师就应为学生构建高度结构化的任务，具体可参考以下步骤：

① 清晰陈述发明创造的目标。

② 明确发明创造应该达到的标准。

③ 给学生提供发明创造过程中所需的资源和信息。

④ 学生在创建发明的模型、初稿或提纲时，教师多提出反馈，以确保学生始终清楚发明创造的目标和标准。

⑤ 密切监控学生的发明创造过程。

⑥ 适时鼓励学生反复打磨创造的产品，直至该产品满足甚至超越既定标准。

举例来说，数学老师要求学生创造出一种计算乘法的新方法，他还同时提出了如下标准：

- 你的计算过程应更容易识别错误之处
- 你的计算过程所需时间更短

接着，学生将独立或者小组合作草拟方案，然后反复修订，直至满足既定标准。

最终，学生应该开始学着自行构建任务。此时你仍需要给学生提供一些指导或帮助。具体可参考以下建议：

- 提出一个与所教学科内容相关的话题，让学生从中找到有待改进的情境或情况。

> “发明创造不必太伟大，可以只是一个想法。”

- 要求学生找出未满足的需求或有待改进之处。
- 要求学生清晰表述他们发明创造的目标，教师可提供充足的选择供其参考。如果学生对目标的表述反映出他们对需求情境的误解，教师还应给予指导。
- 在学生明确发明创造的标准时，教师应就标准的清晰度和严谨性给予反馈。
- 学生在创建发明的模型、初稿或提纲时，教师无须过多反馈。如果初稿有问题，尽量让学生在草拟和修订阶段自主发现。

- 在学生创造产品或流程时，向学生提出一些有助于他们聚焦初始目标和既定标准的问题。

- 鼓励学生修改、完善他们创造的产品。

举例来说，如果数学教师想用乘法任务来激励学生自行构建创造任务，她只需对学生说："如果能有一种非常实用的、易于识别错误之处的乘法方法，那就太好了。"然后，她要求学生找出其他可以改进的数学运算方式。接着，学生选择自己要改进的运算方式并开始创造过程。

课堂范例

以下课堂范例可供教师思考如何在课堂教学中应用维度4的相关内容。

在总统日期间，班尼斯女士班里的小学生正在学习符号的概念，尤其是美国符号（如秃头鹰、山姆大叔、星条旗）。与此同时，家校委员会组织了一场校旗设计比赛。班尼斯女士觉得这次比赛是学生运用符号的绝佳机会。她首先给学生讲解发明创造的各个步骤，然后带领学生一起完成第一个步骤，即制定校旗标准。他们初步认为校旗上应该包含学习、读书、写作、数学、合作和学生等符号。于是她让学生两人一组利用课上所学或同伴讨论出的符号设计出一面校旗。完成后，每个小组向全班展示他们设计的校旗，并解释上面的符号。最后，学生设计的所有校旗都参加了比赛。

● ● ●

体育教师格雷戈里奥先生意识到学生往往不能理解运动前后适当做一些热身或缓和运动的重要性。于是，他决定在课上示范热身或缓和运动并讨论其好处和重要性。为帮助学生有意义地运用相关知识，他要求学生设法完成以下任务：

当地电视台要求你设计一套半小时健身节目。观众对之前的健身节目不满，因为没有通过热身和缓和运动来增加或降低心率。

结合锻炼、提高肌肉力量、热身和缓和运动对心血管产生影响的相关知识，设计出一套能合理增加或降低心率的健身操。首先确定你设计的这套健身操要满足哪些标准。然后，概述你设计的健身动作和热身运动（如静态拉伸、步行或慢跑、健美操）以及缓和运动（如逐渐降低锻炼的强度或减少热身时的拉伸动作）。分别为热身、健身和缓和运动分配时间。继续完善你的健身操，探索其他热身、健身和缓和运动的替代组合。然后让几个学生试跳你设计的健身操，检测运动前、运动中和运动后他们的脉搏频率。接着进行适当调整，直至健身操符合既定标准。最后，在全班同学面前进行展示，并解释你设计的健身操是如何满足既定标准，以及与之前的健身节目相比你做出了哪些调整。

● ● ●

11年级科学教师杜波依斯女士想让她的学生创造性地、有意义地运用关于带电物体间的相互作用的知识。学完关于存在于物体之间和原子内部的电作用力单元，她布置了以下任务：

妈妈用完了防止袜子和裤子相粘连的烘干机专用的柔顺香衣纸。你既不喜欢它的香味，又觉得它不环保，因此你决定为妈妈发明一个可循环使用的防静电装置。

运用已学的关于物体之间和原子内部电作用力的知识，思考在烘干机中的衣服是如何产生静电的。发明一种在烘干机中可循环使用的防静电装置。给出防静电装置要满足的标准（如高温循环中不得融化）。为你要发明的装置设计模型或初稿，然后开始制作你的产品。在制作期间要不断地测试效果，并在必要时做出调整和改进，直至满足既定标准。在母亲节那天，把你发明的装置送给妈妈，并用通俗的语言向她解释其工作原理。

● ● ●

在罗瑟夫人的沟通课上，学生们正在讨论人们关注或忽略重要信息（如影响其健康或安全的信息）的原因以及吸引人们注意的各种方法。一名学生分享了自己与家人最近飞往另一个城市的度假经历。他注意到人们并不会太在意空中乘务员的安全提示。学生们猜测人们不在意如此重要的信息的原因。讨论结束后，罗瑟夫人给每位学生布置了一项任务，要求他们运用已学的关于发送和接收信息的知识创建一种全新或更好的方式来传达航空安全信息，或改善人们通常忽略重要信息的另一种情况。

实验探究

> **实验探究**是对观察到的现象进行解释并加以检验的过程。简言之，实验探究就是解释观察到的事物，并加以检验。

实验探究对于科学家、研究者，以及任何想要理解所观察事物的人都非常实用。例如，来自丹佛的一家人正在缅因州度假，旅行途中他们做了几次观察：

正在读1年级的孩子玛丽亚又惊讶又失望地发现，尽管他们把前一天洗过的毛巾和泳衣挂在外面晾晒，可到第二天还是湿的。要知道，在丹佛，只需要在外面挂晾几个小时，毛巾就干了。但是后来她想起在科学课上学过的有关天气的知识，于是她决定运用这些知识去解开“毛巾之谜”。

玛丽亚的父母很高兴地发现，孩子们在度假期间很乖巧，不像在家时那般打打闹闹。他们想知道这是因为孩子们忙于玩耍而顾不得打闹，还是因为得到了父母充分的关注而能够彼此和平相处。他们拿出刚买的育儿书，想一探究竟。

玛丽亚和她的父母都在试图解释自己观察到的现象。他们将运用已有知识来做出清晰的解释，预测照此解释还将发生什么，然后设计实验来检验自己的预测。尽管玛丽亚运用的是自然科学知识，她的父母运用的是有关儿童行为心理学方面的知识，但他们都在试图回答有关实验探究的四个基本问题：

- 我观察到了什么？
- 我如何进行解释？
- 依据以上解释，我预测到什么？
- 我如何检验我的预测？

无论是实验室里的核物理学家、课堂上的教师，还是尝试理解这个世界的孩子，以上问题都在推动着探究的过程。

实验探究活动在科学课上十分常见，但在人文、文学和艺术课上则不太常见。

这是很遗憾的事情，因为实验探究不仅适用于探究自然科学中的物理现象，也适用于探究心理现象。例如，学生要解释为什么人们会对特定文学作品、音乐作品或视觉艺术做出某种反应，他们就需要运用相关知识来解释观察到的反应、预测其他情形下的反应，并设计实验，之后再通过调查或问卷来验证或推翻自己的解释。很显然，无论哪种学科，实验探究都是运用和拓展知识的有效方法。

与有意义地运用知识的其他复杂思维一样，在介绍实验探究时，教师也应结合示例进行讲解，并示范实验探究的各个具体步骤，使学生准确理解并逐渐能够独立运用它。为让学生能在运用实验探究的过程中有意义地运用知识，可参考以下教学建议：

1. 帮助学生理解实验探究

通过讲述一个著名的实验探究示例或讨论你亲自参与的某个实验来介绍实验探究，这是一个不错的方法。你可以描述自己在高中或大学时做过的实验，也可以描述托马斯·爱迪生或本杰明·富兰克林曾完成的实验探究任务。在此过程中，请学生说明实验探究过程中的关键步骤，引导他们回答以下问题："我观察到了什么？""我如何进行解释？""依据以上解释，我能预测到什么？""我如何验证我的预测？"一定给学生强调，如果实验探究的结果不能证实之前的解释，那么研究者需要返回来尝试提出其他可能的解释。

除了帮助学生理解实验探究之外，还可以分享一些故事，用以说明实验探究的成果是如何影响我们的生活的［如乔纳斯·索尔克（Jonas Salk）的实验促进了脊髓灰质炎疫苗的研发］。邀请学生分享一些有名的或重要的实验探究示例或实验探究适用的情境，并要求学生说出研究者在进行实验时必须具备的知识（包括学科知识和实验知识）。

> 据报道，X射线的发现者威廉·伦琴（Wilhelm Roentgen）在被问及他认为X射线是什么时，他回答说："我没想过，我只是做实验。"

2. 给学生提供实验探究模型并创造机会让他们练习

（1）给学生提供实验探究模型

与其他思维技能一样，教师应首先为学生介绍实验探究的步骤。具体步骤如下：

> ① 观察你感兴趣的事并详述发生了什么。
>
> ② 解释你所观察到的事情。哪些理论或规则可以用来解释你观察到的事情？
>
> ③ 依据你的解释做出预测。
>
> ④ 实施一项实验或活动来验证你的预测。
>
> ⑤ 根据你的解释来阐明实验结果。如有必要，修改你的解释或预测，或者实施另一项实验。

对于低年级学生，可采用更简洁的语言表述实验探究过程：

> ① 我看到或注意到了什么？
>
> ② 我怎么解释它？
>
> ③ 依据我的解释，我能预测到什么？
>
> ④ 我怎么验证我的预测？
>
> ⑤ 发生了什么？是在我预测之中吗？我是否需要尝试一种不同的解释？

（2）创造机会让学生练习实验探究

为向学生阐释实验探究过程，教师应具体地演示每一个步骤。你可以运用“出声思维”策略向学生展示一个易于理解的物理现象（在演示每一步时都可让学生参与）。例如：

我要从同一高度同时抛出一块石头和一根羽毛，注意看会发生什么。我发现石头比羽毛更快落到地面。我想知道这是为什么。

我想到了。因为地球引力是引起物体下落的原因，石头比羽毛重。也许物体越重，地球引力作用就越大。（也可以要求学生对自己观察到的现象进行解释。）

> 中学科学组的教师们担心，学生参加科学博览会的项目作品会过于侧重详尽或浮夸地展示知识。其中一位教师说：“我们意识到，我们一直鼓励学生参与实验探究，但并没有让他们注重探究过程。”

好的，如果我的解释正确，那么也就是说，任何更重的物体都会比更轻的物体下落速度更快，任何两个重量相同的物体都会以相同的速度下落。这样的话，我可以做出以下预测：

- 同样的两张纸，揉成团与摊开时下落的速度相同。
- 1磅重的羽毛枕头与1磅重的铅球下落的速度相同。

（你可以让学生自己做出预测，或在你的预测上再增加新的预测。）

接下来我要验证自己的预测。我想为其中一个预测设计一项实验或活动。

（亲自演示实验过程，或提供材料让学生进行实验。）

根据实验中的观察，我是能够证实我的解释，还是需要做出修改？尽管与对照物（摊开的纸和羽毛枕头）重量相同，但事实是纸团和铅球下落速度更快。因此，我最初的解释不成立。也许影响下落速度的不是重量，也许与物体的密度有关。所以我的新假设是……（你可以演示这最后一步，也可以让学生用“出声思维”策略来解释自己的实验。）

学生熟悉了实验探究过程之后，教师就要给学生提供多种机会让他们练习和讨论具体步骤。让学生以全班、小组或结对的形式，结合较轻松的情境或有趣的时事来练习或讨论每一步。由于每一步都需要理解重要概念（如预测和解释），而且也需要逐步提高运用各步骤的能力，因此不应该在一开始就要求学生运用复杂的内容知识进行实验探究。

3. 帮助学生在学习和运用实验探究时聚焦重难点

进行实验探究不仅使学生可以运用已学知识，还能通过对现象进行解释和澄清来学习新知识。学生须仔细观察实验探究过程，才能提高对该思维技能的理解和运用能力。教师设计教学时，可参考以下内容。

要点

1）实验探究是一项复杂而艰巨的任务。由于该思维技能对学生来说具有很大的挑战性，因而应该让学生从自己感兴趣或对他们个人有重大意义的现象入手。维度4中所有任务的主要目标就是让学生有意义地运用知识，但是思维过程越复杂，学生关心任务结果就越重要。为激发学生参与实验探究，教师可以用神秘有趣的现象来激发学生的兴趣和好奇心，也可以让学生自主选择要研究的现象并自主决定探究的方式。关于如何激发学生的兴趣与感知，可参考维度1相关内容。

2）实验探究的第二步要求学生对正在研究的现象进行解释。这是实验探究过程中关键的一步，因为学生需要在任务中运用先前的知识和经验。此外，这一步还需要用到演绎推理，因为学生要把概括性的理论和规则运用到新的具体情境中，所以，学生必须结合对概念、概括和原理的理解来解释现象。即使学生乐于澄清现象，他们也要具备解释现象所需的知识。因此，教师不但要鼓励和引导学生，还应为学生提供机会学习在探究过程中所需的知识。

3）当要求学生做出预测（步骤3）并设计实验（步骤4）时，他们面临着巨大的挑战，如同那些终其一生都在提出假设并进行伟大实验的研究者一样。在这两个步骤，学生需要大量示范和指导。尽管学生要学会独立设计实验，但有时教师也应在步骤实施过程中给予适当支持，尤其当任务的主要目标是促进学生有意义地运用知识时。

> 我们学校的科学老师帮助我们更好地理解实验探究过程，这样我们就能在各个学科中运用该思维。
>
> ——一位来自新墨西哥州的校长

4）在分析实验结果（步骤5）时，学生也许会发现实验探究各步骤之间的相互作用。

有经验的研究者都知道，获得实验结果并不是终点，它只是指明了下一步的研究方向。例如，如果实验结果表明之前的解释不正确，研究者就必须决定是换一种解释，还是设计其他实验方案。如果实验结果表明之前对现象的解释是正确的，研究者同样需要返回到前面的步骤去设计更多的实验，甚或考虑不同的解释。

无论实验结果如何，都只是下一步研究的开端。你应该帮助学生理解实验探究的这一特性。也就是说，学生需要理解，尽管他们已经通过分析实验结果完成了任务，但还可以也应该做更多其他实验来继续探索这一主题。你还需要鼓励学生通过多次实验来继续探究。学生对主题的兴趣越大，就越有可能继续对该主题的研究。

4. 给学生提供图形组织者或表征以帮助他们理解和运用实验探究

> 美妙的假设被丑陋的事实扼杀，这是科学之大不幸。
>
> ——托马斯·赫胥黎

图4.4是一个体现实验探究具体过程的图形组织者。它有助于学生理解实验探究各步骤之间的相互作用，也可用于指导学生在运用实验探究时组织信息。

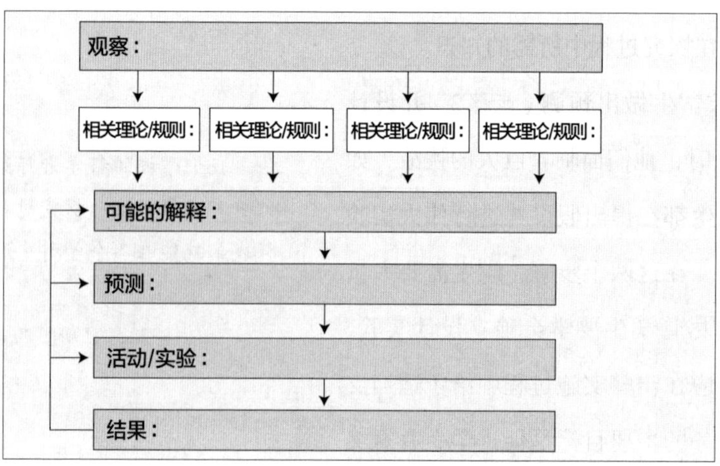

图4.4　实验探究的图形组织者

5. 综合运用教师构建和学生构建的任务

在学生了解了实验探究过程之后，你就可以给学生布置一些高度结构化的任务，让他们在你的指导下练习实验探究。构建任务时可参考以下建议：

- 清楚地演示或描述学科领域的某些现象（物理现象或心理现象）。
- 要求学生解释这一现象。你可以建议或要求他们运用相关具体知识。
- 依据解释，做出合理的预测，然后设计实验或活动来验证预测，并给学生提供反馈。
- 为学生提供实验或活动所必需的信息和资源。
- 完成实验后，要求学生根据实验结果反思之前的解释，并汇报所得结论以及下一步研究计划。

例如，一位视觉艺术教师要求学生说明绘画中所运用的光和颜色的原理。他首先让学生观察颜色是如何影响人们对绘画的反应，然后运用光和颜色的具体原理来解释这些反应，最后做出预测并进行验证，确定这些原理是否能够解释这些反应。这项任务是教师构建的、高度结构化的，教师会密切监控学生的任务完成情况，以确保学生完全理解光和颜色的原理。

在学生完成一系列教师构建的任务之后，你可以逐渐让他们自行构建实验探究任务。但并非只是简单地要求学生完成一项实验探究任务，而是要提供必要的指导和帮助。为帮助学生构建任务，可参考以下建议：

- 给学生提供一些他们感兴趣但尚未解释清楚的现象。
- 要求学生选出一个他们感兴趣的现象并描述所观察到的细节。
- 让学生对观察到的现象做出可能的解释，你提供必要反馈。
- 让学生基于解释做出预测。
- 在学生设计并实施活动或实验以验证他们的预测时，为他们提供必要信息和资源。
- 让学生有机会向别人解释其实验结果，并说明他们接下来的研究计划和步骤。

例如，心理课上，教师要求学生观察人们乘坐电梯的行为方式如何随时间推移而变化。然后她让学生找到自己感兴趣的行为现象，并运用心理学原理进行解释。教师的提示和反馈有限，学生须自己参与探究过程。

课堂范例

以下课堂范例可供教师思考如何在课堂教学中应用维度4的相关内容。

小学教师麦金太尔先生打算向学生介绍“供应”“需求”“消费者”和“生产者”的概念。针对每个概念及其相互关系，他都列举了详细的示例，但他仍然无法确定学生是否理解。在一次课堂讨论中，一名学生说：“去年圣诞节，人人都想要一个‘挠痒娃娃’，但是买不到，就连圣诞老人也没有。当时我就想到了您说‘消费者想要某样产品时，生产者就会生产更多’。”随后有更多的学生参与到讨论中来。另一名学生说：“我买不到新的任天堂游戏机，因为市场上已经售空了。我妈妈说这是公司的销售策略，这样一来，人们的需求就更多了。”麦金太尔先生鼓励学生继续讨论“限量供应如何激发更多的需求”。然后他协助学生设计实验来预测“当人们知道某件商品是限量供应时会发生什么”。

全班学生决定在校门口附近出售小甜饼。每天学生都会私下选出一种饼干，只在展台上放几块，旁边竖起一个牌子写着：“数量不多，欲购从速。”卖完展台上的饼干，学生很快将其补齐。他们每天记录各种饼干的日销售量，以确定限量供应的饼干是否销量更大。结果发现，当同学们发现某种饼干剩下的不多时，往往会购买更多。于是他们得出结论，圣诞节玩具的销售情况也是这个原因。

● ● ●

凯里夫人无意间听到她美国文学课上的学生抱怨威廉·福克纳（William Faulkner）的作品太难读懂、不好理解。其中一个学生认为这是因为威廉·福克纳总是写冗长、复杂的句子，这当然比短句更难理解。凯里夫人问学生是否愿意验证这个假设，他们对此很感兴趣。学生设计了一个实验：他们首先编辑了两篇包含相同信息的文章，其中一篇通篇都是长句，而另一篇则都是短句，然后让其他班级的学生选择其中一篇进行阅读。实验者预测，阅读长句文章的学生对内容的理解程度比不上阅读短句文章的学生，因此在阅读理解测验中的表现也会差一些。结果，学生惊讶地发现，阅读长句和短句文章的学生测验水平相当。根据这一结果，他们再次阅读福克纳的作品，看看能否对其难以理解的原因提出其他可能的解释。

● ● ●

科学与技术应用课上，学生正在学习能源类型、资源和转换。为使学生运用知识"能源不可创造或毁灭"，教师布置了如下任务：

你刚刚踏进奥托的汽车店打算给你的车买一块新电池，这时你无意中听到有人在店里谈论自己使用电池的经历。这个人跟他朋友讲，他曾经给车买过一块新电池，但是因为他把电池放在车库的水泥地面上，结果还没有安装就坏掉了。这时你很担心，因为一周之后你才能在车里安装新电池，于是你决定在结账时向奥托咨询此事。很不巧，这天下午奥托心情不好，他没好气地对你说："有了今天的电池，你不用担心会发生那样的事情。"离开时，你很好奇水泥地板到底会不会使新电池失去电量，于是你决定进一步探究一下。

依据你自己的理解，能量是不可能被创造或毁灭的，那么该如何解释电池因放在车库地板上就失去电量了呢？如有必要，研究一下电池的工作原理。回顾一下我们已学的相关理论或规则，然后提出你的解释，并依据该解释做出预测。设计并实施实验来验证你的预测。根据实验结果确认或修订你的预测，并准备向全班汇报你的结论。

调查研究

调查研究是识别有困惑或矛盾的问题并进行解决的过程。简言之，调查研究就是为消除对观点或事件的困惑而提出建议或辩护的过程。

我们在各类媒体上都看到或听到过调查类的新闻报道。当获取的信息中包含相互矛盾、不统一或真相尚未完全揭露的事实时，我们就需要对其进行深入挖掘。例如，记者想通过调查来揭示某一事件时，他们首先要从多种不同渠道收集大量信息，然后尽量准确地说明事件发生的顺序。虽然听起来调查研究的要求很高，但其实这与“父母想知道为什么孩子们在房间外发生冲突”或“一个青少年想努力去定义什么是朋友”的过程是一样的。无论对于专业记者还是非专业的个人来说，调查研究的目的都在于收集并利用信息来消除矛盾和困惑之处，或发现、找到遗漏的或未知的信息。

新闻调查记者与新闻报道记者的工作不同，同样，要求学生进行调查研究与简单地要求他们为一项研究收集信息面临的是不同的挑战。其中一个主要区别在于对话题的选择。在调查研究的过程中，学生关注话题并不是因为对话题本身感到困惑，而是因为与该话题相关的信息中存在困惑或矛盾之处。另一个主要区别是学生不能只是通过查阅资源找到答案，他们必须利用资源来解决困惑或矛盾。例如，如果学生想独立调查伊拉克的风俗习惯，这不能算作调查研究。但是，如果在调查过程中他发现自己对第三世界这一概念的理解存在困惑，那么就需要进行调查研究，他需要运用合理的资源构建对该概念的理解。

起初学生进行调查研究的机会可能比较少，但是，随着越来越多地在课堂上运用调查研究，教师和学生会发现很多之前并未留意到的困惑和矛盾之处。调查研究有三种类型：定义型调查研究（definitional investigation）、历史型调查研究（historical investigation）和预测型调查研究（projective investigation）。如果学生能够理解这三类调查研究，他们就更有可能知道如何运用它们。以下将简单介绍这三类调查研究：

- **定义型调查研究：**为一个尚未达成普遍共识的概念创建一个精确的定义，比如，“非暴力反抗”（civil disobedience）。
- **历史型调查研究：**为过去的某个尚未得到统一解释或排序的事件或情境创建一个脚本。例如，确定哥伦布发现新大陆的路线。
- **预测型调查研究：**为将来的某个假设事件或过去的某个假设事件创建一个脚本。例如，预测如果圣雄甘地和美国总统林肯没有被暗杀，将会发生什么？或者如果基因工程继续朝着现阶段的发展方向推进，将会发生什么？

调查研究的局限性就在于，即使成功地完成了调查研究，所创建的定义或脚本仍有可能不准确。调查结果的有效性取决于调查者运用该思维技能的能力。为帮助学生掌握运用调查研究的能力，可参考以下建议：

1. 帮助学生理解调查研究

为帮助学生理解每一种类型的调查研究，教师可列举相应的调查示例并说明每个示例中研究者想要解决问题的类型。

介绍定义型调查研究时，我们可结合的示例是：最高法院要界定言论自由的边界，就要提出并回答诸如“焚烧美国国旗来抗议政府政策是否属于言论自由？”的问题。同时还要让学生明白，在定义型调查研究中应关注这些问题：“×××的重要特征是什么？”或“×××的定义性特征是什么？”

向学生解释历史型调查研究时，我们可以提出问题：“到底发生了什么？”或“为什么会发生？”例如，我们可以给学生提供示例：人们想要找到1963年暗杀美国总统肯尼迪的真凶并了解暗杀事件是如何谋划的。需要给学生指出的是，电影《刺杀肯尼迪》呈现的是奥利弗·斯通（Oliver Stone）对此事件的调查结果，而其他人则有不一样的调查结果。因此，有必要向学生强调，调查者调查过去的事件是想确定当时发生了什么以及发生的原因，但事实上，他们只是基于自己所获取的信息得到一种可能的结论而已。

最后，介绍预测型调查研究时，教师可告诉学生电影《生活多美好》（*It's a Wonderful Life*）就是对过去假设事件做出的预测，《1984》这本书则是乔治·奥威尔对未来假设事件做出的预测。预测型调查研究有两种类型，分别是对过去事件的假设情形和对未来事件的预测，两者都要回答以下问题：“如果过去……那会发生什么？”或“如果将来……那会发生什么？”给学生提供一些预测型调查研究示例，并要求学生从中提出研究主题。例如，“温室效应是否会导致全球变暖”就是一个预测型调查研究的案例。说明为什么有些科学家认为全球变暖不会发生，有些科学家则认为一定会发生，而还有些科学家认为全球变暖已经开始了。

让学生根据每种类型的调查研究的相关问题提出其他可能的调查话题。寻找那些能够激发他们进行调查研究的问题或话题。

总之，三种类型调查研究的相关问题如下：

定义型调查研究

×××的重要特征是什么？

×××的定义性特征是什么？

历史型调查研究

到底发生了什么？

为什么会发生？

预测型调查研究

如果过去……那会发生什么？

如果将来……那会发生什么？

2. 给学生提供调查研究模型并创造机会让他们练习调查研究

（1）给学生提供调查研究模型

尽管目的不同，但是三种调查研究都遵循以下基本过程：

① 明确

需要定义的概念（定义型调查研究）；

需要解释的过去事件（历史型调查研究）；

需要定义或解释的假设事件（预测型调查研究）。

② 确定已知或达成共识的内容。

③ 识别并解释困惑和矛盾之处。

④ 针对困惑和矛盾之处，提出合理的解决方案并进行辩护。

对于低年级学生，可采用更简洁的语言表述调查研究过程：

> ① 我想解释什么事件或观点？
> ② 人们已经了解了什么？
> ③ 人们对该事件或观点有何困惑之处？
> ④ 我有什么建议来消除这些困惑？
> ⑤ 我如何为我的建议辩护？

（2）创造机会让学生练习调查研究

在学生真正运用以上步骤之前，教师应结合示例向学生清晰解释整个调查研究过程。例如，你想结合“臭氧层耗竭可能产生的影响”来示范预测型调查研究过程。你的示范过程可能如下：

第一步我要确定我想调查研究的假设事件。我研究的话题是臭氧层耗竭。我的具体问题是：“如果臭氧层持续以目前的速度衰减，十年后将会发生什么？”

下一步我要确定关于这个话题的已知内容。我收集了一些关于臭氧层耗竭的文章和剪报（供学生查阅）。确定已知信息需要具备获取并运用信息的能力，具体包括：

- 如何以及何时运用原始资源？
- 如何区别资源中的观点和事实？
- 如何引用资源？
- 如何借助媒体查找各类资源？

（让学生浏览文章和剪报。）

现在我想让你们帮我在黑板上列出重要信息，并找出目前有关臭氧层的困惑、矛盾或对立的观点。（告诉学生，找到这些困惑、矛盾和对立的观点是每种调查研究的基础。）

最后，我准备开始澄清这些理论上的困惑、矛盾或分歧。这一步很难，我必须重新整理收集到的信息，运用有关臭氧层的已知信息，或许还要与他人交流讨论，获得一些灵感，然后仔细地构建出最合理的结论。（你可以让学生独自或小组合作构建出他们自己的结论。应该让学生明白，调查同一个话题时，不同的人即使运用完全相同的信息也会构建出截然不同的结论。调查研究的最终目的是澄清疑惑和矛盾，而不是为了得到解决方案本身。）

示范完整个调查研究过程之后，教师就可以要求学生首先结合他们比较熟悉的内容或者日常的真实或假设事件或概念来练习。例如，学生可以从以下几个问题开始练习：

- 什么是“打小报告”？
- 昨天操场上发生了什么事？
- 如果要求必须穿校服，会发生什么？

学生逐渐熟悉调查研究之后，就可以让他们在更复杂的学科内容中运用它。

3. 帮助学生在学习和运用调查研究时聚焦重难点

学生开始运用调查研究时，随着内容逐渐变得复杂，你应适时提供额外示范和具体反馈来帮助他们。设计教学时，可参考以下建议：

要点

1）调查研究的主题有时很难确定。尽管学生能从典型的研究报告中找到适于独自调查的内容或重要话题，但是只有当文献资料中存在困惑或矛盾之处，且有必要做出澄清时，才能确定调查研究的主题。问题是，教师和学生最初都不一定能意识到所学概念或事件中存在着困惑或矛盾之处。而且，即使在学习过程中出现了可供调查研究的主题，也有可能被忽略，因为学生并不习惯寻找信息来源之间的困惑和矛盾之处。事实上，就算学生确实发现了困惑和矛盾，通常也会无意识地忽略它们，因为学生的目标往往只是简单地接收信息。尽管如此，我们仍然可以设法指导学生找到合适的调查主题。

要想让学生能够找到值得调查的主题，教师应给学生介绍调查研究的过程，最初只需要帮助学生理解三种调查研究（定义型、历史型和预测型），然后，为了增进

> 每当学生撰写研究报告时，我总会提醒他们注意资料内部或资料之间存在的困惑或分歧之处。
>
> ——一位来自怀俄明州的中学教师

理解，你可提供如下内容：

- 尚未达成普遍共识的概念
- 存有困惑或矛盾之处的历史事件
- 过去的假设事件或未来的假设事件

以上内容有两个作用，首先，可帮助学生和教师找到更多值得调查的主题。其次，可用于设计调查研究任务。一旦养成查找调查主题的习惯，你就会惊讶于需要调查研究的主题有如此之多。

2）当学生独自完成那些只需收集信息的主题研究时，他们通常要从多种来源中获取信息。但是，在独立调查研究中，信息来源的数量并不重要，关键在于要找到有助于学生完成步骤2和步骤3的具体信息来源，也就是找到与该主题相关的普遍共识或已知信息，并确定困惑或矛盾之处。这两步通常要求学生获取并利用多种信息来源，包括原始资料、采访信息以及利用技术追踪而得的文件资料。

由于调查研究需要广泛运用各类资料，因而你应帮助学生学会如何获取和利用信息来源。低年级学生和刚接触调查研究的学生可能需要先调查那些可以直接从课上得到必要信息的主题，这样他们就可以把精力集中在对信息的合理利用上。随着学生越来越熟悉调查研究，也就能够越来越熟练地查找和获取资料，此时你就可以让他们在调查研究中参与更多。但应谨记，无论是你给学生提供资料，还是学生自己获取资料，你都要精心设计教学，让学生明白调查研究的目的以及所需资料的类型。

3）许多学生认为调查研究的最后一步（即为困惑或矛盾提供合理的解决方案）是最具有创造性和挑战性的一步。学生在构思自己的解决方案并为之辩护时确实非常兴奋，也就是说，此时他们会主动地参与任务，而不是仅仅为了拿到分数。教师应给学生机会分享自己的观点，以鼓励和强化这种主动性。例如，鼓励学生发表他们的研究成果、向相关专家介绍自己的观点，或将他们的作品添加到教学材料里供所有学生学习。

4. 给学生提供图形组织者或表征以帮助他们理解和运用调查研究

学生在进行任何一种调查研究时都可以参考如图4.5所示的图形组织者。你也可以鼓励学生创建自己的图形组织者。

<table>
<tr><th>已知或普遍共识：</th><th>疑惑或矛盾之处：</th></tr>
<tr><td>•
•
•</td><td>•
•
•</td></tr>
<tr><td colspan="2">解决方案：</td></tr>
</table>

图4.5　调查研究的图形组织者

5. 综合运用教师构建和学生构建的任务

学生理解了调查研究的一般过程之后，就可以开始加以练习了。结构化的任务可以帮助学生更加熟悉调查研究过程。教师在构建调查研究任务时，可遵循以下原则：

• 明确需要解释的概念（定义型调查研究）、过去事件（历史型调查研究）或假设事件（预测型调查研究）。

• 明确你希望学生使用的资源，并给他们提供这些资源。鼓励学生自行搜索并使用其他资源。

• 确定你想让学生解决的问题（困惑、矛盾和对立观点），但鼓励他们在调查时寻找其他问题。

• 要求学生提出问题解决方案并解释已学内容。在适当的时候，让学生解释具体知识内容。

举例来说，假设你要针对民主这一概念构建一项定义型调查研究任务。你也许会给学生推荐托马斯·杰斐逊、本杰明·富兰克林和塞缪尔·亚当斯的著作，甚至给学生指定参考书目。接着，你应确定需学生解决的具体问题：民主所关注的焦点是个人的权利和自由，还是人民的共同利益？学生根据你给出的资料或者他们自己找到的其他重要资料提出自己的观点并进行辩护。

最后学生可以自行构建调查研究任务。为帮助学生构建任务，可参考以下指导原则：

- 推荐学生可能感兴趣的一般调查话题或主题，但鼓励他们自寻主题。
- 监控学生搜索资源的过程，并提供知识学习或有效时间管理等方面的指导。
- 在学生明确该主题的已知内容并描述困惑和矛盾之处时，检查学生对其是否有误解并提出合理的反馈意见。
- 监控学生生成解决方案的过程，并在必要时指导学生提出深思熟虑且具有创造性的解决方案。
- 在学生准备以书面或口头形式分享时，确保他们能够理解提出方案并为之辩护的目标。

如何运用以上指导原则呢？例如，你要帮助学生自行构建关于民主这一概念的定义型调查研究任务，你只需将这个概念作为一个存在困惑的话题呈现，然后让学生找到有待澄清的相关概念，如自由主义和保守主义。学生从中选择他们想调查的一个概念，而此时你的任务就是监控并提出适当反馈意见，以确保调查研究过程能够加深学生对相关社会研究概念的理解。

课堂范例

以下课堂范例可供教师思考如何在课堂教学中应用维度4的相关内容。

定义型调查研究

高中语言艺术课上，沃森夫人的学生抱怨课程大纲中列出的阅读书目太多。她给学生解释说这是为了让学生研究古典文学作品。一个学生质疑道：“到底什么是古典文学？”这时下课铃响了。下午，沃森夫人一直都在跟同事（其中一些是大学教授）讨论古典文学的特征。遗憾的是，他们最终也没有达成一致意见。

第二天，沃森夫人向学生坦言“古典文学似乎众说纷纭”。她咨询过很多人，有人认为古典文学一定是年代久远的，但到底多久远才算古典文学呢？有人认为古典文学一定是高质量的，但到底怎样才算高质量呢？于是，沃森夫人要求学生在接下来的一年设法探索这一明显的困惑之处，为古典文学创建一个定义。她承诺会把大家创建的定义提交给知名文学杂志，并恳请杂志社征求读者对这些定义的看法。她还承诺将根据学生创建的定义重新审视并在必要时修改课程大纲。学生接受了这项任务。

● ● ●

《微生物》单元教学一开始，亚伯拉罕女士就给学生布置了一项单元任务：

病毒属于生物吗？有人说“是”，有人说“不是”。有人说病毒是一种高度复杂的无机物质，有人说它是最简单的有机物质。请针对这一分歧提出解决方案。

历史型调查研究

8年级学生正在学习《美国探索与发明》单元，林奎斯特女士打算换一种教学方法。她想让学生熟知历史人物，也希望学生明白探索与发明是需要许多人共同参与的持续过程。她告诉学生：“很少有人能突然成功。”作为一个历史研究爱好者，林奎斯特女士拥有大量关于历史发现和发明的文件、文章和图书。她总是能够发现这些发明和发现中存在的分歧之处，甚至到底谁是发现者或发明者都存在争议。于是，她给学生设计了一项调查研究任务：每个学习小组从她给出的主题列表中选择一个（或自己确定主题），然后利用她提供的资源（或学生自己找到的其他资源）来进行历史型调查研究。她希望学生更多地关注存在分歧和误解的原因，而不仅仅是制定出完美的解决方案。她要求学生假定正在制作一部电影来解释存在分歧和误解的原因，并提供一个解决方案（如同奥利弗·斯通制作电影《刺杀肯尼迪》一样）。她提供的主题有：

- 是哥伦布发现了美洲大陆吗？

- 是瓦斯科·努涅斯·德·巴尔博亚（Vasco Núñez de Balboa）发现了太平洋吗?
- 是海军上将皮尔里（Peary）发现了北极吗?
- 是伊莱·惠特尼（Eli Whitney）发明了轧棉机吗?
- 是乔治·普尔曼（George Pullman）发明了卧铺车吗?
- 是亨利·福特发明了流水线吗?

与之前简单地撰写某发明者的报告相比，学生参与这项任务的热情和积极性高涨了许多。

● ● ●

在马蒂诺夫人的高级文学课上，学生讨论了这样一个观点：许多作家之所以能写出不朽的作品是由于他们拥有有趣甚至怪异的生活经历或个性。于是学生就想自己的生活如此平凡且平淡，肯定写不出来伟大作品。马蒂诺夫人解释说，关于这些作家的传说都是在作品出名之后被臆造出来的，只要稍作研究就会发现人们对于一些名人轶事的看法存在着争议。例如，亨利·大卫·梭罗到底是不是位隐士？埃德加·爱伦·坡是否精神失常？莎士比亚有没有剽窃行为？马蒂诺夫人给学生布置了一项学年任务：学生首先选择一位作家，找出人们对该作家的不同观点和误解之处，然后对其进行澄清。她相信学生会发现许多作家的人生阅历并没有多么独特，伟大作品的灵感也多源于日常琐碎生活。

预测型调查研究

在阿赫巴赫先生的高中经济学课上，学生学习了美国累进税制的运作方式，主要是税收、消费及援助项目是如何影响人们和企业的。学生在计算了某些假设个体和企业所承担的联邦、州、个人财产，以及“联邦社会保险捐款法（FICA）”中的缴税金额后，发现所征收的累进税大多来自高收入家庭和个体。全班学生对累进税制的利弊进行了讨论。为了激发学生的思考，阿赫巴赫先生为学生布置一项任务，要求学生调查现行税收制度并提出一种替代方案。

一些政客声称只需17%的统一税率就可以筹集到与现行税收制度同等的资金，同时可以给美国人适度减税。统一税率的反对者则宣称统一税率将造成严重的通货膨胀、房屋贬值、失业率上升等。学生需要首先确定关于统一税率的已知信息，并解释其中的困惑和矛盾之处（如在避免更高的政府财政赤字、刺激生产投资和经济增长的同时却导致失业率上升）。如果美国采用统一税制将会发生什么？写一篇论文，呈现你做出的预测，并通过逻辑推理和数学计算进行论证。

● ● ●

在高中高级地理课上，巴拉德先生想通过评估来更加全面地了解学生对于“消费、生产和人口增长模式影响国家未来”的理解程度。尽管他已经花了很长时间帮助学生学习“增长”和“变化”等概念，但他的评估只能了解学生是否记住事实和信息，无法检验学生在有意义的情境中运用知识的水平。于是，巴拉德先生设计了以下任务以更准确地了解更多学生的理解程度。

拉丁美洲正在经历人口的飞速增长。统计数据表明，其中一些国家的人口将会在未来20—30年内翻一番。这样的增长速度可能会对国家的就业、教育、住房、贫困和土地使用等问题产生严重的影响。

为了调查人口快速增长对未来可能产生的影响，拉丁美洲成立了特别调查委员会。作为该委员会的成员，你首先要选择一个拉丁美洲国家，分析目前已知它所面临的人口急剧增长的相关问题，分析人们对于这些问题与未来人口增长之间的关系的认识中存在哪些困惑。基于收集到的信息，预测当人口翻番时该国家可能受到什么影响。写一份报告，清楚地描述人口过剩对该国家产生的影响。在报告中，请充分利用你的调查证据做支撑。

系统分析

系统分析是分析系统各个部分及其交互方式的过程。简言之，系统分析就是描述系统各部分是如何协同发挥作用的。

系统分析是最有效的思维类型之一。系统分析，顾名思义，就是要分析系统各部分及其交互方式。这听起来简单，但事实并非如此，其中最难的环节就是识别系统本身，因为尽管系统无处不在，我们却常常视而不见。例如，一个学区可以被视为由学生、学校董事会、教师、管理者等构成的系统，一个家庭、一台机器、一口鱼缸、人体等也都可以被视为一个系统。总之，我们周围的世界可以被视为一个相互作用的多层复杂系统。

尽管系统的类型各不相同，但它们似乎具备某些相似的特征，例如，所有系统都由各个部分组成，其中的部分常由单个单元或单元组合构成。被视为系统的学校由各个部分组成。其中有些部分由群体组成，比如教师群体、家长群体和学生群体；有些部分是由个体组成，比如学校秘书、校长。系统各部分之间相互传递或接收信息。比如，校长给学校秘书提供信息，然后又接收到秘书的反馈信息；家长从学校秘书、学生和教师那里得到信息；学生接收到教师的信息，并向教师反馈信息等。如果一个部分出现问题，整个系统都将受到影响。例如，如果教师不向校长提供信息，那么学校系统中的其他人都会受到影响。总之，尽管我们周围的世界有许多不同类型的系统，但所有系统都具备相似的特征和运行方式。

正是因为世界由许多以复杂方式相互作用的系统组成，所以系统分析就成为当今最复杂、最重要的思维和推理方式之一。我们可以运用系统分析研究计划度假的家庭成员之间的关系，也可用于研究涉及石油纠纷问题的几个国家之间的相互关系。

1. 帮助学生理解系统分析

帮助学生理解系统分析的第一步是要让他们理解系统的概念。从根本上来说，系统是各个相互作用的部分构成的有机整体。具体而言，学生应该理解以下基本内容：

- 一个系统包括若干相互作用的部分。
- 系统中任何一个部分都会影响其他各个部分。
- 世界是由许多相互作用的系统组成的。

教师可通过模拟的方式来介绍前两点。幸运的是，现在许多计算机程序能够进行有效模拟。例如，由高绩效系统公司设计的Stella II就是一款功能强大的计算机模拟程序，该程序能够可视化展示任何类型的系统。如果无法利用计算机程序，教师也可以利用教室或学校里的系统。例如，在教室里可以利用室内温度的控制方式来讲解系统。该系统的组成部分包括：

- 空气温度
- 暖气炉
- 空调
- 恒温器

教师应指出这个系统的每个组成部分，并演示一个部分的改变是如何影响其他部分的。例如，在冷天打开窗户，室内空气温度降低，这时恒温器就会给暖气炉发出打开暖气的信号，随后暖气炉就会升温至恒温器设定的温度。

另外一种帮助学生理解系统这一概念的方法是设计模拟活动并让学生参与其中。例如，设计一条简单的流水线系统。将学生分成几个小组，完成组装某个特定物体（如姜饼屋）的任务。每组负责组装物品的某个部分（如屋顶），并将组装好的部分传递给下一组。在学生组装的过程中，教师可以改变其中一组的任务，比如让学生在组装物件时增加其他东西（如让学生在房子前面加装门廊）或者让学生使用其他材料，这样一来，其他小组的组装任务也将发生改变。需要注意的是，只有当各小组作为一个整体有效运行之后，才能让其中一个小组发生任务变化，因为这才会让人感觉到任务变化对整个系统的明显影响。模拟结束后，让学生描述和讨论所观察到的内容。一旦学生对系统的本质有了大致的了解，你就可以指导他们识别日常生活中的系统。学生能识别的系统越多，越能强烈地感受到我们周围的世界就是由许多相互作用的系统组成。学生可能识别的系统有：

- 他们的家庭
- 体育社团
- 生态系统

2. 给学生提供系统分析模型并创造机会让他们练习系统分析

（1）给学生提供系统分析模型

一旦学生对系统的本质和功能有了基本了解，你就可以指导他们构建系统分析模型。帮助学生构建系统分析模型的第一步是将系统分析看成是一个识别系统并对其进行描述的过程。最好向学生说明系统分析是相当复杂且具有挑战性的。系统分析的具体步骤可参阅下列文献：

- 《系统一：系统思维导论》（*Systems One: An Introduction to Systems Thinking*）。
- 《Stella II：系统思维导论》（*Stella II: An Introduction to Systems Thinking*）。

下面我们介绍一种非常简单的模型（当然，读者可以从以上文献中找到更复杂的系统分析模型），具体步骤如下：

① 确定该系统的组成部分。

② 描述系统的范围。

③ 描述各组成部分之间如何相互影响。

④ 识别系统的各个部分，并解释如果系统某部分发生变化或停止运作，会发生什么。

对于低年级学生，可采用更简洁的语言表述系统分析：

① 该系统的组成部分有哪些？

② 哪些事物与系统相关但非系统组成部分？

③ 各个组成部分之间如何相互影响？

④ 如果各个部分停止或改变其行为，分别会发生什么？

（2）创造机会让学生练习系统分析

你可以直接呈现步骤，也可以引导学生自己发现这些步骤。无论哪种方法，你都应口头示范全过程。例如，你以学校为例解释系统的组成部分。在解释的过程中，你应描述自己的思维过程，清楚地说明你是如何得出结论的。运用“出声思维”策略

> 我知道现在企业界很流行谈论“系统思维”。这种思维过程使我更真切地意识到，虽然我不能教“系统思维”，但我可以教系统分析的过程。
>
> ——一位来自密歇根州的教师

演示系统分析的每个步骤，具体如下：

想一想，我们熟悉的系统有哪些？我知道，我们的学校就是一个系统。那么这个系统的组成部分有哪些呢？（让学生帮助完成这一步和其他步骤。）有家长、校长、教师、学生，还有其他行政人员（如保安和办公室人员等）。

学校系统的范围是什么呢？这一步有点难。也许是校内（attendance area），但是学生和家长居住在校外，所以学校系统的范围有可能是整个学区。

这些部分之间是如何相互影响的呢？（此时给学生一个表达的机会。）如果校长宣布提前放学，系统的每个部分都会受到影响，不是吗？学生们需要提早回家；家长也需要为孩子提前回家做好安排或准备；行政人员也将提前下班回家。家长也会影响校长、教师和学生，如果满意学校的安排，他们会提供支持；如果不满意，他们则会找学校董事会或报社来干预。

如果系统中的某一部分停止或改变某一行为，那么整个系统会发生什么呢？（同样，可以询问学生的观点。）我们设想一下，假设校长参加了一个合作学习专题讨论会，他对合作学习很感兴趣并开始培训教师在课堂上运用该方法。越来越多的课堂都开始运用合作学习方法，这说明校长的决定影响了教师、学生和家长。如果教辅人员不上班，那会影响学校系统的每个组成部分，因为他们的工作与每个人都息息相关。

一旦学生熟悉了系统及系统分析的步骤，教师就应让学生先识别系统，然后再分组或单独分析系统。刚开始的时候可以分析那些比较熟悉的、简单的系统，之后再慢慢接触与学科内容相关的复杂系统。

3. 帮助学生在学习和运用系统分析时聚焦重难点

学生在运用系统分析的过程中会逐渐加深对它的理解，提高运用能力。在指导学生学习系统分析时，应谨记以下关键内容。

要点

1）系统分析是一种非常复杂的思维方式，每个步骤都具有一定的挑战性。很难确定系统的各个组成部分，因为每个部分都包含多种要素。明确系统的范围也比较困难，因为难以准确判断系统的各个组成部分。然而，通常来说，系统分析中最关键的步骤是第三步，即确定哪些组成部分相互影响以及如何相互影响。这也是系统分析的核心部分。

很难确定哪些部分相互影响以及如何相互影响，这是因为一个部分可能以多种不同的方式影响另一个部分。系统中的一个部分可能会为另一部分提供资源，例如，汽车装配流水线上的一个小组为另一个小组提供他们所需的配件；系统中的一个部分可能为另一部分提供能量，例如，骑自行车（代表一个系统）的女孩用力蹬脚踏板；系统中的一个部分还有可能为另一部分提供信息，例如，学校校长告知学校其他人员教学进度安排。

2）第三步的另一个关键方面是判断关系的准确性质。一个部分为另一部分提供的资源、能量或信息是越多越好吗？例如，校长向教师、秘书等人提供的信息是否越多就越好？女孩蹬脚踏板的力气是否越大越好？从专业角度来说，第三步需要判定各系统组成部分之间的函数关系。函数关系多变。随着供给部分所提供资源、信息或能量的不断增加，接收部分的生产效率会不断提高，然而，当资源、信息或能量增加到一定程度时，接收部分的生产效率会达到某个最高点，随后，接收部分的生产效率就会逐渐降低甚至出现故障。有些教师认为在系统分析第三步可利用图表来研究函数关系的性质。同样，我们也可以利用诸如Stella II 之类的计算机模拟程序。

4. 给学生提供图形组织者或表征以帮助他们理解和运用系统分析

图形组织者和表征有助于学生理解系统的概念以及系统分析的过程。我们通常采用箭头流程图来描述系统各组成部分之间信息或资源的流向。显然，系统的组成部分越多，信息或资源的流向越复杂，图示表征也就越错综复杂。图4.6呈现了系统的两个常用图形组织者。

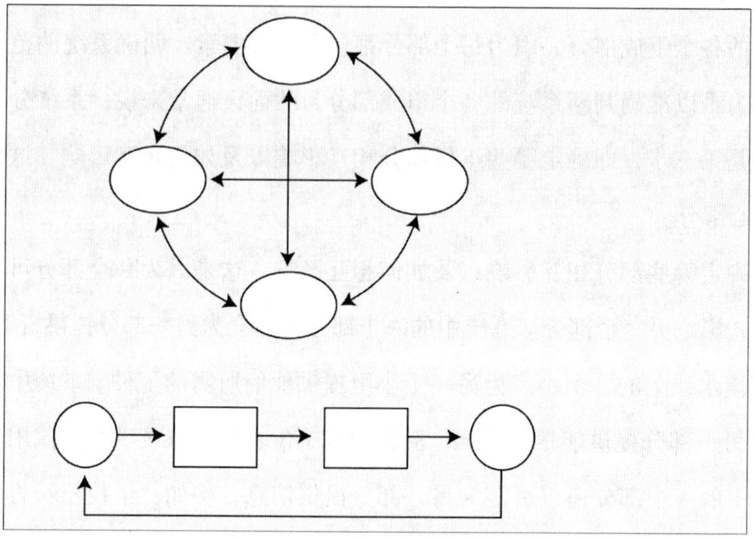

图4.6 系统的图形组织者

系统的图形组织者侧重于呈现系统的各个组成部分及其交互方式。系统分析过程则侧重于确保不遗漏任何一个步骤。按照步骤进行系统分析，学生自然会关注系统的各个组成部分及其交互方式。

5. 综合运用教师构建和学生构建的任务

当学生刚开始运用系统分析，或有一个具体的学业目标时，你可以给学生提供高度结构化的任务。先给学生提供系统的组成部分及其相互作用的相关信息，然后让学生判断如果某部分停止或改变行为，整个系统会发生什么变化。分析完成之后，要求学生总结所学内容。例如，在学习《人体》单元时，学生将探究组成人体系统的各个子系统。教师可能会让学生解释如果循环系统无法正常工作，那将会对神经系统、生殖系统、骨骼系统等产生什么影响。教师为学生构建结构化的系统分析任务，是为了确保他们能有意义地运用人体系统的相关知识。

当学生能熟练运用系统分析时，就可以让学生自行构建任务。你可以首先让学生识别循环系统的各个组成部分，然后独自或分组确定各部分之间的相互作用，以及如果其中一个部分（如心脏）停止运行或改变运行方式，系统将会发生什么变化。尽管此时学生已经可以独立完成系统分析任务，你仍然需要对其进行监控，以确保学生严格遵循系统分析步骤，进而促进他们对重要知识的学习。

课堂范例

以下课堂范例可供教师思考如何在课堂教学中应用维度4的相关内容。

在哈什先生的语言艺术课上，2年级学生正在学习阅读文学作品的基本技巧和策略，主要涉及故事中的背景、情节和人物之间的相互作用。此外，哈什先生还帮助学生理解什么是系统以及系统各组成部分之间的交互作用。他突然想到，文学作品的各要素也是一个系统。于是，他设计出以下任务以强调各要素的系统性。

情节、背景和人物共同构成了一个系统。

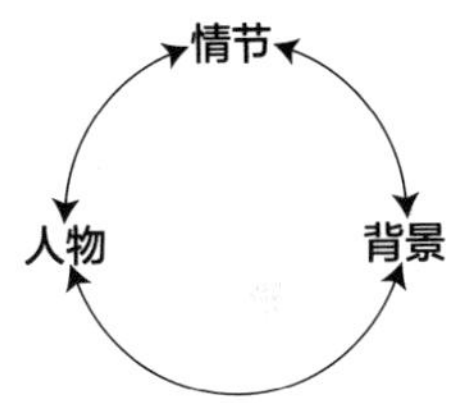

同时，每个要素又是一个系统。我们看看故事中的所有人物是如何构成一个系统的。例如，《灰姑娘》中的人物之间的情感可以用图4.7表示。

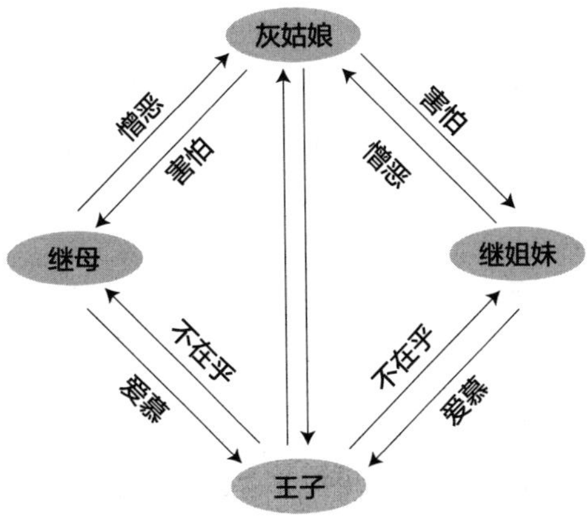

图4.7　如何用图形展示一个系统

如果改变人物之间的情感会发生什么呢？我们试着改变其中一两种情感（如继母喜欢灰姑娘，或者灰姑娘不喜欢王子），其他关系将会发生什么改变？我们再一起看看这个由情节、背景和人物构成的系统。如果人物之间的情感发生改变，情节和背景将会受到什么影响？现在，找到你的搭档，选择另一个故事，改变故事系统中的人物关系，然后说一说情节和背景可能受到的影响。

● ● ●

为帮助5年级学生有意义地运用生态系统知识，安扎尔杜亚夫人给他们布置了一项科学任务。学生已经学习了物种之间、物种与环境之间的相互依赖关系，以及资源、气候和生物体的变化对整个生态系统的影响。这项任务要求学生运用生态系统知识分析某一具体生态系统的组成部分以及各部分之间的交互方式。完成这项任务需要两步，第一步需要学生独立完成：

一个生态系统中很明显的组成部分有橡树、松鼠、棕熊及其幼崽、田鼠、猫头鹰、小狼、黑蛇、杜鹃花丛和大片野生山莓。识别出该生态系统其他可能的组成部分，并解释它们与明显组成部分之间的相互关系。

之后，安扎尔杜亚夫人将全班进行分组，合作完成任务的第二步：

如果生态系统中的某些部分的行为发生改变（如棕熊不再食肉、一个月不降雨、黑蛇只吃山莓而不吃田鼠），将会发生什么？

● ● ●

斯威泽女士的10年级公民学学生正在研究美国司法体系内有关个人权利保障的内容。为了给学生提供一个运用陪审制知识的机会，她布置了一项任务，要求学生分析审判系统。

在着手进行系统分析时，学生发现很难确定审判系统的组成部分，因为它涉及太多不同的要素。于是，他们决定将分析范围局限在系统中人与人（如法官、陪审团、辩护团和公诉人）之间的交互关系，确定哪些部分相互影响以及它们相互影响的方式能够增强自己对关系的理解。例如，在明确辩护律师和被告之间的职能关系时，学生发现委托人常向律师提供大量无效信息。此外，学生还研究了不同人员职能或角色的变化对整个系统的影响（如在刑事审判中，只要12位陪审员中有9个人同意就判定被告有罪，或者对被告进行有罪推定而非无罪推定）。

维度4的单元设计

维度4的设计要求提出并回答以下基本问题：

如何帮助学生有意义地运用知识？

解决这个问题可遵循以下具体步骤。每一步都会提出一个基本问题或提供具体信息。设计指南（见表4.1）上留有空白处用以记录对设计问题的回答和对本单元任务的描述。本维度设计指南中的案例“有关美国科罗拉多州的社会探究型学习单元教学设计”就是依据以上单元问题而设计的。（选择该主题作为案例，是因为它可迁移性强，能够适用于其他州或地区单元的教学。第六章提供了《科罗拉多州》这个单元所有维度的设计指南。）

尽管以下步骤是以循序渐进的顺序呈现的，但事实上，并不一定从步骤1开始设计维度4的任务（见下文），而是从任务的背景或目的开始，或从运用某思维技能开始。不过，本节介绍的步骤顺序在许多情况下都适用。前两个步骤强调完成任务时应聚焦所运用的知识和思维。

步骤1

学生将**有意义地运用**哪些**知识**？具体而言，学生将能够理解和运用……

学生运用的可能是陈述性知识，也可能是程序性知识。如果学生要运用陈述性知识，那么他们需首先辨别任务所需的重要概括、原理和概念，然后再描述所需具体信息的类型。而要运用程序性知识，则应首先辨别任务所需技能或流程。单元设计的重点是构建能激发学生有意义地运用知识的任务。由于完成任务通常需要花费大量时间，因此，教师应深思熟虑，确保学生所运用的知识是值得花费时间和精力

的重点知识。

步骤2

学生将运用哪些思维技能?

❑ **做出决策**

(从相似方案中做出选择或检验别人的决策)

❑ **问题解决**

(克服障碍和限制条件以实现目标)

❑ **发明创造**

(创造出满足需求或改善情形的事物)

❑ **实验探究**

(解释现象并验证解释)

❑ **调查研究**

(解决与事物定义、历史事件、过去或未来假设事件有关的困惑或矛盾之处)

❑ **系统分析**

(对系统的组成部分及其交互作用进行分析)

❑ **其他**______

如果学生要运用陈述性知识，教师应确定一种思维技能来提供任务情境和目的并确保学生能深思熟虑地运用该知识。请注意，确定学生运用哪种思维是构建任务的第二步，旨在强调在设计学习任务之前应先明确学生完成任务所需的思维技能。

如果学生要运用程序性知识，思维技能就嵌入在技能或流程中，例如，用数学方程式来计算数据。当设计只需运用程序性知识的任务时，教师不必再推荐其他类型的思维技能，学生就已经在深思熟虑地运用知识。然而，维度4中的所有思维都可以用于丰富任务本身或为运用技能与过程提供有意义的情境或目的。

以下问题可以帮助我们在完成任务时选择相应的思维技能。

做出决策

- 本单元是否存在未做出的重要决策？
- 是否尚未解决“最好/最坏的是……”之类的问题？
- 是否尚未解决“最多/最少的是……”之类的问题？

问题解决

- 是否存在包含一些主要障碍或限制条件的情境或过程？
- 如果施加了某些障碍或限制条件，是否能更好地理解某情境或过程？

发明创造

- 是否存在可以而且应该被改进的情境？
- 是否需要创造新事物？

实验探究

- 是否存在某些原因不详的现象（物理现象或心理现象），学生可以对其解释并进行实验验证？

调查研究

- 关于某个事物的定义是否未达成共识？（定义型）
- 关于某个事件发生的过程是否有异议？（历史型）
- 关于某个事件发生的原因是否有异议？（历史型）
- 是否存在“如果当时发生……，那会怎样？”或者“如果未来发生……，那会怎样”之类的问题？（预测型）

系统分析

- 是否需要分析系统的各个组成部分及其交互作用？
- 是否需要检测某部分在系统内部的运行方式？

步骤3

描述具体实施内容。

教师在构建任务时，需要考虑以下问题：

- 构建的任务对学生的具体要求是什么？确保学生运用指定知识来完成任务。
- 如何使任务对学生有意义？
    - 任务是否有真实情境或目的？
    - 任务是否具有吸引力和趣味性？
    - 任务是否允许学生进行创造性表达？
    - 任务是否允许学生做出选择？
- 学生是独立学习还是合作学习？
- 学生需提交什么样的作品？
- 如何告知学生评价标准？

表4.1　维度4设计指南

单元主题：科罗拉多州

步骤1	步骤2	步骤3
学生将**有意义地运用**哪些**知识**？具体而言，学生将能够理解和运用……	学生将运用哪些思维技能？	描述具体实施内容。
地形、自然资源、气候和文化的概念。 地形、自然资源和气候影响居住模式。	❑ **做出决策** （从相似方案中做出选择或检验别人的决策） ❑ **问题解决** （克服障碍和限制条件以实现目标） ❑ **发明创造** （创造出满足需求或改善情形的事物） ☑ **实验探究** （解释现象并验证解释） ❑ **调查研究** （解决与事物定义、历史事件、过去或未来假设事件有关的困惑或矛盾之处 ❑ **系统分析** （对系统的组成部分及其交互作用进行分析） ❑ **其他**________	我们已经在课上讨论过科罗拉多州的人口增长速度很快。事实上，与其他州相比，居住在科罗拉多州的人中有相当一部分是从别处移居过来的。“科罗拉多本地人”并不多。那为什么这么多人都移居到科罗拉多州？为什么人口增长速度如此之快？ 其中一种解释是科罗拉多州的地形、自然资源、气候和文化吸引了人们。我们来验证一下这种解释的正确性。如果这种解释正确，那我们就能够将人们移居科罗拉多州的现象归因于该州的地形、自然资源、气候和文化特征。 设计一项活动（如调查或访谈）以确定人们移居科罗拉多州在多大程度上与它的地形、自然资源、气候和文化相关。你需要实施该活动、分析结果并向全班同学汇报你的结论。可能会要求小组内任一成员来解释你们对每个因素（地形、自然资源、气候和文化）的影响程度的结论。

第五章

维度5

Dimension 5

5

思维习惯

引 言

学习的第五个维度“思维习惯”（Habits of Mind）中提出的高效思维习惯与态度和认知共同构成学习过程的背景。学生养成高效思维习惯有两方面的好处：第一，高效思维习惯可以促进学生对学科知识内容的学习，如果学生在完成学业任务时始终表现出高效思维习惯（如追求清晰和追求精准），那么他们就能极大地提高学习效率；第二，高效思维习惯有益于学生未来的发展，因为这些习惯可以提高他们在任何情境中的学习能力。尽管我们无法准确预测学生在未来需要哪些知识，但可以肯定的是他们应保持终身学习。高效思维习惯能确保学生成功应对人生所有境遇。

> 马克·吐温曾说过：“最亟需改变的习惯总是别人的习惯。”当我急于给学生介绍思维习惯的时候，我想起了这句话。于是我决定放慢脚步，先花一些时间确定自己是否运用了这些思维习惯，再试着教给学生。
>
> ——一位来自得克萨斯州的中学教师

维度5中提出的思维特性之所以称为思维习惯，是因为与学习习惯或倾听习惯一样，学生在学习过程中应该不断地养成并运用思维习惯。尽管习惯一词表示自动的行为，甚至几乎是无意识的行为，但教师应向学生强调，他们应有意识地运用高效思维习惯，也就是说，学生应该知道何时以及为何运用特定的习惯。

学习的维度模型将思维习惯分为三大类：批判性思维（critical thinking）、创造性思维（creative thinking）和调节性思维（self-regulated thinking）。

具备了**批判性思维**，你就可以做到

- 追求精准（保持并追求精准）
- 追求清晰（保持并追求清晰）
- 开放心态（保持开放的心态）
- 抑制冲动（决策前充分思考）
- 立场鲜明（需要时采取立场）
- 移情理解（合理地回应他人）

具备了**创造性思维**，你就可以做到

- 坚持不懈（坚持完成任务的能力）
- 突破自我（突破知识和能力的局限）
- 坚持己见（设定并坚持自身评价标准）
- 打破常规（用新视角审视超出常规的情况）

具备了**调节性思维**，你就可以做到

- 自我监控（对思维进行自我监控）
- 合理计划（系统地制订合理计划）
- 调用资源（识别并调用必要资源）
- 回应反馈（对反馈做出适当回应）
- 评估效能（评估学习行为有效性）

许多教育工作者都在教学中融入了以上思维习惯，但这些思维习惯并不全面，也并不适用于所有人。如有必要，运用学习的维度模型时可根据需要做出适当调整。一些学区、学校和班级对以上思维习惯清单进行了增减或修改，还有些地区则完全换成了自己的思维习惯清单。你可以鼓励学生建立有利于自己学习的个性化思维习惯清单。

学生应认识到，维度5中提出的思维习惯是学习的维度模型背景中的重要内容，因为思维习惯影响着其他维度的思维过程。例如，当学生想要建立积极的学习态度与感知（维度1）时，他们可能会考虑“调用资源”使教室安全、有序；当学生想要获取与整合知识（维度2）时，他们应“追求精准”；当学生想要通过归纳来拓展与精炼知识（维度3）时，他们可能需要“抑制冲动”；当学生想要通过有意义地运用知识（维度4）来完成任务时，他们可能需要借助合适的思维习惯，例如，在问题解决过程中尝试“突破自我”。总之，维度5中的思维习惯是学生成功运用其他维度中思维技能的基础。

在这里有必要解释一下我们对批判性思维和创造性思维的理解。熟悉批判性思维研究和理论的人都知道，诸如“分析错误”和“做出决策”之类的技能和流程通常属于批判性思维，而“抽象”和“发明创造”等则通常属于创造性思维。但是，为什么这些思维技能并没有包含在维度5中呢？因为思维习惯要求运用多种技能和思维过程，而我们在其他维度中已将它们进行了分类。例如，我们认为“分析错误”和“抽象”是拓展与精炼知识（维度3）的方法；“做出决策”和“发明创造”是有意义地运用知识（维度4）的方法。想要成为一个优秀的批判性思维者或创造性思维者，只了解如何做是不够的，还必须行动起来。因此，维度5中还将涉及成为一名批判性思维者、创造性思维者和调节性思维者的决心。对高标准、高质量思维品质的追求是维度5与其他维度最大的区别。

有很多方法可以帮助学生在课堂上养成并运用高效思维习惯，其中包括直接讲授法、示范法和强化法等。然而，为确保方法的有效性，师生都需要对要培养的思维习惯有一定的了解。因此，本章将提供课堂策略和运用范例，供教师培养学生养成各种高效思维习惯（维度5中包含的思维习惯或学生自行制定的思维习惯）时做参考。此外，本章还将提供每种思维习惯的定义、解释和示例，以帮助教师设计教学活动、培养学生的思维习惯。

帮助学生养成高效思维习惯

教师和家长对良好思维习惯的示范和强化能对学生产生积极影响，促使他们形成高效思维习惯。当然，学生需要的不仅仅是示范和强化，他们需要对思维习惯进行定义、解释、讨论并体验运用思维习惯的益处。接下来将为有意培养学生高效思维习惯的教师提供相关教学策略和活动。

1. 帮助学生理解思维习惯

以下活动设计旨在帮助学生理解思维习惯、理解思维习惯如何影响学习。

积极讨论每种思维习惯。无论是学习的维度模型中的思维习惯还是自行制定的思维习惯，你都应给学生充足的时间对其进行分类、定义和讨论，以便他们能将所学思维习惯与具体行为联系起来。然后让学生讨论具备某种思维习惯有什么好处，缺乏该思维习惯又会产生什么后果。例如，你可以让学生头脑风暴“坚持己见（坚持自身评价标准）”的意义。当学生开始理解每一种思维习惯时，他们应能够识别相应的具体行为。你可以为学生提供一些示例，例如，那些自行设定标准的学生不会一直问老师：“这样可以吗？这样做算是完成了吗？”

引用文学作品和时事中运用思维习惯的人物示例。无论在文学作品还是时事新闻中，只要其中存在运用思维习惯的正例或缺乏思维习惯的反例，都可以让学生进行学习。例如，你可以以《罗密欧与朱丽叶》或《彼得兔》为例来说明如果不具备“抑制冲动”的思维习惯会遭受到严重后果。除此之外，教师还应创造一种积极的课堂氛围，让学生主动寻找并分享他们在电视、电影、图书或个人经历中遇到的相关示例。

> 我母亲对我说，“如果你是个士兵，你要成为将军；如果你是个修士，你要成为教皇”。不料我当了画家，于是我就成了毕加索。
>
> ——巴勃罗·毕加索

分享与某种思维习惯相关的个人轶事。必要时分享个人经历，讲述自己何时及为何受益于某种思维习惯，或者何时及为何因缺乏某种思维习惯而遭遇了困难。例如，“通过合理计划，我在两年之内获得了高级学位，由此节省了时间和金钱”。相反，“由于没能有效做计划，我花了两倍的时间和金钱才获得学位”。

注意并指出学生运用思维习惯的行为。当你发现学生正在运用某一思维习惯时，趁此机会给学生介绍这种思维习惯并肯定其行为。一定让学生准确理解他们做了什么以及为什么这种行为体现出了这种思维习惯。例如，学生正在积极参与一项任务，这时教师应表扬其行为，并请她说一说她是如何约束自己、做到如此努力的。

让学生描述自己钦佩的英雄或良师是如何运用思维习惯的。定期让学生回顾某个虚构或现实中的英雄、良师或其他尊敬的人的事迹，并描述这些人是如何运用思维习惯的。提醒学生，这个人可以是名人，也可以是邻居或者父母。

让学生设计可用以解释高效思维习惯的海报。学生熟悉了每种思维习惯之后，让他们设计海报或绘画，说明人们如何在具体情境中运用这些思维习惯。

2. 帮助学生识别并发展与高效思维习惯有关的策略

在对高效思维习惯有了一定的理解和认知后，学生就会意识到必须通过一定的策略来学习、保持和成功运用这些思维习惯。例如，追求清晰的人可能会严谨地编辑书面用语以确保清晰明了地传递信息，他也会在口头交流中运用“改述”或“提问”等技巧以确保自己能够正确理解别人的话。有许多方法都可以帮助学生识别并运用适合自己的策略。

运用“出声思维”演示具体策略。边演示边向学生解释策略的每一步。例如，你出声讲解自己在准备写一篇研究报告时所遵循的步骤，借此分享“合理计划”这一思维习惯的运用策略。你可能会说：“在开始之前，我首先需要澄清目标。我应该确定需要完成的工作内容及最后期限。我还应在笔记本的最前页放置一张进度表，记录我完成进度的情况。”

让学生分享各自的策略。当你发现学生正在或已经运用某种思维习惯时，让他们分享自己运用的策略。例如，如果学生在完成任务过程中体现出“调用资源”这一思维习惯，那就邀请学生说一说自己识别、寻找资源的相关策略。

鼓励学生查找文学作品或时事中运用策略的示例。要求学生在阅读文学作品、报纸、杂志或查看其他媒体信息的过程中，寻找与思维习惯相关的策略示例，将其记录在自己的学习日志中，并找机会与全班分享。例如，学生可能在读到莱特兄弟的相关文章时总结道：“这些发明家表现出了创造性思维，因为即使在飞机飞行失败的情况下，他们也能继续热情地投入到发明创造当中。”

让学生采访他人（如父母、朋友或邻居）以了解其运用的策略。帮助学生培养某种思维习惯时，让学生采访那些运用该思维习惯的人，了解他们所运用的策略。例如，在学习“立场鲜明”这一思维习惯时，学生可以采访那些坚守自己信仰的人。学生应在采访之前就列出采访问题，比如“你是如何决定何时表明自身立场的？如果你发现自己很快就要放弃某个立场，你会怎么做？”。

要求学生每个季度或每个学期只专注于培养一种思维习惯。成功培养高效思维习惯不可一蹴而就。要求学生一次只专注于培养一种思维习惯，这可帮助他们有效利用时间。你可以给学生提供策略，也可以让学生开发自己的策略。在培养学生思维习惯的过程中，你还需要提出一些建议。例如，由于朋友指责自己不会倾听，某个学生想培养自己的开放心态。此时你可以与学生分享爱德华·德·波诺（Edward DeBono）的PMI思考法（Plus-Minus-Interesting），并定期查看该策略是否有效。PMI思考法旨在帮助学生暂停对某个观点的判断，直到他们能够列出该观点的优点或积极因素（P）、缺点或消极因素（M）、兴趣点或建设性因素（I）或可能的结果。

3. 在学校里和课堂上创建培养和运用思维习惯的文化氛围

文化体现在语言、行为和习俗中，能反映人们认为重要或有价值的东西。若想通过学校和课堂文化氛围（即他们看到、听到或亲身经历的）让学生感受到培养思维习惯的重要价值，可运用以下策略。

示范思维习惯。学生通过观察来了解教师的思维习惯。因此，要想帮助学生养成高效思维习惯，我们就应在完成任务的过程中或与学生互动时有意识地、公开地运用这些思维习惯。例如，我们想让学生养成“回应反馈”的习惯，我们就必须亲自示范如何回应学生的反馈。

将思维习惯融入日常课堂教学活动中。帮助学生养成高效思维习惯无须对课堂做出太大改变，你完全可以结合原有日常教学活动来培养学生的各种思维习惯（批判性思维、创造性思维、调节性思维），具体可参考以下建议。

（1）批判性思维

辩论是一种常见的课堂活动，也是培养学生批判性思维的好载体。在辩论中，学生要呈现信息、辩护自己的观点、抨击对方的观点等等，这就需要运用“追求精准”“追求清晰”或“移情理解”等批判性思维。教师可以定期让学生分组（3—4人一组）讨论与教学内容相关的问题，然后再以“鱼缸”形式进行辩论，即两组学生在教室中央进行辩论，其他学生做观察员并重点关注辩手是否运用了批判性思维。辩论结束时，要求观察员向辩论双方提出反馈意见，尤其要指出哪位辩手在哪里运用了哪些批判性思维。

> 一位小学教师让学生就禁止出售毛皮的问题进行辩论。他将全过程录制下来，让学生看辩论回放，要求学生就辩论中批判性思维的运用情况发表自己的看法。

（2）创造性思维

解决良构问题是培养创造性思维习惯的最佳方法，因为几乎所有类型的良构问题都需要在一定程度上运用创造性思维。良构问题有相对清晰的目标，常出现在课本、游戏杂志和益智类图书中。（对良构问题的讨论详见第四章。）你可以在上课伊始或结束或课间休息时向学生提出良构问题。要求在解决问题时集中运用一个或多个创造性思维习惯。例如，要求学生解决发明创造类问题，你可以要求他们运用创造性思维中“打破常规”的思维习惯。

（3）调节性思维

让学生明确并追求长期目标有助于学生强化调节性思维，也有助于学生理解调节性思维作为目标实现工具的价值。例如，如果学生将加入某运动队设定为自己的目标，那你可以鼓励她运用“合理计划”（制定锻炼时间表）或“回应反馈”（明确入队所须达到的技能水平，设计一种衡量该技能进步的方法）。

> 一位小学校长在学校的走廊上摆满了“交互式公告板”，上面张贴了很多良构问题。学生在解答这些问题的过程中，培养或强化自己的思维习惯。

> 一位高中校长每年都会与学生单独会面，帮助他们制定并实现目标。他对每个学生说：“只要是合乎法律和道德的目标，我都会助你一臂之力。”

在目标制定阶段，你可以首先让学生确定自己感兴趣且在本学年、本学期或本季度能实现的目标，然后让学生写下他们的目标，并确定子目标或目标里程碑。学生应至少每两周向教师、辅导员或同伴汇报一次他们的进展。到了约定时间（如学期末），要求学生汇报各自的目标、进展及在调节性思维习惯方面的收获。

制作并展出海报、图标及其他视觉表征作品以表明高效思维习惯的重要性。展出思维习惯海报不但可以提醒学生运用各种思维习惯，还能帮助学生识别在不同学习情境中所需的思维习惯。右侧是一份展现“抑制冲动”思维习惯的海报。

教师应适时提醒学生关注特定思维习惯或要求学生运用一种较难任务所需的思维习惯。有时学生只是需要被提醒。例如，考试之前，你可以鼓励学生注意一下自己的思维方式，建议他们用积极的心理暗示代替消极的心理暗示；布置长期任务时，你可以要求学生从调节性思维中选择一种有利的思维习惯。

4. 对运用思维习惯的学生给予正强化

除了指出并肯定学生对思维习惯的运用之外，教师还应酌情给予表扬、反馈和奖励。你可以采用各种强化方式，如口头表扬、在进度报告或成绩单上写评语或等级、给家长写表扬信或打表扬电话。当然，这样做的最终目的是让学生体验到养成高效思维习惯所带来的成就感。然而，在学生真正体验到这种成就感之前，来自教师和同伴的即时、积极的强化有助于激励他们培养自己的高效思维习惯。通过正强化，学生能够意识到高效思维习惯的重要性。给学生提供正强化，你可参考以下建议。

指定“过程观察者”，让他观察其他运用了思维习惯的学生。分配角色对观察者和被观察者双方都有利。运用“过程观察者”角色的方式有很多，例如，你可以不时在小组或合作学习活动中分配观察者角色，也可以每周或每月让不同的学生在常规课堂活动中轮流承担观察者角色。

要求学生自我评估其思维习惯的运用情况。从长远来看，如果学生能够独立运用高效思维习惯，那将会受益匪浅。为督促学生独立运用思维习惯，你可以定期要求学生进行自我评估。让学生在日记或学习日志中反思自己运用思维习惯的情况。反思形式可以是结构化的（如“你多久评估一次自己行动的有效性？”“你如何基于你的水平采取行动？”），也可以是非结构化的（如“评估过去一周你运用任一思维习惯的有效性”）。

通过成绩单或进步报告给学生提供反馈。有些学校会向学生和家长提供关于学生养成和运用思维习惯的正式反馈。图5.1节选自一份进步报告。

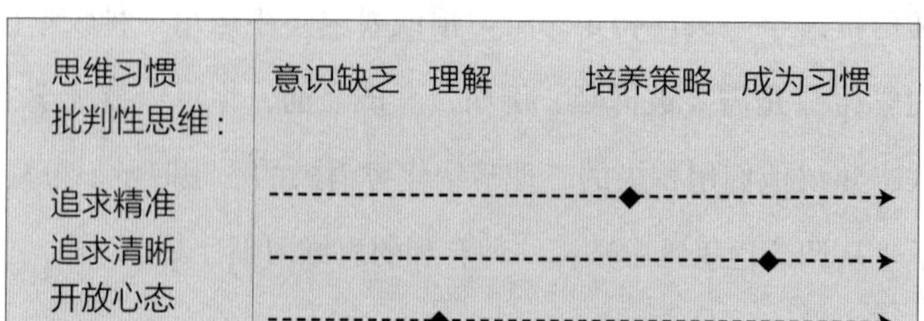

图5.1　进步报告（节选）：思维习惯

课堂范例

以下关于批判性思维、创造性思维和调节性思维的课堂范例可供教师思考如何在课堂教学中应用维度5的相关内容。

批判性思维

在每月的教师例会上，5年级教师讨论了培养学生“抑制冲动”思维习惯的益处。起初他们认为向低年级学生介绍这一思维习惯难度很大。但是，他们很快就意识到与学生共读的很多故事都可以用以帮助学生理解“抑制冲动”这一思维习惯。于是，他们决定利用《彼得兔》《金发姑娘与三只熊》等故事来向学生说明不抑制冲动的行为将会产生严重的后果。

● ● ●

西班牙语教师福德塞先生刚开始了解思维习惯时就觉得它们非常重要，但是他觉得课堂上没有足够的时间去教这些习惯。后来，在备课时他意识到批判性思维有助于来自不同文化背景的人去理解彼此的文化。于是，他布置了一项任务，要求学生选择一种批判性思维习惯，解释该思维习惯如何促进不同文化背景的人之间互动，并制定出运用该思维习惯的策略。学生完成任务之后，他要求学生用西班牙语向全班分享自己的解释和策略。

● ● ●

约翰逊先生计划设计一个单元，让学生就美国总统选举的相关问题进行辩论。除了让学生掌握有关选举的知识之外，他还设定了另一个教学目标。通过以往的观察，他发现班里的学生在讨论选举时固执己见、思想封闭，而且在表达自己的观点时缺乏准确性和清晰度。他认为有必要向学生介绍并强调批判性思维习惯。

尽管他对这个单元充满期待，但当静下心来备课时，约翰逊先生才意识到批判性思维习惯的教学需要时间，于是他又重新审视了思维习惯教学目标，而且，当他再次备课时，他就在想如果学生能够更好地了解这些思维习惯，那全年许多单元的学习效果都会更好。最后，他重新进行了教学设计，将重点放在了培养学生的批判性思维习惯上。

该单元的最终任务是模拟总统辩论，要求每个学生都准确、清晰地表达所代表候选人的观点和想法。每轮辩论后，约翰逊先生和其他学生都会向辩论者反馈其论据的准确性和清晰度，以及辩论者在多大程度上既能坚守自身立场又能保持开放心态。在整个单元的学习过程中，学生通过撰写学习日志来记录自己对批判性思维的见解及在运用过程中存在的困惑和问题。

创造性思维

小学组教师意识到许多学生喜欢的故事里其实都蕴含着思维习惯。例如，《勇敢的小火车头》可以用于讨论“坚持不懈”这一思维习惯。读故事时使用思维习惯的语言是帮助学生更充分理解思维习惯的好方法。

● ● ●

3年级教师亨德森夫人发现，尽管她的学生聪明伶俐、思维敏捷，但是写作业时努力不足，想不出答案时很快就放弃，并且总是询问自己的作业是否符合教师的要求，不能以高标准要求自己。亨德森夫人认为她应该教给学生更重要的东西，那就是创造性思维习惯。介绍这些思维习惯之前，她首先布置了字谜和其他一些有趣但也有一定挑战性的智力游戏。她注意到，几乎所有学生都在积极参与活动，还会期待每天的新智力游戏。几周之后，亨德森夫人张贴出一张用卡通人物来解释思维习惯的海报，向学生介绍创造性思维习惯。她要求学生解释每种思维习惯的意义，以及运用或不运用这种思维习惯的后果是什么。然后她又让学生反思他们玩的智力游戏及其中体现的思维习惯。她还要求学生思考并在小组内讨论他们如何运用创造性思维习惯，以及该思维习惯如何影响他们未来的行为。讨论的结果是，全班学生都决定要努力提高对创造性思维习惯的理解和应用水平。

● ● ●

一所中学的学生每周都会出版一期数学简报，上面会刊登学生自己设计的数学难题。简报每周都会按时分发到学校所有教师和学生手中，还会专门举行解决数学难题的周赛和月赛。在了解了创造性思维习惯之后，学生决定更改他们的奖品。他们设计了一款突出问题解决所需思维习惯的证书，例如，有些问题需要“打破常规”（以新视角审视当下的状况），而有些有分歧的问题则需要“坚持己见”（建立并保持自己的评价标准）。

调节性思维

每年年初，小学教师布鲁克斯夫人都会让学生自行制定学业、社交和健康目标。她帮助每个学生记录目标并制订计划。布鲁克斯夫人要求学生每周在小组内讨论一次各自的进展情况，并帮助彼此解决在目标实现过程中遇到的困难或障碍。

● ● ●

小学教师格林女士利用整整三节课的时间让学生研究调节性思维习惯的运用策略和方法。她把全班学生分为五个合作小组。在前两节课中，每个小组针对一种思维习惯进行讨论和研究。第三节课上，每个小组要向全班分享本组开发的运用策略和方法。

● ● ●

中学社会研究教师埃克哈特先生与学生讨论了调节性思维习惯之后，他打算对学生运用该思维习惯的能力提供反馈意见，于是他布置了一项决策任务，要求学生制定并应用特定标准来确定美国宪法前十个修正案中对当前社会最为重要的修正案。他还要求学生运用课堂上讨论的策略来制订完成该任务的计划，并列出所需资源清单。在学生完成任务的过程中，埃克哈特先生针对学生运用内容知识的情况以及是否表现出调节性思维提供了反馈。学生提交了最终决策矩阵图后，埃克哈特先生要求学生撰写一份报告，反思自己何时、如何运用了调节性思维习惯并评估自己的运用水平。

● ● ●

作为一名高中辅导员，乔丹先生会帮助学生制定个人目标。他强调学生的目标应是“使生活变得精彩”。为了激发学生思考，他一般会习惯性地问学生：“如果注定成功，你今年最想实现什么目标？”

● ● ●

高中英语教师巴顿女士认为在大学英语预修课上清晰、明确地讲解调节性思维对学生十分有益。她相信这些思维习惯对大部分准大学生来说非常重要。她首先简要解释每一种思维习惯，然后要求学生分组讨论。她鼓励学生分享各自运用调节性思维习惯的经历。在整个学期中，她常常要求学生分析文学作品中运用一种或多种思维习惯的人物，并指出这样做的好处。

学习的维度之思维习惯：教师手册

以下内容可供教师向学生解释并举例说明学习的维度模型中的各个具体思维习惯。虽然在教学中你会逐渐积累自己运用思维习惯的实例，但刚开始你可以参考以下建议。每种思维习惯围绕三点内容展开：

1. 简要解释。
2. 受益情境示例。
3. 培养策略示例。

批判性思维

追求精准

当你反复检查以确保工作准确无误时，或当你期望他人的工作准确无误时，你所表现出的思维习惯就是“追求精准”。追求精准意味着将精准设定为目标并在工作中利用各种方法核验精准性，还意味着信息接收者和发送者都应设定并追求高度精准性。

受益于追求精准的情境示例

• 在审查或准备与金钱相关的文件（如信用卡账单、银行对账单、纳税申报表或贷款申请书）时，核对计算结果可以帮你省钱或避免严重的金钱损失。即便是计算机计算也常会出错，因此认真核对很有必要。

• 为重大开支（如买房或度假）做预算是每个人都会遇到的事情。尽管粗略估算也会有一定作用，但是如果你能精确地做预算，你就更有可能拥有充足的资金来达成你的目标。

• 指路或问路时，追求精准能够更有利于旅行者顺利到达目的地。

• 收到可疑或不准确的信息时，你应该花时间核对信息的准确性或寻找其他相关信息。然而，很多情况下你懒得核对，因为信息非常复杂、难以理解（如包含复杂统计数据的报告）。尤其从呈现方式上来看信息还算准确时，我们就更不愿再去核对。请记住，如果信息有违常规或难以置信，无论多难，一定要想办法检查其准确性。

• 很多情况下，追求精准的能力会影响你的健康和幸福。例如，病人应按照指定剂量口服药物或按疗程进行理疗，如果不能谨遵精准要求，可能会带来不堪设想的后果。

• 广告商通常会在媒体上用诱人的、幽默的甚至具有煽动性的方式来做宣传。无论你是在听广播、看电视还是读报纸，都很容易被广告吸引而忽略其信息的准确性。总之，养成追求精准的思维习惯能够帮助你成为知情的、理性的消费者，也更有可能做出正确的选择。

培养追求精准的策略示例

• 在准备详细文件时，至少要单独检查一遍信息的精准性。如果同时对其意义、清晰度和精准性进行检查，你可能会漏掉其中的错误。

• 充分利用所有可用参考资料（如词典、拼写核对工具、词库或百科全书），以确保信息准确无误。

• 校对文档时，可以尝试倒着读，即从整篇文档的最后一句话开始往前读，这样你可以发现校对语篇意义时难以发现的排版错误。

• 请其他人检查你工作的精准性。不熟悉或没参与此项工作的人会更客观，更有可能发现其中的错误。

追求清晰

清晰的表达是生活中各个领域成功的基础。然而，现实中有许多阻碍清晰表达的因素，如有歧义或隐含意义的语言、难以理解的肢体语言、改变原义的语调。

沟通双方（信息接收者或发送者）为克服这些阻碍所做的努力直接影响沟通的清晰度。混淆和误解会导致严重的负面结果，因此，交流双方都应该确保清晰的表达和沟通。

在课堂上，培养学生追求清晰的思维习惯尤为重要。有时学生在完成教师布置的任务时，只是简单地“做完了”，并没有做到实时自我监控以确保真正理解任务中的信息。学生越早养成追求清晰的思维习惯，就越有可能取得学业上的成功。

受益于追求清晰的情境示例

• 在学校学习过程中，学生总是会遇到起初看起来模糊的主题或问题。学生只有持续监控自己对所接收信息的理解程度并努力澄清令其困惑的内容，才能使学习得到提升。

• 人们经常发现自己在被说服去做某事或购买某物。在这种情况下，就应澄清那些听起来好到不真实的说法、令人混淆的事情或可能不完整的信息。追求清晰的能力可以帮助你做出明智的决定。

• 演讲一定要清晰。尤其是包含复杂或细节信息时由于不能得到即时反馈，清晰流畅地演讲就更加困难。如果人们一开始就感到困惑，可能会听不进去，那么告知或说服他们的目的就难以达成。

• 雇主一般总是欣赏那些在执行任务（尤其是非常复杂的任务）之前先澄清信息的员工。尽管有些人不愿承认自己不理解任务要求或沟通内容，但是经验告诉我们，追求清晰有助于高效利用时间和金钱。

培养追求清晰的策略示例

- 当你不确定自己要表达的内容或担心别人误解时，可以写下自己想要说的话，然后读出来或反复练习直到你能清晰表达为止。
- 当你在介绍重要信息时，时不时停下来询问接收者到目前为止所理解的内容，以确定他们是否理解。
- 当你听到一些你不理解的信息时，记下来并适时根据所记内容提问。
- 进行书面交流之前，请他人阅读你写的文本，解释他们对文本内容的理解，并指出不解之处。
- 情绪激动时，让另一个情绪稳定的人做你的积极倾听者。一个好的倾听者通常能够通过重述或提问来澄清问题。
- 在重要谈话中，可以提问："您是不是说……？"或"我理解您说的是……"。这样既表明你对清晰度的关注，也有助于你及时澄清任何潜在的误解。

开放心态

养成开放心态能够促进学生学习并提高自己在多元化社会中的成功概率。开放心态能够促进学习，因为它要求倾听并理解不同的观点和看法。即使我们最终会反对其他观点，但是倾听不同观点能为我们提供更多的信息，从而提高我们对相关主题或问题的认识。开放心态有助于我们更好地适应多元化社会的生活，因为它能够增进我们与不同背景、立场、人生观和兴趣的人们之间的交流。足够开放地理解不同的观点和生活方式并不一定要改变我们的信念、观点或让我们接受他人的观点。然而，这确实意味着尊重并耐心倾听他人的观点。正是因为有开放心态，观点迥异的我们才能互相尊重、和睦相处。

思想狭隘指的是一个人还未倾听就拒绝其他想法和观点。一个思想狭隘的人通常会告诉自己："我不必听这个，因为无论如何我也不会支持它"，"我们已经尝试过，没有用，所以我不会听的"，或"我自己的想法就不错，没有必要听别人的"。

如此一来，这样的人就无法获得有潜在价值的信息和建议。

为养成开放心态，学生须理解为何以及何时运用这种思维习惯，并制定保持开放心态的策略。

受益于开放心态的情境示例

• 在日常生活中，人们通常都会对一些想法或潜在的变化（如雇主提出重要的人事调动、孩子宣称要改变学业规划、配偶建议改变生活方式）下意识地做出消极反应。在这种情况下，保持开放心态（至少能够去探索可能性）有助于避免冲突，并充分利用新机会。

• 你可能回避或拒绝过持有不同人生观的人。但是，如果愿意保持开放心态，你就会结交新朋友，进行有趣的对话。

• 去社会文化背景不同或陌生的地方旅行时，保持开放心态是非常有益的。这能让你觉得旅行是激动人心的、富于挑战的，而非不安或沮丧的。

> 教育的目的是用开放的思想取代空洞的思想。
>
> ——马尔科姆·福布斯（Malcolm Forbes）

• 无论雇主还是员工，在工作中都要面对不同的提议、想法、建议和观点。了解如何以及何时保持开放心态有助于让自己成为一个有价值的同事、团队成员或充满活力的领导者。

培养开放心态的策略示例

• 当你发现自己在消极应对某个建议时，多观察一下积极应对的人。仔细听听他们说的话，并尝试按照他们说的那样去做。

• 通过真诚的提问来收集信息，以理解他人观点背后的原因。记住，保持开放心态的目标并不一定是要改变你自己的观点，而是为了更加理解他人的观点。

• 当发现自己对别人提出的建议或提议立即做出某种反应时，让自己冷静下来，列出采纳该建议或提议可能带来的积极和消极结果。清晰阐述不同观点可以激发反思并促进深入分析，而不仅仅只是思考问题或观点本身。你可以问自己："我是否积极倾听了不同观点？""我是否考虑了积极和消极的结果？""我遗漏了哪些内容？"这将很有帮助。

抑制冲动

当意识到只有收集到足够的信息或有充足的时间进行思考才能做出决策或采取行动时，我们会对自己说："等一下，让我再想一想。"懂得何时以及如何抑制冲动的人会经常对自己说这句话。

抑制冲动是一种思维习惯，它不仅包括"不要乱摸"或避免在教室里发表不恰当言论，还包括理解抑制冲动所适用的情况，以及如何避免过快地采取行动。尽管有时冲动行事是可取的，但适时抑制冲动的能力确实可以维护关系、保全职位，甚至挽救生命。

受益于抑制冲动的情境示例

• 研究者丹尼尔·戈尔曼（Daniel Goleman）认为，抑制冲动和延迟满足的能力与提高学习能力和成绩息息相关。

• 在生活中我们经常会感到沮丧、想要发泄。如果能抑制冲动，就更有可能通过协商、合作和折中的方式解决问题。

• 尽管参与对话是理所当然的，但有时我们最好首先做一个倾听者，了解他人的意思，然后分析具体情况，最后再决定如何回应。

• 在民主社会，人人都有做出决策的权利。然而，由于许多问题非常复杂，媒体报道和分析常常相互矛盾或旨在激发一种过激情绪，因此，我们最初的判断可能并不正确。抑制冲动可以帮助我们更有效地参与到民主决策中。

• 当朋友遇到难题时，你可能常会冲动地提出建议或帮助解决。尽管你也是出于好心，但你的行为有可能被认为是多管闲事，或者会使情况变得更糟。在这种情况下，停下来好好想想也许是最好的办法。

• 生活中到处都有经历冒险和感受新鲜事物的机会。然而，我们最好能够在此之前权衡利弊并考量可能存在的风险。

培养抑制冲动的策略示例

• 想要抑制冲动，就要经常对自己说“三思而后行”“说之前多思考”或“等一下，我再想想”之类的话。也可以问自己一些问题，例如“我理解了吗？”“我应该做出回应吗？”或“表达我所认同的观点之前，我是否还有问题？”。

• 问问与你互动的人，让他说一说你在与别人交流时是否冲动，然后，如有必要，请他帮助你想想减少冲动的策略。

• 等别人表达完自己的想法之后，你再做出回应。提醒自己，讲话时被人打断的感觉非常不好。

• 当你发现自己要对某个想法、问题、评论或解决方案做出回应时，试着从1数到10或默读字母表，以此来抑制自己的冲动。

立场鲜明

立场鲜明是开放心态和抑制冲动的补充性思维习惯。与其他高效思维习惯一样，养成立场鲜明的思维习惯也要求理解其适用情境，以及如何采取立场。

当我们对一个问题产生了兴趣，审查了相关论点和论据，还为我们的观点提供了支持时，我们就在采取一种鲜明的立场。这就与“人云亦云”（“山寨版”立场）形成了鲜明对比，也与根据最新观点或为取悦某人而冲动地“摇摆立场”（甚至几分钟就摇摆一次）截然不同。

自信地坚持立场就要具备评估证据和提供支持的能力，有时还应具备清晰沟通的能力，并愿意承担受到立场不同的人反对的风险。

受益于立场鲜明的情境示例

• 当朋友们讨论某个问题时，你发现他们并没有提及你坚信的立场。此时，你可以提出自己的立场并为之辩护。

• 多数人都会面临来自同伴或他人的压力，要求我们做出一些违背自己信念或

价值观的事情。有时我们可以选择忽视这些压力，置之不理，而有时无论别人多么不认同我们的立场，我们都要明确地提出来。在这种情况下，采取鲜明立场的能力能够影响他人，并为那些没有足够信心抵抗压力的人提供参考。

• 很多时候朋友或同事会要求你公开支持他们的立场。如果支持，那你就需要坚定立场并当众表达你的支持。

• 作为公民，当我们看到或经历不公正或有争议的事情时，我们可以通过陈述自己的观点并为之辩护来改善当前境遇。

培养立场鲜明的策略示例

• 经常问自己："我是不是该提出并证明我的观点了？"或"确定立场之前我还需要了解哪些内容？"

• 从时事中了解你所钦佩的人是如何采取立场并进行辩护的。调查他们所运用的策略、采取的行动，以及行动的结果。

• 确定立场之前，对问题进行全面调查以支持你的立场。对自己的立场越有信心，你越能坚守立场并清晰地表述它。

• 了解一些常见的谬误和不严谨的论证，这将有助于我们倾听不同立场的观点，并为自己的立场提供有力的论据支持。

移情理解（合理回应他人的情感和认知）

无论是通知、游说他人，还是与他人分享观点时，具有批判性思维的人都会留意那些能够反映他人情感和认知的隐含和外显的信息。评估他人的所感所思，并据此调整沟通环境或语言，表达对他人的尊重，最终能够提高协作成功的概率。

养成移情理解（合理回应他人的情感和认知）这一思维习惯的关键是要在体恤他人和实现互动目标之间取得适当平衡。例如，“合理回应他人情感”意味着尊重他人，但不会任由他人不恰当地偏离互动目标。同样，“合理回应他人认知”意味着应先评估他人认知（无论他人对某个问题知之甚少或一无所知，还是他们非常了解并想主导合作，都应先做评估），再以确保目标实现的方式做出合理回应。取得两者间的平衡需要具备一定的技巧和理解水平，这需要我们随时间推移在各种情境中经过体验而获得。

受益于移情理解的情境示例

- 当你要表达某一观点时，如果能合理评估和回应他人的情感和认知，那么对方就更有可能认真倾听。

- 即使你对某一问题（如环境、政治候选人或医疗保健）持有不同的观点，如果你能用同理心回应他人的观点（尤其在他们感到困扰或压力较大时），情况会得到很大的改观。

- 移情理解（合理回应他人的情感和认知）可以促进来自不同文化背景的人之间的沟通与交流。

培养移情理解的策略示例

- 人多的情况下，人们通常不愿表露自己的情感或认知。你可以运用一些沟通策略来了解他人的所感所思，以免让他们感到尴尬和不安。一种邀请他人参与对话的策略是问对方：“你有过这样的经历吗？”或“你发现了什么？”

- 当交流不顺畅使你感到沮丧时，不妨停下来想一想自己是不是真正了解对方并做出了合理回应。稍事休息或出去散步，给自己一点时间好好思考。然后再次交流时你会发现自己更能与对方共情，也更能理解对方了。

- 肢体语言和手势是交流的重要部分。然而，文化背景不同，对同一手势的理解也不同。因此，了解不同文化之间的细微差别和习俗有助于促进交流，并提高准确评估他人情感和认知的能力。

- 设身处地为他人着想。假如你是他或她，你会有什么感受？

创造性思维

坚持不懈

无论在学习还是日常生活中，我们都会遇到一些不能立刻得到解决的任务或问题。即使付出很大的努力，也常常没有什么进展。在这种情况下，坚持不懈的能力（坚持完成任务、积极参与或致力于寻找答案）就是取得成功的关键。在课堂上，坚持不懈的能力有利于学生从富有挑战性的学业任务中收获更多，并为未来的工作做好准备。在日常生活中，坚持不懈通常与职业品质联系在一起，因此许多人把坚持不懈的能力视为成功的关键。

坚持不懈是创造性思维的一部分，它并不仅仅意味着不抛弃、不放弃，更意味着寻求适当的帮助，找到并尝试不同的解决方法，从不同的视角对其进行检验，然后进行分解和整合，再将其与其他类似问题相比较。以上均为创造性思维的关键品质。

受益于坚持不懈的情境示例

- 如果能够做到坚持不懈，你就更有可能获得那些最初难以理解或掌握的知识和技能。
- 每种工作都有一定的挑战性。你越相信自己具备搞定工作的能力，越能勇于接受挑战，让自己成为更有价值的员工。
- 几乎所有的职业领域中都有通过坚持不懈而取得重大成就的人。他们找到了方法来提供更佳服务、提高销售量、治愈患者或为当事人辩护。即使面对困难，他们也不轻言放弃，而是想办法寻找解决方案。
- 有时候，一旦实现目标，就将对他人（如一个团队或班级）产生极大的影响。这种情况下，积极参与并努力解决问题的能力有助于你成为优秀的团队领导者或榜样。

> 成功就是保持面对一次又一次失败时的热情。
>
> ——温斯顿·丘吉尔

培养坚持不懈的策略示例

• 在开始一项复杂或困难的任务时，将整个任务分解为一系列子任务。一次只完成一个子任务，每完成一次都给自己肯定和奖励。

• 如果屡次未顺利完成某项任务，寻找导致任务失败的可能原因，并选择其他方法来完成这部分任务。

• 当你想要放弃某项任务时，寻找那些能给你鼓励并激发你灵感的人，远离那些消极处世、轻言放弃的人。

• 想象问题解决或找到答案后的场景，并将其牢记于心。想象成功可以重振信心。

• 当你在工作或任务中感到筋疲力尽时，不妨适当放松一下，比如散散步、听听音乐或找同事聊聊天。拥有坚持不懈这一思维习惯的人往往就是在放松时灵感乍现，找到了最佳解决方案。

我一直在思考。

——艾萨克·牛顿爵士谈如何发现万有引力定律

勇气和毅力拥有神奇的力量，在它们面前，困难和阻碍会消失得无影无踪。

——约翰·昆西·亚当斯（John Quincy Adams）

啊，一个人总应该不断地超越自我，否则还有什么乐趣可言呢？

——罗伯特·布朗宁（Robert Browning）

突破自我（突破自身知识和能力的极限）

突破自我不仅仅意味着接受挑战，更意味着即使知道身心都要承受风险，也义无反顾地迎接新挑战；突破自我不仅仅意味着努力地工作，更意味着要尝试那些无法确定是否能做到的事情；突破自我需要的不仅仅是毅力和信心，更需要敢于尝试和接受失败的勇气。但是，只要保持足够的理性和谨慎，突破自我所带来的益处就会高于风险，包括学习兴趣的提高、知识和能力的拓展、信心的提升，以及从挫折和失败中吸取经验和教训的意愿。

尽管本书将突破自我列为一种思维习惯，但我们的重点在于培养突破自我的倾向和能力，而不是习惯性这样做而已。就像其他思维习惯一样，应深思熟虑地运用它。

受益于突破自我的情境示例

• 当长期从事一项工作时，你会发现自己开始在工作中“划水”或逃避接受具有挑战性的任务，那么此时你就需要突破自身知识和能力的极限去履行职责。这将激发你的能量以及对工作的热情，最终提高你的薪水。

> 你必须做你认为自己做不到的事。
> ——埃莉诺·罗斯福（Eleanor Roosevelt）

• 当你开始觉得生活无聊时，突破自我可使单调的生活充满挑战性和趣味性。例如，打一场难度较高的高尔夫球，以自己喜欢的风格重新装修房子，设计独特的万圣节服装，亲自制作比萨饼，跑一场马拉松等。

> 看看乌龟你就会发现只有伸出脖子才能举步向前。
> ——詹姆斯·柯南·布莱恩特（James Conan Bryant）

• 当回报或酬劳很高时，突破自我就显得尤为重要。持续工作、战胜病魔、挽回关系、在校学习都依赖于突破自我的能力。

培养突破自我的策略示例

• 开始一项任务之前，首先设定一个时限目标，挑战在比平时更短的时间内完成任务，然后通过突破自我去实现这个时限目标。

• 为了发现潜在的新挑战，就要经常询问他人是如何突破自我的。他人的经历可帮助你识别自己的新挑战。

• 当你看到能激发或鼓励自己突破自我的名言金句时，将它们记下来，放到显眼的地方，如日历、办公室相框或贴在冰箱上。

• 找到生活中可以助你突破自我的人，在你状态不佳时向他们求助。同时，还应远离那些盲目谨慎、劝你不要尝试新鲜事物的人。

坚持己见（设定、相信并坚持你的评价标准）

尽管你的工作经常要被他人评价，但如果你能在工作中坚持应用自己的评价标准，就能更加有效地工作。在制定自己的评价标准时，你可能会考虑他人评价你工作的标准。不过，你可以只采用其中一些标准，拒绝或修改其他标准，然后添加一些你认为重要的标准。严格设定自己的评价标准之后，就应充分信任并尽己所能去符合这些标准。

具备坚持己见这一思维习惯的人能成为自我导向型的学习者和工作者。他们所获得的成就和成长不会受志向不同之人的限制。他们总是能在自己所从事的领域中树立新标准。

受益于坚持己见的情境示例

• 你也许知道如何满足教师的要求并获取高分，但是，一位优秀的学习者还会在必要时自行设定标准，以最大限度地优化自身学习。

• 许多发明家利用自己的新产品或想法创设出有前景、可盈利的职业，比如菲尔兹夫人（Mrs. Fields）和比尔·盖茨。成功的发明通常都是由于发明者设定并应用了自己的评价标准。

• 历史上有很多这样的人物，他们都设定了影响人类和社会的新标准。例如，马丁·路德·金和圣雄甘地都是因此而得名，他们设定的标准激励了那些尝试挑战现状的人。

•《追求卓越》（*In Search of Excellence*）和《追求卓越的激情》（*A Passion for Excellence*）这两本畅销书记录了企业和学校中的成功案例。那些前所未有的成功都归功于个人设定、信任并坚持运用极高的标准来评价他们的产品和服务。

培养坚持己见的策略示例

• 每当设定个人标准时，你都应问自己“如果我要对此进行评价，我想看到什么？”和“我如何知道自己已经尽了最大努力？”。这类自问自答可促使你设定出高标准。

• 当你感到一个项目或任务无聊、没有挑战性，也丝毫吸引不了你的兴趣时，设定并运用更高的标准将会激发你的兴趣，任务也会变得更具挑战性。

• 认真写下你所设定的标准。其目的在于：第一，你能更清晰地认识你所设定的标准；第二，你可以定期对照标准来评价自己的工作进程。

• 运用量规（rubric）来设定标准。量规是描述不同表现水平（达到、超越和未达到标准）的一套标准。制定量规的过程有助于你更详细地阐明你的标准，创建好的量规可用于评价你的达标程度。

善用新视角打破常规

无论是解决问题、分析问题、澄清模糊观点、做出决策、研究现象还是发明新产品，有时我们都需要运用一种完全不同的方式。即使我们都明白这一点，但很难真正以全新视角去审视问题，尤其是当我们长期投入某项任务时更是如此。决定用新视角审视问题只是第一步，提出新视角还需要很多策略和练习。

有些人会自然而然地以独特或不寻常的方式来看待问题。只是很不幸，他们常在分享自己的观点时被看成怪人，因此他们常常会保持沉默，而另外一些人则觉得很难打破常规。尽管他们也已经意识到自己受到了常规标准的束缚，却不知道如何突破。持有打破常规思维的人发现这是他们可以受益终身的资本，而觉得很难打破常规的人发现通过反复模仿和实践也能养成这种思维习惯。

受益于善用新视角打破常规的情境示例

• 当学习任务看上去枯燥乏味时，你可以用一种全新的方式来看待任务，从而改变自己的体验。最终你可能做出更具创造力的作品，取得更好的成绩或学习上的进步。

> 我会直视他，贴身防守。
> ——前NBA球员兼教练约翰尼·科尔（Johnny Kerr）谈他如何防守卡里姆·阿卜杜勒·贾巴尔（Kareem Abdul-Jabbar）

• 在面对日常复杂问题时，试着让自己换一种心境，以不同的方式来看待它们。当你觉得问题不那么棘手时，思想压力就会小一些，甚至还有可能发现更具创造性的解决办法。

• 公司常组织“智囊团”利用几天或几周的时间提出新想法或新产品的创意。如果你能引领智囊团提出新想法，那你就能成为公司的核心力量。

培养善用新视角打破常规的策略示例

• 运用类比和比喻来帮助你以不同的方式看待事物。

• 运用头脑风暴的方法促使自己产生超越最初观点的想法。

• 在尝试找到解决办法或创造新产品、新流程时，暂时搁置你的初始想法，过后再返回来重新思考。

• 问自己："我如何限制了自己的思维？"或"一个小孩会如何看待这种情况？"

• 征求那些没有相关知识或经验的人（如你的孩子、父母或朋友）的意见，请他们做出反应或给出回应。有时一个幼稚或无知的问题或评论就会帮助你摆脱思维定式。

调节性思维

自我监控

时刻关注我们的思维有助于我们提高效率、减少犯错、了解哪些有效哪些无效并从中学习。一旦我们养成了自我监控的习惯，就会不时地停下来想一想自己运用了哪些思维策略、对自己说了些什么，以及在脑海中想象到了什么。自我监控时可以问自己："我正在对自己说什么？""我脑海中想到了什么？"也可以提醒自己："我的思维一直处于游离状态，我需要集中精力。""如果我是那样做的，我一定是在想……"

受益于自我监控的情境示例

• 如果任务进展不顺利，那就停下来反思一下自己的所思所想。如有必要，调整自己的语言和想法，使其更加积极。

• 学习新知识或技能时，对思维进行自我监控是非常重要的。例如，当你要理解某个事物时，检查一下自己是否运用了有效的策略（如自我对话、生成图示、联结新旧知识）。有意识地运用不同类型的思维策略有助于提高你对新知识的理解和记忆水平，进而促进你的学习。

• 许多奥运会运动员都善于自我监控，因为他们知道该思维习惯深深影响着自己的表现。对思维进行自我监控并确保自己保持积极的想法是训练过程中不可或缺的一部分。

• 已有研究发现，只要帮助人们在考试或当众演讲等压力较大的情境下觉察到自己的压力并转换思维，就能提高其应试和演讲水平。任何你感到难为情或紧张的时候，自我监控都能有助于减少你的焦虑。

培养自我监控的策略示例

• 当你在做一项比较难的任务时，将计时器设置成每隔15分钟响一次，提醒自己反思："我正在想什么？我的想法是有益的还是有害的？我想做出哪些调整？"

• 在尝试一项新技能或解决一个难题时，记录对你有用的思维策略，方便以后做参考。

• 坚持每天写日记，记录当天各种活动（如参加考试或做某项目）中你的想法，并反思哪些是有益的、哪些是有害的以及你从中学到了什么。

• 对于有些人而言，在低谷期阅读一些激励自我的金句是非常有用的。当你在海报、图书、工作场所、电影里看到或从导师、亲戚那里听到一些鼓舞人心的金句时，将其写下来，时常读一读以保持积极的心态。

合理计划

教师特别希望学生养成合理计划的思维习惯。做计划有时可以很随意，而有时却需很严谨。计划过程可能需要系统地制定目标、确定实现目标所需的步骤、预测潜在的问题、分配职责、绘制核查时间表等。

我们都知道，在学校和日常生活中，合理计划能提高实现目标（无论个体目标还是团体目标）的可能性。善于制定目标的人都表示，合理计划绝不仅仅是在头脑中想一想各个步骤，口述或写出书面计划才能保证计划的有效性。因此，合理计划的关键就在于知道何时需要做计划并口述或写出书面计划，这将有助于目标的实现。

受益于合理计划的情境示例

> 改变思想，就能改变世界。
> ——诺曼·文森特·皮尔（Norman Vincent Peale）

• 在学校和日常生活中，你经常要同时面临许多要求。严密的计划有助于你减轻压力、大幅提高效率。

> 记得未雨绸缪，诺亚建造方舟的时候还没有下雨。
> ——霍华德·拉夫（Howard Ruff）

• 合理计划有助于确保长期项目如期完成。对于团队项目来说，合理计划尤其有助于确保每个成员都明晰自己的职责。

• 在我们的一生中，有许多里程碑事件（如上大学、结婚、退休等）都需要进行合理计划。当然，这些事情有时会受到运气、巧合或奇迹等因素的影响，但多数人都认为，对人生大事进行合理计划更有可能得到好结果。

> 不高瞻远瞩的人终将落后。
> ——西班牙谚语

• 在工作中你会参与一些重大项目或任务，此时制订并执行详细计划的能力不仅有利于该项目的顺利完成，还会因此提高你在公司的个人价值。

• 合理计划的能力是众多职业的核心能力。财务规划师、宴会策划师和建设项目规划师等都是将自身的计划能力与其他兴趣和技能相结合而开拓出的高报酬职业。

培养合理计划的策略示例

• 确保任何计划都有明确的目标。如果目标模糊，很难制订计划，也无法评估计划的效果。例如，"我要减肥"或"我们要帮助学生更好地思考"等目标都过于笼统。目标越详细越有利于做计划，例如，你可以将以上目标修改为"我要在6月1日前减掉10磅（约4.54千克）体重"或"我们将帮助学生提高阅读课本时的归纳推理能力"。

• 通过表格、计划单或图形组织者做书面计划，以确保计划完整、便于使用。以下是一张最简单的计划表：

待办事项	截止时间	负责人

• 如果要完成长期项目或目标，首先应确定短期目标或关键子目标，然后每完成一个短期目标就用符号或标记记录下来并进行庆祝。

• 由于原始计划常常需要修改，因此你应定期审查计划，评估计划的有效性，并在必要时做出调整。

• 为复杂任务制订计划时，征求有相关经验的人的意见，让他们审阅你的计划。结合你所顾虑的问题，请他们谈一谈如果是他们做项目计划，那会有何不同、他们会注意什么、需要再三确认什么。

• 办公用品商店会出售各种项目策划表和时间表。如果你不擅长自己设计计划表，可以买现成的直接用。

• 有些课程可以帮助人们学习如何成为更好的计划者。如果需要，你可以报名参加。

合理调用必要资源

在我们鼓励学生努力学习、突破自我、相信自己的同时，还需提醒他们，成功往往需要寻求帮助，即寻求有助于完成任务或实现目标的人力、财力、物力和信息

资源。成功人士通常都把自己的成功归功于对资源（包括人力资源和非人力资源）的充分利用。

合理调用必要资源是一个循环过程，具体包括评估并确定所需资源、判断其有效性、找到并合理利用资源、重复评估以确定所需其他资源。在当今技术时代，我们可以利用通信和信息系统来完成以上循环过程。

受益于合理调用必要资源的情境示例

• 在学校里，学生应充分利用教室里的各种可用资源：教师、图书、设备、同伴、辅导员、电子媒体，当然最重要的还有时间。

• 几乎所有领域中的成功人士在很多时候都不仅要利用自身资源，还需借助他人的金钱、时间、支持和想法。运动员需要杰出教练的指导；艺人和艺术家需要赞助商的支持；作家需要良师点拨。

• 很多时候寻求必要资源有助于履行家庭责任。例如，许多父母在养育孩子的过程中都曾寻求他人的帮助和建议，而要想照顾好年迈的父母，有时也需要他人的建议、专业的帮助或心理上的支持。

• 保持身体健康是人生的主要目标之一。人们越来越意识到这也需要充分利用必要资源，比如进行健康咨询、寻找运动伙伴或聘请私人教练。

培养合理调用必要资源的策略示例

• 在遇到任何复杂任务或情境时，首先列出所需资源、可用资源、不可用资源，以及替代资源。

• 开始一个项目或任务之前，咨询有相关经验的人，了解他们做此类项目时所需的资源。这样既可以防止遗漏重要资源，还可以学习获取资源的方法。

• 经常问自己“我还可以获得哪些对任务有用的资源？”，这样的自我对话可以提醒你注意容易遗漏的资源。

回应反馈

寻求反馈并回应反馈表明你期待成功，而且你也深深地明白，自我评价固然重要，但仅仅通过自我评价也很难取得最大的成功。这意味着你会由于重视他人的想法并希望改善自己的表现而虚心倾听他人的意见。然而，寻求反馈并不是说你必须同意他人的建议或按照他人的建议行事，而是你会倾听、反思，然后采取适当的行动，其中就有可能包括拒绝他人的建议。

受益于回应反馈的情境示例

• 从事一项重复性强的工作时，你会发现自己常陷入机械状态。征求并听取他人有关如何提高绩效或避免粗心犯错的意见会有所帮助。

• 需要完成一项学校项目或实施一项计划时，最好请求他人给予反馈。这样将有助于你集中、全面、精确地完成任务。仅仅是寻求反馈的过程就可以帮助你保持对任务的关注。

• 在演讲时一定要注意听众的反馈。观察他们的肢体语言，引导他们对演讲做出反应并随之做出相应调整。

• 努力完成一项长期、复杂的任务（如调试计算机）时，积极寻求反馈是非常有必要的。重视反馈可以使你坚持完成任务、及时纠正错误，并提高完成任务的可能性。

培养回应反馈的策略示例

• 当参与一项极具挑战性的任务时，经常就任务进程询问他人的意见。一定要问一些具体的问题，如“你认为这样行不行？”“你会如何调整我的处理方式？”和“请告诉我哪些方面我做得最好，以及你认为这项任务最重要的是哪一部分”。直接、具体的问题才能得到有用的建议。

• 当你在为某一目标（如自行车长途骑行训练）制订行动计划时，你应确切地标明寻求反馈的时间和对象。应寻求有相关经验的人的反馈意见，他们能够帮助你识

别线索或路标，让你确定自己是否在朝着正确的方向前进。

• 当制订新的工作计划时，征求同事的反馈。边听边记，认真研究并反思每个人的意见之后再决定是否接受。

• 很多时候你需要为接收反馈做好准备。比如，你预料到自己会对某个情境或某人的反馈持防御性态度，那就让自己尽量保持开放的心态。

评估自身行动效能

评估自身行动效能，实际就是对自己行动过程的观察和评价。这种自我评估是指在工作过程中不时地停下来，看看已经完成了哪些，然后评估自己任务完成或目标实现的程度。你可能会问自己一些问题，验证或重新思考你用的方法，决定坚持原有计划还是制订新计划，最终确定下次是否需要以及如何改进方法。养成评估效能这一思维习惯需要高度自律和高标准要求。

受益于评估自身行动效能的情境示例

• 只要是尝试新事物或首次做某事，持续的评估行为可帮助你从错误中学习，还能改变你之后做事情的方法。

• 教别人做事时，也要评估自己的行为，这样才能积极地影响别人。

• 当成功完成某项任务（如组织了大型典礼活动）时，评估你所做决策和行动的有效性，以便下次借鉴自己的成功经验。

• 当参与一项多人合作项目时，阐述你如何评估自己所负责工作的有效性，并借此影响别人也进行自我评估，进而提高整个团队的工作绩效。

培养评估自身行动效能的策略示例

• 完成一项具有挑战性的长期项目之后，你可以问自己："下次再做，我会采取哪些不同的行动？我还会采取哪些相同的行动？"自我对话是一种最常见的自我评估方法。

> 点滴改变成就伟大事业。
> ——布鲁斯·巴顿（Bruce Barton）

• 如前所述，制订书面计划在任何项目中都不失为一种好做法。它有助于你回顾并系统地评估每一个阶段。书面计划还便于你在后续的类似任务中做参考。

• 完成一个项目或任务（如粉刷房间）之后，询问他人（如优秀的粉刷匠）的成功策略，对比你们所运用的策略，寻找改进策略以使自己在未来做得更好。

• 想要改进自己运用复杂流程的能力，可将其分解成多个子流程，这样你就可以评估每个子流程而非整个流程，从而减轻全面改进所带来的压力。

维度5的单元设计

维度5的设计要求提出并回答以下基本问题：

如何帮助学生养成高效思维习惯?

解决这个问题可遵循以下具体步骤。每一步都会提出一个基本问题或提供具体信息。设计指南（见表5.1）上留有空白处用以记录你的想法、笔记、决策和设计活动。本维度设计指南中的案例"有关美国科罗拉多州的社会探究型学习单元教学设计"就是依据以上单元问题而设计的。（选择该主题作为案例，是因为它可迁移性强，能够适用于其他州或地区单元的教学。第六章提供了《科罗拉多州》这个单元所有维度的设计指南。）

步骤1

是否存在与学生**思维习惯**相关的目标或重要内容?

• 总体目标?

• 与本单元相关的目标?

回答以上问题，需要做到以下两点。

• 一般来说，你应观察学生对思维习惯的认识和运用。例如，你可能已经注意到，学生很少在制订计划之前确定所需资源，或者即使不懂也不愿问。

• 考虑本单元涉及的活动、体验和任务，并确定有利于提高学生表现和学习水平的思维习惯。例如，在维度4中可能有一项极具挑战性的任务，需要学生突破自我，或有一场课堂辩论，需要学生保持开放心态，倾听他人观点。

步骤2

• 如何达成目标或解决问题？

这个问题由以下两部分组成：

步骤2-1

具体来说，如何帮助学生……

批判性思维

❑ 追求精准？

❑ 追求清晰？

❑ 开放心态？

❑ 抑制冲动？

❑ 立场鲜明？

❑ 移情理解（合理回应他人的情感和认知）？

创造性思维

❑ 坚持不懈？

❑ 突破自我（突破自身知识和能力的极限）？

❑ 坚持己见？

❑ 善用新视角打破常规？

（接上）

调节性思维

- ❑ 自我监控？
- ❑ 合理计划？
- ❑ 合理调用必要资源？
- ❑ 回应反馈？
- ❑ 评估自身行动效能？

确定有利于目标实现和问题解决的具体思维习惯。

步骤2-2

描述具体实施内容。

阐述你即将采取的具体行动和将运用的活动与策略。可以参考前面章节提出的建议，具体如下：

1．帮助学生理解思维习惯。

- 积极讨论每种思维习惯。
- 引用文学作品和时事中运用思维习惯的人物示例。
- 分享与某种思维习惯相关的个人轶事。
- 注意并指出学生运用思维习惯的行为。
- 让学生描述自己钦佩的英雄或良师是如何运用思维习惯的。
- 让学生设计可用以解释高效思维习惯的海报。

2．帮助学生识别并培养与高效思维习惯有关的策略。

- 运用“出声思维”演示具体策略。
- 让学生分享各自的策略。
- 鼓励学生查找文学作品或时事中运用策略的示例。
- 让学生采访他人（如父母、朋友或邻居）以了解其运用的策略。
- 要求学生每个季度或每个学期只专注于培养一种思维习惯。

3. 在学校和课堂上创建培养和运用思维习惯的文化氛围。

- 示范思维习惯。
- 将思维习惯融入日常课堂教学活动中。
- 制作并展出海报、图标及其他视觉表征作品，以表明高效思维习惯的重要性。
- 教师应适时提醒学生关注特定思维习惯或要求学生运用一种较难任务所需的思维习惯。

4. 对运用思维习惯的学生给予正强化

- 指定“过程观察者”，让他观察其他运用了思维习惯的学生。
- 要求学生自我评估其思维习惯的运用情况。
- 通过成绩单或进步报告给学生提供反馈。

表5.1　维度5设计指南

单元主题：科罗拉多州

步骤1	步骤2	
是否存在与学生思维习惯相关的目标或重要内容？ • 总体目标？ • 与本单元相关的目标？	如何达成目标或解决问题？	
	具体来说，如何帮助学生……	描述具体实施过程。
	批判性思维 ☐ 追求精准？ ☐ 追求清晰？ ☐ 开放心态？ ☐ 抑制冲动？ ☐ 立场鲜明？ ☐ 移情理解（合理回应他人的情感和认知）？	
每年这个时候，学生就开始懈怠、干劲不足，即使好学生也在偷懒。	**创造性思维** ☑ 坚持不懈？ ☑ 突破自我（突破自身知识和能力的极限）？ ☐ 坚持己见？ ☐ 善用新视角打破常规？	当学生表现出突破自我或坚持不懈的思维习惯时，我通过口头表扬来激发他们的活力。我认为在学生表现出这些思维习惯时应及时给予认可。
学生知道在任务开始之前应该制订计划，但并没有坚持这样做。实验探究任务需要制订严密计划并严格执行。	**调节性思维** ☐ 自我监控？ ☑ 合理计划？ ☐ 合理调用必要资源？ ☐ 回应反馈？ ☐ 评估自身行动效能？	我将给每个学生的课桌上贴一张计划表。让学生结合这张计划表讨论如何制订计划，然后我再给学生示范如何使用该计划表。每隔几天，我都会要求学生在他们的学习日志中记录自己的计划进展情况。

第六章

综合运用

Putting It All Together

6

综合运用

如本书序言中所述，学习的维度模型主要用于单元教学设计。每章的最后阐释了单元设计过程，并提供了《科罗拉多州》社会研究单元的设计范例。受教学目标、学生年龄和兴趣特征等因素的影响，运用学习的维度模型设计的单元教学可长可短，或三四天，或两周或更久。本章将重点讨论教师如何将相互联系的五个维度整合起来进行有效的单元教学，具体内容包括：（1）单元涵盖维度；（2）如何评价学生；（3）如何评定等级分数；（4）如何安排教学活动；（5）如何组织研讨会。

单元涵盖维度

无论单元教学用时长短、无论哪门学科、无论年级高低，单元教学设计均需考虑五个维度。每个维度中需要回答以下基本问题：

维度1

如何帮助学生建立积极的态度与感知?

- 是否存在和学生的态度与感知相关的目标或问题?
    - 总体目标?
    - 与本单元相关的目标?
- 如何达成目标或解决问题?

- 具体来说，哪些策略能够帮助学生……
  - 感知到被教师和同学接纳？
  - 感知到课堂氛围的舒适感与秩序感？
  - 感知到课堂任务的价值与乐趣？
  - 相信自己有能力有资源完成任务？
  - 理解并明确任务？

维度2-1：陈述性知识

如何帮助学生获取与整合陈述性知识？

- 学生将获取与整合哪些陈述性知识？学完本单元，学生将知道并理解……
- 为帮助学生获取与整合陈述性知识，可以开展哪些活动、调取哪些经验？
- 为帮助学生对陈述性知识进行意义建构、组织或存储，可采取哪些策略？

维度2-2：程序性知识

如何帮助学生获取与整合程序性知识？

- 学生将获取与整合哪些程序性知识？学完本单元，学生将能够……
- 为帮助学生对程序性知识进行模型建构、固化和内化，可采取哪些策略？

维度3

如何帮助学生拓展与精炼知识？

- 学生将拓展与精炼哪些知识？具体而言，学生将能够拓展与精炼……
- 学生将运用哪些思维技能？

维度4

如何帮助学生有意义地运用知识？

- 学生将有意义地运用哪些知识？具体而言，学生将能够理解和运用……
- 学生将运用哪些思维技能？

维度5

如何帮助学生养成高效思维习惯？

- 是否存在与学生思维习惯相关的目标或重要内容？

    - 总体目标？
    - 与本单元相关的目标？
- 如何达成目标或解决问题？具体来说，如何帮助学生……
    - 追求精准？
    - 追求清晰？
    - 开放心态？
    - 抑制冲动？
    - 立场鲜明？
    - 移情理解（合理回应他人的情感和认知）？
    - 坚持不懈？
    - 突破自我（突破自身知识和能力的极限）？
    - 坚持己见？
    - 善用新视角打破常规？
    - 自我监控？
    - 合理计划？
    - 合理调用必要资源？
    - 回应反馈？
    - 评估自身行动效能？

在本章最后附有《科罗拉多州》单元的整体单元设计，其中每个维度的基本问题都得到了回答。

尽管以上问题是按照顺序一一呈现的，但实际的教学设计过程并不一定按照线性顺序进行。单元教学设计可能先从维度4开始，然后进行维度2和维度3，再根据在维度2和维度3中做出的决策，重新检查并调整维度4中做出的最初决策。也许唯一比较一致的就是态度与感知（维度1）和思维习惯（维度5）的相关问题一般都是最后考虑。这是因为只有将维度2、维度3和维度4中的相关问题解决之后，才能明确维度1和维度5的目标和内容。

尽管人们设计维度的顺序不同，但是对每一维度中的基本问题的提问和回答是教学设计的关键，这是为了保证在教学设计中全面考虑学习过程的各个部分。但是，我们不能就此认为每个维度在每个单元的学习中都具有相同的地位。有时当你针对某一维度提出相关问题时，你会发现本单元的教学与该维度没有紧密关系。每个单元都有特定的重点目标，因此有的维度可能占主导地位，而有的维度则不太重要。以下介绍了三种教学设计模型，其中每种模型聚焦重点不同，主导维度也不同。

模型一：聚焦知识

模型一聚焦维度2（获取与整合陈述性知识和程序性知识）。这意味着本单元的重点是具体概念、概括或原理、技能或流程。所有课堂活动都应围绕这些学习目标进行。因此，教师选择拓展与精炼活动（维度3）和要求学生有意义地运用知识（维度4）的任务。模型一的设计步骤顺序如下：

第一步：确定本单元的陈述性知识和程序性知识（维度2）。

第二步：组织拓展与精炼活动（维度3），强化并加深学生对第一步中所确定的陈述性知识和程序性知识的理解。

第三步：设计一项要求学生有意义地运用知识的任务（维度4）。目标知识是第一步中确定的陈述性知识和程序性知识。

模型一具有以下一般特征：

- 依据知识对学生的重要程度，或依据学区或州课程标准和基准的要求来确定维度2中的重点知识。

- 聚焦陈述性知识时，应明确重要概念、概括或原理，而不是具体事实。聚焦程序性知识时，应明确与程序性知识相关的重要陈述性知识。

- 维度3和维度4中的学习任务都能促进学生理解或熟练掌握重点知识。

- 通常每个单元只有一项要求学生有意义地运用知识（维度4）的任务，教师应确保学生知道该项任务需要他们用到第一步中确定的知识。

模型二：聚焦议题

模型二聚焦维度4（有意义地运用知识）。具体而言，你应首先明确与单元主题相关的议题，然后确定与该议题相关的任务类型。例如，如果你确定的议题有关事件发生的方式或原因，那么“历史型调查研究”就成为该单元重点；如果你要研究某一现象，那么“实验探究”就成为该单元重点，以此类推。明确了研究议题和相关任务之后，你就需要确定完成任务所需的陈述性知识和程序性知识（维度2）以及拓展与精炼活动（维度3）。维度2和维度3的知识学习有助于完成所选任务。模型二的设计过程如下：

第一步：确定重要议题以及要求学生通过有意义地运用知识（维度4）来完成的相关任务。

第二步：确定完成任务所需的陈述性知识和程序性知识（维度2）。

第三步：确定有助于学生理解陈述性知识和程序性知识的拓展与精炼活动（维度3）。

模型二具有以下一般特征：

• 每单元只有一项要求学生有意义地运用知识（维度4）的任务。在小学阶段，可以用拓展与精炼活动（维度3）来代替，因为它更适合低龄学生。

• 选定陈述性知识和程序性知识是因为学生需要运用这些知识来完成维度4中的任务。

• 拓展与精炼活动在这里可能就不重要了，因为维度4中的任务也有助于提高学生对选定知识的理解和熟练水平。

模型三：聚焦学生探究

模型三最符合学习的维度模型开发者的最初理念。与模型一相似，你首先应确定本单元的重点陈述性知识和程序性知识（维度2），然后确定强化这些知识的拓展与精炼活动（维度3）。然而，模型三与模型一和模型二的不同之处就在于，教师无须布置一项要求学生有意义地运用知识（维度4）的任务，而是要求学生自行选择任务或项目以达到有意义地运用知识的目的。教师的职责就是帮助学生自行选择一个项目，并鼓励学生探究本单元中的重要议题或有趣的问题。事实上，学生对要研究的议题有一定的自主权，不必局限于教师选定的陈述性知识和程序性知识。唯一的要求就是他们能有意义地运用重要知识。运用该模型，可采用以下设计过程：

第一步：确定本单元的重要陈述性知识和程序性知识（维度2）。

第二步：确定有助于学生理解陈述性知识和程序性知识的拓展与精炼活动（维度3）。

第三步：确定如何帮助学生选择有意义地运用知识（维度4）的任务。

模型三具有以下一般特征：

- 学生选择的任务或项目类型多种多样。
- 课堂大部分时间用于完成学生自行开发的项目（维度4）。

如何评价学生

学习的维度除了可帮助教师明确单元教学内容之外，还可用于组织课堂评价。

评价内容

传统课堂评价多关注学生对知识和技能（维度2中的陈述性知识和程序性知识）的获取，而学习的维度模型则认为，除了维度2中的知识内容之外，其他类型的知识和技能，尤其是维度3、维度4、维度5中的知识和技能也是学生应该学习的内容，理应被评价。换言之，学习的维度模型倡导对维度2、维度3、维度4、维度5进行全面评价，而不仅仅对维度2中的知识和技能进行评价。原因在于：

首先，即使我们认为只有特定知识和技能（维度2）是重要的，多数教育工作者还是希望学生能够对重要的陈述性知识和程序性知识有更深入的理解和掌握。因此，我们要教给学生拓展与精炼知识的思维技能，即深入学习、建立新联系、产生新见解和纠正误解。我们可以通过维度3中的复杂思维技能来实现这一目标，但是要想引起学生的重视并让他们学以致用，教师就必须将其列入教学和评价的范畴。

其次，多数人认为学生应该将重要知识和技能应用于现实生活情境中。维度4中的复杂思维技能就可以帮助学生达成这一目的。同样，如果要想引起学生重视并让他们学以致用，教师就必须将其列入教学和评价的范畴。

最后，多数人都认为优秀的学习品质是学生有效学习的保障，也是提高其社会价值的前提。维度5中的思维习惯有助于学生养成有效学习和成功生活所需的学习品质。同样，如果学生要养成这些思维习惯，教师就必须将其列入教学和评价的范畴。

我们并未谈及对于维度1的评价。尽管维度1的各个方面主要通过教师观察或学生自评来进行评价，但多数人不会做出这样的评价，因为评价内容多为态度类因素。

综上所述，我们建议对维度2、维度3、维度4、维度5中的各个组成部分进行教学和评价。

评价方法：收集数据的工具和方法

对维度2、维度3、维度4、维度5进行有效的课堂评价，其关键在于掌握不同的评价方法。以下我们将介绍可供所有任课教师运用的五种评价方法：（1）客观题；（2）论述题；（3）表现型任务和作品集；（4）教师观察；（5）学生自评。表6.1描述了每种评价方法所适用的维度，很显然有些评价方法适用于更多的维度。

表6.1 不同知识类型的评价方法

	客观题	论述题	表现型任务和作品集	教师观察	学生自评
维度2：特定陈述性知识	√	√	√	√	√
维度2：一般陈述性知识		√	√	√	√
维度2：特定程序性知识	√	√	√	√	√
维度2：一般程序性知识		√	√	√	√
维度3和维度4：复杂思维技能		√	√	√	√
维度5：思维习惯			√	√	√

客观题

评估专家理查德·斯蒂金斯（Richard Stiggins）认为，客观题就是传统的客观测试，具体包括多项选择题、是非判断题、配对练习和简短填空题。学生需要做出选择或给出正确或最佳答案。

尽管客观题可用于评价学生对陈述性知识的掌握情况，包括一般陈述性知识（概念、概括和原理）和特定陈述性知识（有关人物、地点、事件的事实），但客观题最适合评价学生对事实类信息的简单记忆和熟练辨认，而对于程序性知识来说，客观题适合评价学生是否掌握加法或减法等基本运算。

论述题

论述题是任课教师沿用很多年的评价方法，能有效评价陈述性知识和程序性知识（维度2），以及复杂的思维技能（维度3和维度4）。对于维度2而言，论述题适合评价学生对一般陈述性知识（概念、概括和原理、大概念及其相关概念）的理解水平，也适合评价学生对程序性知识的掌握程度（通过让学生解释或评论一个程序）。当运用某种复杂的思维技能研究某论述题中的陈述性知识时，学生就既须理解该陈述性知识，也须具备运用所需思维技能的能力。

表现型任务和作品集

好的论述题与表现型任务密切相关。事实上，需要运用维度3或维度4中的思维技能来完成的论述题就是一种表现型任务。表现型任务要求学生在完成任务的过程中展现出分析和应用知识的能力。如表6.1所示，表现型任务可用于评价陈述性知识和程序性知识（维度2）、复杂思维技能（维度3和维度4）和思维习惯（维度5）。除此之外，表现型任务还可以促进学生参与、深化对所学内容的理解，并为学生提供有意义地运用知识的机会。

设计基于学习的维度模型的表现型任务可参考以下改编自《评估学生成绩》（*Assessing Student Outcomes*）的步骤：

1. 确定将在任务中评估的重要陈述性知识和程序性知识。（维度2：陈述性知识包括概念、概括、原理或大概念。）

2. 运用维度3或维度4中的某个复杂思维技能组织任务。（维度2中的程序性知识无需这一步。相反，可在现实生活或真实场景中评价技能或流程。）

3. 撰写表现型任务初稿，其中包含第一步和第二步中确定的内容。

4. 确定完成任务所需的思维习惯（维度5），并据此修改任务。

5. 确定诸如沟通、信息处理、合作或协作等具体方面的要求，如有必要，可将其融入任务中。

图6.1中的表现型任务就是按照以上步骤设计的。（这些步骤均改编自《评估学生成绩》。）为使任务成为最有效的评价工具，还应为学生提供评价量规。（对评价量规的相关介绍，可参见下一节“评价的重要作用”。）我们可在《评估学生成绩》一书中找到所有维度的通用评价量规。

年级范围：初中高年级—高中

尽管新闻广播员、经济学家和作家经常使用“第三世界”这一术语，但是很多人未必清楚其含义。人们对“第三世界”的确切含义及其起源并没有统一的认识。小组合作收集有关“第三世界”或其他关于“区域”的术语（如不发达国家、远东）的信息和故事，分析这些术语所代表的特征和含义，以及使用这些术语的原因。

为该术语创建一个定义，并判定其主要特征是否反映了该地区的政治、社会、地理或宗教等方面的特征。小组讨论并达成一致意见。在讨论中，每个人都要对自己的观点进行辩护。我们将根据以下目标设计评价量规，并评价你的表现：

陈述性知识（维度2）：社会研究

1. 你能够区分不同区域的定义：主要以政治、社会要素、地形、宗教等要素为划分依据。

复杂思维技能（维度3和维度4）：定义型调查研究

1. 你能够对尚未取得确切定义的事物进行定义或描述。

2. 对定义中的模糊、不确定或矛盾之处，你能够给出合理解释，并在讨论中为你的观点辩护。

思维习惯（维度5）：批判性思维

在形势需要时，你能够采取鲜明的立场。

图6.1　定义型调查研究任务

作品集与表现型任务紧密相连。事实上，作品集中一般包含学生一系列表现型任务的成果，还包括学生在某项表现型任务的不同阶段的表现和进步情况。作品集的重要之处就在于它包含了学生完成任务的过程、做出某个决策的原因以及对自身努力程度的评估。作品集通常用于展示或证明学生的学习成果。

教师观察

收集评价数据最直接的方式或许是对学生进行非正式的观察。在观察学生对知识的理解和技能的运用水平时，教师通常会做记录。并且，在学生参与课堂活动时，教师通常也会默默观察他们。如图6.1所示，教师观察可用于评价维度2、维度3、维度4、维度5。长期（如一个季度或一个学期）记录学生的学习数据可帮助教师准确判断学生在这四个维度中的表现情况。

学生自评

学生自评是一种有效的评价方式，因为评价数据直接来自学生。通常情况下，教师应为学生提供具体问题、试卷或量规来指导他们进行自评。学生可以在学习日志或日记中写下问题或试卷的答案，也可以填写调查问卷。自评可用于收集所有学习维度的评价数据，尤其适用于维度5，因为许多思维习惯不容易观察，必须由教师据此做出推断。

评价的重要作用

上述评价方法中，除了客观题之外，其他方法都无法简单地做出对错的判断。因此，在运用这些评价方法进行评价的过程中，教师必须从简单地累加学生得分转变为判断学生在特定知识和技能中的表现水平。量规（描述不同表现水平特征的一组标准）是判断表现水平的最佳工具之一。量规通常由一个量表组成，用数字（如4分量规包含数字4、3、2、1）或描述性术语（如高级、熟练、发展中或基础、新手）来表示。量规为判断学生表现水平提供了一个基本框架，尤其适用于论述题、表现型任务和作品集、教师观察和学生自评。

运用量规有利于改进学生的表现。量规可以回答学生提出的问题“对我有什么期待？”。学习、评估和学校结构中心项目总监格兰特·维金斯（Grant Wiggins）认为量规就像路标，它提供的信息可让学生了解自己的学习现状、预期目标，以及如何实现预期目标。总之，量规帮助学生自我评价、自我纠正，也使他们在学习上更加自主。

图6.2、图6.3和图6.4中所示的量规可用于评价学生在陈述性知识、程序性知识、复杂思维技能和思维习惯等方面的掌握程度。只需将量规中的通用术语改成具体任务用语，量规就能转化为作业或学习任务。

陈述性知识

4 透彻理解重要知识；能够详细地结合例证阐释知识，并说明复杂关系和区别。
3 理解重要知识；能够比较详细地结合例证阐释知识。
2 不完全理解重要知识，但没有严重的误解。
1 不完全理解重要知识，且存在严重的误解。

程序性知识

4 较轻松、自动地执行程序的主要过程或技能。
3 在执行程序的主要过程或技能中，没有重大错误，但自动化程度不高。
2 在执行程序的主要过程和技能中，出现一些错误，但仍能完成基本目标。
1 在执行程序的主要过程和技能中，出现太多错误，无法完成基本目标。

图6.2　陈述性知识和程序性知识的通用量规

4 完整、准确、有效，且相对轻松、自动地执行比较过程的各个步骤。
3 有效、无重大错误地执行比较过程的各步骤，但自动化程度不高。
2 执行比较过程的各步骤时出现一些错误，但仍能完成基本目标。
1 执行比较过程的各步骤时出现太多错误，以致无法完成目标。
注：程序性知识通用量规可用于维度3和维度4中的所有复杂思维技能。

图6.3　复杂思维技能“比较”的评价量规（改编自程序性知识通用量规）

4 仔细审视某一情境，确定采取行动之前是否需要进一步研究。如果需要，在行动前能收集到全面且详细的信息。
3 审视某一情境，确定采取行动之前是否需要进一步研究。如果需要，在行动前能收集到充足的信息。
2 粗略审视行动之前是否需要进一步研究。如果需要，在行动前能收集到部分信息。
1 在行动之前未审视情境以确定是否需要进一步研究。
注：若想了解所有思维习惯的评价量规，请查阅《评估学生成绩》。

图6.4　思维习惯“抑制冲动”的评价量规

如何评定等级分数

确定了评价量规和评价工具之后，还应考虑如何评定等级分数。

教师不能再将学生的测验、任务和其他学习活动的总分视为等级分数，而是应考量学生在以下各方面的表现水平，具体包括：(1)某具体学科或某节课中的重要陈述性知识和程序性知识(维度2)；(2)学生在课堂上学习和运用的复杂思维技能(维度3和维度4)；(3)养成的高效思维习惯(维度5)。

例如，在《科罗拉多州》单元(本书单元设计部分均以该单元为例)学习中，教师将教学生大量知识(在维度2中确定)，这些知识可参照以下基准进行分类：

学生将能够……

基准1：理解某一区域内人类与自然环境之间的交互作用

基准2：理解区域内和区域间人口迁移的缘由

基准3：能够使用专题地图

本单元还需学生运用复杂思维技能、展示思维习惯(在学区基准中不一定明确提出这两项)。具体来说，学生在学习《科罗拉多州》单元时需要运用三种复杂思维技能(分类、归纳推理和实验探究)。此外，教师还将两种创造性思维习惯(坚持不懈和突破自我)和一种调节性思维习惯(合理计划)列为了学习目标。

表6.2是一份成绩单样表。该类成绩单样表适用于按照特定基准组织的陈述性知识和程序性知识教学。如果不按照基准组织教学，那么成绩单中只需包含最重要的

知识内容，因为教师不可能单独评定每一条知识的等级分数。以下将对该成绩单的各个部分进行解释。

表6.2　某成绩单样表

任务关键词：	A.测验 B.归纳任务 C.地形图（作业） D.分类任务	E.测验 F.实验探究任务 G.单元测验 H.识图任务（作业）	I.________ J.________ K.学生自评 L.观察

标准/基准： **学生**		地理S1B2 人类/自然环境	地理S2B5 人口迁移/区域	地理S6B1 使用专题地图	维度3和维度4 复杂思维技能	维度5 思维习惯
阿尔·爱因斯坦	A	3				
	B	3			3	
	C	3				
	D		3		3	
	E		3			
	F	3	3		3	2
	G	4	3	2		
	H			1		
	I					
	J					
	K	4	3	2	3	3
	L	4 [4]	3, 3+ [3]	2 [2]	[3]	2, 2 [2]
玛丽·居里	A	2				
	B	3			2	
	C	2				
	D		1		2	
	E		1			
	F	2	2		1	1
	G	1	1	1		
	H			1		
	I					
	J					
	K	3	2	2	2	2
	L	2 [2]	1, 1 [1]	2 [1]	2 [2]	2, 2 [2]

（续表）

乔治·卡佛	A	4				
	B	3			2	
	C	4				
	D		4		4	
	E		4			
	F	4	3		3	3
	G	4	3	3		
	H			4		
	I					
	J					
	K	4	4	4	3	4
	L	3 [4]	3, 4, 3 [3]	4 [4]	3 [3]	4, 4 [4]

教师可在成绩册顶部的“任务关键词”处列出用于评级的各种评价方法、活动和任务。除了教师观察和学生自评之外，该样表中还可以填写十项评价任务，其中八项已填。

A. 测验

B. 归纳任务

C. 地形图（作业）

D. 分类任务

E. 测验

F. 实验探究任务

G. 单元测验

H. 识图任务（作业）

I. ______________________________

J. ______________________________

K. 学生自评

L. 观察

在每一栏的顶部（更传统的成绩册里有任务记录）是本单元待评定等级的知识类别。前三栏是本单元的三个基准，后两栏分别是本单元学习所运用的复杂思维技能

（维度3和维度4）和高效思维习惯（维度5）。

注意，在等级评价阶段，教师布置了两次家庭作业、两次测验、两个维度3任务、一个维度4任务和一个单元测验。教师根据学生在具体任务、活动、家庭作业等方面的表现打分，并将分数填在每个基准下方的方框中。以阿尔·爱因斯坦的第一个基准分数为例，此列有多行，每行前面都有一个字母，每个字母代表教师评价阿尔学习表现的不同项目，如任务、测验或学习活动等，而表格里的数字则是教师对阿尔在每个基准知识、思维技能或思维习惯中的表现的评价。

还应注意的是，大部分评价方法不止考核一个基准。例如，“实验探究任务”可考核学生在两个内容基准中的学习表现，即复杂思维技能和思维习惯。

K行用来记录学生在各个维度中表现的自我评价。（在师生评价讨论会上，每个学生都向教师提交自己的自评分数和相关证明材料，教师会将其记录到成绩单中。）

L行用来记录教师对学生在各个维度中表现的非正式观察。例如，教师按照学生在不同情境中的表现，有时会给出等级分数2，有时则给出等级分数3。

在整本成绩册中都会用到从1到4的数字，用以表示学生在与陈述性知识或程序性知识、维度3或维度4中的复杂思维技能以及思维习惯相关的任务中的表现水平。（本章前面有介绍，用以评价学生在不同维度中的表现。）然而，如果一项任务或测验考核某陈述性知识或程序性知识中的多项内容（如“理解人类与自然环境之间的交互作用”中包括理解地形、自然资源、气候和文化等概念）或考核多种复杂思维技能或思维习惯（如一项任务可评价“比较”和“归纳推理”两种思维技能），那么教师要如何做呢？图6.5可用于记录学生在多种陈述性知识或程序性知识、维度3和维度4中的多种复杂思维技能或多种思维习惯中的表现。

4 高水平完成了部分任务目标
3 熟练完成了大部分任务目标
2 熟练或较高水平完成了部分任务目标
1 基本或低水平完成了大部分任务目标

图6.5　多成分表现评价量规

等级评价的最后阶段，教师给学生在每类知识中的表现打一个等级分数，写在成绩单每一栏最底部L行的白色方框中。这个分数并不是学生在该类知识涉及的所有任务中的平均分，而是反映学生在各类任务中所达到的总体表现水平。许多教育工作者认为学生学习目标知识所用时间长短并不重要，关键是看目标的达成程度。

教师评估完所有类别的知识之后，需要将这些等级分数汇总为一个总分。每类知识的重要程度不同，权重分数也不同。例如，陈述性知识和程序性知识权重为2，复杂思维技能权重也为2，而思维习惯权重仅为1。学生在每类知识中的初始得分与权重分数相乘得出“质点分”（quality points），把所有质点分相加得出总质点分，再除以权重分数之和，即可得到一个平均分，如表6.3所示。最后按照以下标准将平均分转换成不同等级：

3.26—4.00 = A

2.76—3.25 = B

2.01—2.75 = C

1.50—2.00 = D

1.49及更低 = F

表6.3 计算得分情况

学生：阿尔·爱因斯坦			
	学生得分	权重	质点分
内容基准1得分	4	×2	8
内容基准2得分	3	×2	6
内容基准3得分	2	×2	4
复杂思维技能得分	3	×2	6
思维习惯表现得分	2	×1	2
总分		9	26
阿尔·爱因斯坦本季度平均分：26÷9=2.89			
阿尔·爱因斯坦本季度等级：B			

使用单个字母表示等级并不理想，原因如下：第一，划分等级的分数线有明显的任意性；第二，单一等级并不能提供学生在各类知识中表现的具体信息；第三，单字母等级过度简化了复杂知识和技能的呈现、学习以及评价过程。然而，字母等级仍然被广泛使用，并带有一定神秘感，因为人们似乎认为字母等级的意义比实际代表的意义更多。无论如何，教师仍然会采用字母等级。关于评定等级问题的更全面讨论，可参考马扎诺和肯达尔的专著《基于标准的学区、学校和课堂综合设计指南》（*A Comprehensive Guide to Designing Standards-Based Districts, Schools, and Classrooms*）。总之，可用字母等级的方法评价学生在特定基准上的表现水平，并借此让学生了解他们在特定学习维度上的学习状况。

如何安排教学活动

基于学习的维度的单元教学显然包括许多不同的活动。例如，学生参加涉及维度3和维度4的项目；师生单独会面或小组讨论；学生在课外收集资源等。既然所需活动多样，那么在日常教学中也应有不同的课型。我们建议教师至少采用两种不同的课型：讲授课（presentation classes）和学习工作坊（workshop classes）。

讲授课

讲授课主要面向维度2：获取与整合知识。这类课一般以教师为中心，但这并不是说教师一味地“讲”，学生一味地“听”，也不是说教师必须“呈现”信息。讲授课可以通过邀请演讲嘉宾作报告、观看电影、实地考察等不同形式向学生“呈现”信息。第二章中关于维度2的许多策略都强调探究活动，并鼓励学生积极参与学习。但是，学习的总体方向还是由教师主导的。

尽管不同学科的讲授课存在差异，但也有一些通用的教学方法适用于所有学科的讲授课。

- 激发兴趣：为学生讲述一些有趣的个人轶事和故事，使学生对旨在获取并整合知识（维度2）的活动产生兴趣。

- 陈述目标：明确教学活动目标。
- 建立联系：解释当前学习活动与之前学习内容之间的关系，或者最好让学生自己建立联系。
- 示证：清晰地解释或示范教学活动的关键之处。
- 小结：要求学生对学习过程进行总结和评价。

需要注意的是，以上是五个教学方法，而并非所有讲授课都必须按照顺序执行的教学步骤。不过，在任一讲授课中都应系统地应用这五个方法。

学习工作坊

与讲授课相比，学习工作坊更倾向于以学生为中心。学习工作坊侧重于拓展与精炼知识（维度3）或有意义地运用知识（维度4），可有效帮助学生设计并完成复杂的思维任务。你可以这样理解讲授课与学习工作坊之间的区别：在讲授课上，教师“运球”，学生对此做出反应；在学习工作坊中，学生“运球”，而教师对此做出反应。学习工作坊通常分为三个阶段：迷你教学阶段、活动阶段和分享阶段。

1. 迷你教学阶段

迷你教学，顾名思义一般只有5—10分钟的时间，通常（但不一定）是在学习工作坊开始的时候，用以指导和帮助学生完成两类任务：拓展与精炼知识、有意义地运用知识。

在典型的迷你教学中，教师应该

- 向学生示范在完成任务时可运用的策略或方法（如示范做出决策的相关策略来帮助学生完成决策任务）
- 介绍或解释学生在完成任务时可用的资源（如介绍在决策任务中可参考的图书或文章）

因此，迷你教学是教师面向全班提供有关学习任务的支持和指导的阶段。

2. 活动阶段

活动阶段通常持续20—45分钟。在这一阶段，学生独立或小组合作完成任务。在此期间，教师通过与学生进行讨论交流来提供适时的指导，本章后面将对其进行介绍。

3. 分享阶段

分享阶段一般持续时间较短，可能只有5—10分钟。尽管在课堂任何时间段都可以分享交流，但它经常发生在学习工作坊结束时。学生通常会分享以下内容：

- 在迷你教学和活动阶段所学内容
- 他们产生的新见解
- 他们在学习任务中遇到的未解难题

如果还需分享学生的任务成果，那么分享阶段持续时间会比较长。成果分享一般在单元结束时进行。

讲授课与学习工作坊的整合

教师在单元教学中应整合运用讲授课和学习工作坊，而且，不能将所有讲授课都安排在单元开始部分，也不能将所有学习工作坊都安排在单元结束时。为期四周的单元教学可按照表6.4所示合理分配两种课型。在本例中，重心逐渐从讲授课过渡到学习工作坊，也就是说，从维度2（获取与整合知识）逐渐转移到维度3（拓展与精炼知识）和维度4（有意义地运用知识）。而维度1（积极的态度与感知）和维度5（高效思维习惯）则贯穿在讲授课和学习工作坊中。精心安排讲授课和学习工作坊的顺序，让两者相互支撑，让师生轮流掌控学习过程，能为单元学习提供整体性学习体验。以下四个问题可帮助你合理安排课型顺序并将学习的五个维度整合起来。

1．哪些策略和活动可用于维度1和维度5的学习？

例如，教师在设计《科罗拉多州》单元教学时可运用以下策略和活动来学习维度1和维度5：

- 经常要求学生复述和改述问题（维度1）。
- 让学生有机会将单元所学知识应用在自己选择的区域上（维度1）。
- 在学生突破自我或坚持不懈时给予口头表扬（维度5）。
- 帮助学生学习如何做计划；让学生在学习日志中反思自己的计划（维度5）。

2. 本单元安排几次讲授课？分别在哪天？

回答这个问题，你必须首先确定

- 如何安排讲授课中的直接学习体验和间接学习体验。
- 何时让学生练习技能和流程。

表6.4 课型序列安排

	周一	周二	周三	周四	周五
第一周	讲授课	讲授课	讲授课	讲授课	讲授课
第二周	学习工作坊	讲授课	讲授课	讲授课	学习工作坊
第三周	学习工作坊	讲授课	学习工作坊	学习工作坊	学习工作坊
第四周	讲授课	学习工作坊	学习工作坊	学习工作坊	

举例来说，教师在设计《科罗拉多州》单元教学时可参照表6.5安排讲授课和学习工作坊。每个表格的右下角斜体字标注出是讲授课还是学习工作坊。第一周全部是讲授课，主要介绍本单元的重要概念以及与阅读地图相关的程序性知识。第二周在讲授课上学习关于科罗拉多州“淘金热”的原理和事实，还会开展两次学习工作坊。在第三周和第四周里，讲授课的数量逐渐减少，学习工作坊的数量则逐渐增加。

表6.5 课型序列安排

	周一	周二	周三	周四	周五
第一周	地形、自然资源——阅读教材 *讲授课*	为阅读自然地图和自然资源图构建模型并进行固化 *讲授课*	•看影片——从象形图开始 •气候——阅读教材中的区域饼状图 *讲授课*	文化、阅读教材，并进行讲解 *讲授课*	文化、阅读教材，并进行讲解；学习记笔记的策略 *讲授课*

（续表）

	周一	周二	周三	周四	周五
第二周	归纳任务——示范步骤、全班学生一起完成一些步骤（本周开始学习饼状图） *学习工作坊*	地形等影响文化——讨论如何利用图示；介绍科罗拉多州历史上的重要人物 *讲授课*	地形等影响居住模式——阅读教材、讲义——利用图形组织者（测验） *讲授课*	邀请嘉宾作关于“淘金热”的报告、学生沿时间线做笔记 *讲授课*	分类任务——学生已经知道如何分类，但在开始之前我再领学生复习一下分类步骤（测验） *学习工作坊*
第三周	介绍实验探究任务——讲授实验探究过程——讲解如何做计划，学生开始做探究任务 *学习工作坊*	实地考察 *讲授课*	实验探究：学生做任务，我组织讨论 *学习工作坊*	归纳任务——学生小组合作学习报纸内容，我组织讨论 *学习工作坊*	•实验探究任务——学生执行任务，我组织讨论，示范如何做计划 •复习地图阅读方法，家庭作业 *学习工作坊*
第四周	可再生资源、不可再生资源等；影片、概念获得、图形组织者 *讲授课*	实验探究——学生进行探究，我组织讨论 *学习工作坊*	实验探究——我组织讨论 *学习工作坊*	学生呈现实验探究任务成果 *学习工作坊*	单元测验

3. 本单元安排几次学习工作坊？

需要考虑的一个重要问题是在迷你教学阶段教师应该做什么。例如，如果你想让学生学习一项新的思维技能，用以完成维度3或维度4的任务，那么你就需要有充足的时间向学生介绍并示范该思维过程。如表6.5所示，教师安排了9次学习工作坊。

4. 如何安排讲授课和学习工作坊的顺序以整合单元教学？

学生需要一定量的知识才能有效指导自己完成任务。为何单元学习伊始多为讲授课？就是为了让学生获取所需知识。随着学生在学习工作坊中逐渐运用自己获取的知识，讲授课的数量逐渐减少。学生不时还需要一些额外的知识来完成任务，因此单元教学后期也应适量安排讲授课。如表6.4所示，为期四周的单元教学中，课型重心逐渐从讲授课转移向学习工作坊。

安排单元课型顺序时，你应该确保每堂课都基于上一堂课而设计，并交替安排两种课型，以便有充足的时间给学生提供任务指导。合理交替安排两种课型的另一个明显好处是能够避免学生感到厌倦。

如何组织研讨会

研讨会为师生交互提供了机会，它打破了以往教师作为课堂领导者和知识传递者、学生作为知识接受者的模式。在研讨会上，教师和学生共同研究、共同合作。

研讨会时长三四分钟到10—15分钟不等。教师可以与单个学生讨论，也可以参与小组讨论。小组讨论相对来说可以节约时间，提高师生交互效率。虽然研讨会的基本功能是促进师生交互，但也有必要考虑它所聚焦的两个方面：项目（任务）和评价。

聚焦项目：当聚焦项目时，讨论的目的就在于为学生提供与维度3或维度4相关的项目指导。在项目研讨会中，教师和学生共同讨论项目进度以及可能遇到的问题，或计划项目的后续进程。

聚焦评价：当聚焦评价时，教师和学生分享各自对学生在本单元各个维度的学习表现的看法。如果学生进行了自我评价，那就在会上汇报自己的评价结果。如果师生有不同的评价意见，他们就要就分歧进行协调商议。对于教师和学生来说，这种师生交互无疑是一种非常有效的学习体验。

结　语

本章再次引用《科罗拉多州》单元作为范例讨论了影响单元教学设计和实施的重

要问题。本章最后附上了《科罗拉多州》单元的整体教学设计。建议你通读该单元设计，以便更清晰、更全面地了解设计过程。

虽然整体单元设计中有很多内容在之前每个维度章节的末尾处也可以找到，但你会发现，维度2的单元设计部分只有一页陈述性知识，而整体单元设计中有多页陈述性知识，这说明本单元中的陈述性知识有很多。

请注意，这是一个只涉及“社会研究”的单元设计范例。我们只是用如此简单的单元范例来解释复杂的学习的维度模型。你不应就此认为我们只建议在如《科罗拉多州》单元一样简单的单元中才能运用学习的维度模型。我们已经清楚地表明，此设计过程适用于跨学科单元设计，以及比《科罗拉多州》单元更短或更长的单元设计。

最后，请注意，学习的维度模型不只适用于单元教学设计。教育者还可运用该模型以及与此相关的各种资源设定并帮助学生实现学习目标。任何模型的目的都是帮助人们理解复杂的事物。人类的学习是最复杂的事情，而学习的维度模型是教育者用以帮助学生更好地理解学习过程的一种工具。如果学生能够理解学习过程，那么该模型的最终目标——促进学生学习——就可以实现。

《科罗拉多州》单元教学案例

地理学标准1，基准2（D）：理解区域内人类与自然环境之间的交互作用。

概念：地形、自然资源、气候、文化。

以科罗拉多州为例介绍以上概念。

概括/原理：理解地形、自然资源和气候影响地区文化。

以科罗拉多州为例说明地形、自然资源和气候如何影响地区文化，比如，山脉和积雪促成冬季体育文化。

事实：列举事实说明莫莉·布朗、西布隆·派克、阿尔弗雷德·帕克是如何与所处环境互动的。

词汇术语：旅游、高原

地理学标准3，基准2（D）：理解可再生资源与不可再生资源的特征和分布区域。

概念：可再生资源、不可再生资源、流动资源。

以科罗拉多州为例介绍以上概念。

石油的产生过程将用以解释不可再生资源。

地理学标准2，基准5（D）：理解区域内和区域间人口迁移的缘由。

概括/原理：地形、自然资源和气候影响居住模式。

以科罗拉多州为例说明地形、自然资源和气候如何影响居住模式，比如，山脉阻挡了一些拓荒者的脚步，随后又促成了丹佛和科罗拉多斯普林斯等城市。

与基准无关的其他陈述性知识：

时间序列：了解1859—1900年科罗拉多州的“淘金热”。

地理学标准6，基准1（P）：使用专题地图

知道如何阅读并解释自然地图。

知道如何阅读并解释自然资源地图。

图6.6 《科罗拉多州》整体单元设计

表6.6 维度1设计指南

单元主题：科罗拉多州

是否存在和**态度与感知**相关的教学目标或问题？ • 总体目标？ • 与本单元相关的目标？	如何达成目标或解决问题？	
	具体来说，哪些策略能够帮助学生……	描述具体实施内容。
最近我对学生的错误回答和正确、深刻的回答给出的反应都是一成不变的。	**课堂氛围** ☑ 感知到被教师和同学接纳？	我将放慢节奏，给学生机会回答问题，我还会反复重述或改述问题。
很多学生觉得上次的户外旅行很无趣，缺少组织性，甚至有人未遵守乘坐公交车的规则。	☑ 感知到课堂氛围的舒适感与秩序感？	
学生对学习科罗拉多州的相关知识没有兴趣。	**课堂任务** ☑ 感知到课堂任务的价值与乐趣？ ❑ 相信自己有能力有资源完成任务？ ❑ 理解并明确任务？	我将给每个学生的课桌上贴一张计划表。让学生结合这张计划表讨论如何制订计划，然后我再给学生示范如何使用该计划表。每隔几天，我都会要求学生在他们的学习日志中记录自己的计划进展情况。

表6.7 维度2陈述性知识设计指南

单元主题：科罗拉多州

学生将**获取与整合**哪些**陈述性知识**？学完本单元，学生将知道并理解……	为帮助学生获取与整合陈述性知识，可以开展哪些**活动**、调取哪些**经验**？	为帮助学生对陈述性知识进行**意义建构**、**组织**或**存储**，可采取哪些策略？	描述具体实施内容
概念：地形 ——包括地貌、水域、道路、桥梁等在内的自然和人工地形特征。 以科罗拉多州地形（包括落基山脉、沙丘、河流、平原、高原和山谷等）为例。	教材第8—10页 电影：《阳光海岸》 阅读自然地图 自学：区域地形图	K-W-L图表 实体和图示表征	在K-W-L图表中，首先填写K列和W列内容。然后阅读教材文本、观看影片并阅读地图，并最终填写L列。根据该K-W-L图表内容制作案例地形的地形图。 每位学生自主选择一个地区，然后通过独立搜索信息制作出一张区域地形图。任务完成后，将独立制作的地形图充实到班级地形图中。
概念：自然资源 ——用途广泛、必要且怡人的天然资源。 以科罗拉多州自然资源（包括积雪、黄金、土壤、阳光、森林、石油和山川等）为例。	电影：《阳光海岸》 阅读自然资源地图 实地考察：阿尔戈金矿	“3分钟停顿” 运用所有感官 图示表征	影片播放过程中，我会适时暂停播放，让学生识别不同类型的自然资源。播放结束后，我让学生在头脑中想象自然资源的画面，并描述自己所见所闻所感等。随后开始绘制自然资源的个人图示表征，再将每个学生的图示表征汇总成全班图示表征。之后阅读自然资源地图，并据此丰富图示表征。 在实地考察过程中，学生会根据观察，为他们绘制的个人自然资源图示表征添加更多具体实例。

（续表）

单元主题：科罗拉多州

学生将**获取与整合**哪些**陈述性知识**？学完本单元，学生将知道并理解……	为帮助学生获取与整合陈述性知识，可以开展哪些**活动**、调取哪些**经验**？	为帮助学生对陈述性知识进行**意义建构**、**组织**或**存储**，可采取哪些策略？	描述具体实施内容
概念：气候 ——天气变化的模式，包括气温、降雨等。 以科罗拉多州气候（包括四季、极端天气、降雪量大、湿度低等）为例。	阅读教材第13页，讨论补充资料。	3分钟停顿	学生之前已经学习了气候的概念，因此，本部分对多数学生来说是复习内容。我们将阅读教材上的相关内容以及当地电视台制作的有关科罗拉多州天气和气候的相关资料。我会不时地停下来让学生说一说他们对气候的理解。
概念：文化 ——群体的信念、习俗、价值观、娱乐方式、住房等。 以科罗拉多州文化为例。	阅读教材第3—7页讲授	互惠教学 运用图形组织者记笔记	对学生来说，文化是一个全新的抽象概念，所以一开始的时候我会采用互惠教学策略让学生阅读内容并展开讨论。我会指导学生记录笔记并将所学内容绘制成图形组织者。然后我向学生讲解我所收集的其他国家不同文化的图片或纪念品。我还会帮助学生补充或修改自己的笔记和图形组织者，使其包含文化的关键特征。

（续表）

单元主题：科罗拉多州

学生将**获取与整合**哪些**陈述性知识**？学完本单元，学生将知道并理解……	为帮助学生获取与整合陈述性知识，可以开展哪些**活动**、调取哪些**经验**？	为帮助学生对陈述性知识进行**意义建构**、**组织**或**存储**，可采取哪些策略？	描述具体实施内容
原理：地区的地形和自然资源影响其文化 以科罗拉多州的因果效应为例：山脉和降雪促成冬季体育运动文化等。	讨论 实地考察：阿尔戈金矿	图形组织者	让学生在空白图形组织者中填写科罗拉多州的地形地貌、自然资源、气候和文化，并将其联系起来，然后请学生以同样的方式填写自己所选区域的图形组织者。在实地考察中，我们将填写科罗拉多州的图形组织者。回到课堂后，学生将分组填写其他地区的图形组织者。
原理：地形、自然资源和气候影响居住模式 提供科罗拉多州历史上的因果效应示例，同时也提供其他地区的示例。	教材第12—16页 讨论 补充材料	3分钟停顿 先行组织者问题	教材和讲义介绍了地形地貌、自然资源、气候和居住模式之间的关系。例如，山脉影响了科罗拉多斯普林斯市和丹佛市居民的居住方式，黄金的发现导致了淘金城的崛起，以及降雪带动了度假小镇的兴起。我将向学生提出先行组织者问题，帮助他们聚焦中心议题。学生将在3分钟停顿后回答这些问题。

（续表）

单元主题：科罗拉多州

学生将**获取与整合**哪些**陈述性知识**？学完本单元，学生将知道并理解……	为帮助学生获取与整合陈述性知识，可以开展哪些**活动**、调取哪些**经验**？	为帮助学生对陈述性知识进行**意义建构**、**组织**或**存储**，可采取哪些策略？	描述具体实施内容
概念：可再生资源 ——可替换（如木材、大豆）	讨论	探究模式——概念获得	运用概念获得策略。我给学生提供三种资源的正例和反例，让学生说出每种资源的特征。
概念：不可再生资源 ——不可替换（如矿物、石油）	电影：《资源之源》		然后让学生观看教学电影，验证或纠正他们所说的三种类型资源的特征。
概念：流动资源 ——随时随地可使用（如河水、阳光） 提供描述科罗拉多州资源的事实类信息		图形组织者	我们将以科罗拉多州为例提供一个概念的图形组织者，并在投影仪中展示，然后给每个学生一份复印件。

（续表）

单元主题：科罗拉多州

学生将**获取与整合**哪些**陈述性知识**？学完本单元，学生将知道并理解……	为帮助学生获取与整合陈述性知识，可以开展哪些**活动**、调取哪些**经验**？	为帮助学生对陈述性知识进行**意义建构**、**组织**或**存储**，可采取哪些策略？	描述具体实施内容
时间序列：1859—1900年科罗拉多州的“淘金热”	演讲嘉宾报告	运用多种感官 时间序列图示	历史学家雅各布斯先生（Mr. Jacobs）将为大家讲述科罗拉多州“淘金热”的故事。学生运用时间序列图示记录主要事件。 当我们在阿尔戈金矿进行实地考察时，我们就处在当年的真实情景中。我会要求学生想象当时的场景，并汇报自己在想象中的所见所闻。
词汇术语：旅游、都市、乡村、高原	课堂讨论	词汇学习策略	学生分组运用词汇学习策略来学习所有术语。然后轮流向全班展示自己如何用图像或体验来阐释术语。

表6.8 维度2程序性知识设计指南

单元主题：科罗拉多州

学生将**获取与整合**哪些**程序性知识**？学完本单元，学生将知道并理解……	为帮助学生对程序性知识进行模型建构、固化和内化，可采取哪些策略？	描述具体实施内容
阅读和解释自然地图	注意：所述策略适用于教授任意类型地图。	我将详细介绍阅读地图的步骤，并示范每种地图的阅读程序。我会给学生提供一套阅读地图的书面步骤。
阅读和解释自然资源地图	“出声思维”策略 一组书面步骤 变式练习 内化不是目标	学生通过小组合作的方式学习，每个小组都会拿到自然地图和自然资源地图的多种变式（取自不同教材）以及相关问题。他们先在组内讨论，然后请小组代表回答。这样有助于学生熟悉每个变式，除此之外，还可以强化他们对地形和自然资源概念的理解。

表6.9　维度3的设计指南（1）

单元主题：科罗拉多州

学生将**拓展与精炼**哪些知识？具体而言，学生将能够拓展与精炼……	学生将运用哪些思维技能？	描述具体实施内容
地形、自然资源和气候影响当地的居住模式。	❑ 比较 ☑ 分类 ❑ 抽象 ❑ 归纳推理 ❑ 演绎推理 ❑ 提供支持 ❑ 分析错误 ❑ 分析观点 ❑ 其他______	截至目前，我们已经理解了地形、自然资源和气候是如何影响现有居住模式的。接下来，我们转换视角，来看看这些要素是如何导致原有居住模式消失的。我会给你们提供一些种群先繁荣后消亡的实例（如印第安人、鬼城、恐龙和“沙暴侵入区”）及其消亡原因。请你辨别其消亡是否与地形、自然资源或气候有关，并据此分类。如果原因有多种，你可能需要将它归为多个类别。

维度3的设计指南（2）

单元主题：科罗拉多州

学生将**拓展与精炼**哪些知识？具体而言，学生将能够拓展与精炼……	学生将运用哪些思维技能？	描述具体实施内容
地形、自然资源和气候影响当地的文化。	❑ 比较 ❑ 分类 ❑ 抽象 ☑ 归纳推理 ❑ 演绎推理 ❑ 提供支持 ❑ 分析错误 ❑ 分析观点 ❑ 其他______	在本单元的学习中，我们将多次从《今日美国》中挑选出能够反映陌生地区文化的相关文章。基于文章中对该地区文化的相关描述（如人们面临的问题或难题、他们的庆典活动），我们将归纳与该地区地形、自然资源和气候相关的具体事实。

表6.10　维度4的设计指南

单元主题：科罗拉多州

学生将**有意义地运用**哪些知**识**？具体而言，学生将能够理解和运用……	学生将运用哪些思维技能？	描述具体实施内容
地形、自然资源、气候和文化的概念。 地形、自然资源和气候影响居住模式。	❑ **做出决策** （从相似方案中做出选择或检验别人的决策） ❑ **问题解决** （克服障碍和限制条件以实现目标） ❑ **发明创造** （创造出满足需求或改善情形的事物） ☑ **实验探究** （解释现象并验证解释） ❑ **调查研究** （解决与事物定义、历史事件、过去或未来假设事件有关的困惑或矛盾之处） ❑ **系统分析** （对系统的组成部分及其交互作用进行分析） ❑ **其他**________	我们已经在课上讨论过科罗拉多州的人口增长速度很快。事实上，与其他州相比，居住在科罗拉多州的人中有相当一部分是从别处移居过来的。“科罗拉多本地人”并不多。那为什么这么多人都移居到科罗拉多州？为什么人口增长速度还如此之快？ 其中一种解释是科罗拉多州的地形、自然资源、气候和文化吸引了人们。我们来验证一下这种解释的正确性。如果这种解释正确，那我们就能够将人们移居科罗拉多州的现象归因于该州的地形、自然资源、气候和文化特征。 设计一项活动（如调查或访谈）以确定人们移居科罗拉多州在多大程度上与它的地形、自然资源、气候和文化相关。你需要实施该活动、分析结果并向全班同学汇报你的结论。可能会要求小组内任一成员来解释你们对每个因素（地形、自然资源、气候和文化）影响程度的结论。

表6.11 维度5的设计指南

单元主题：科罗拉多州

<table>
<tr><td rowspan="2">是否存在与学生思维习惯相关的目标或重要内容？
• 总体目标？
• 与本单元相关的目标？</td><td colspan="2">如何达成目标或解决问题？</td></tr>
<tr><td>具体来说，如何帮助学生……</td><td>描述具体实施内容。</td></tr>
<tr><td></td><td>批判性思维
☐ 追求精准？
☐ 追求清晰？
☐ 开放心态？
☐ 抑制冲动？
☐ 立场鲜明？
☐ 移情理解？</td><td></td></tr>
<tr><td>每年这个时候，学生就开始懈怠、干劲不足，即使好学生也在偷懒。</td><td>创造性思维
☑ 坚持不懈？
☑ 突破自我？
☐ 坚持己见？
☐ 善用新视角打破常规？</td><td>当学生表现出突破自我或坚持不懈的思维习惯时，我通过口头表扬来激发他们的活力。我认为在学生表现出这些思维习惯时应及时给予认可。</td></tr>
<tr><td>学生知道在任务开始之前应制订计划，但并没有坚持这样做。实验探究任务需要制订严密计划并严格执行。</td><td>调节性思维
☐ 自我监控？
☑ 合理计划？
☐ 合理调用必要资源？
☐ 回应反馈？
☐ 评估自身行动效能？</td><td>我将给每个学生的课桌上贴一张计划表。让学生结合这张计划表讨论如何制订计划，然后我再给学生示范如何使用该计划表。每隔几天，我都会要求学生在他们的学习日志中记录自己的计划进展情况。</td></tr>
</table>

译后记

Postscript

一直以来，马扎诺博士的教育思想和成果都深深地影响着我们对教学的理解和实践。这本《学习的维度》是继《如何促进教师发展与评价》之后，我们第二次翻译马扎诺的著作。对于很喜欢马扎诺和他的教育思想的我们来说，这是非常宝贵的机会。

《学习的维度》将目光聚焦在模型和工具的打造上，进而帮助教育者采用结构化但灵活的方式来改进课程、教学和评价。考虑到读者在理解和运用本书内容时可能遇到的困难，马扎诺提供了实操性极强的评价框架和量规，以及很多惟妙惟肖的图片，让我们很系统、形象地理解学习的维度；还提供了丰富的学科案例和课堂范例，便于教师迁移运用到课堂之中；还根据教师教学的实际运用情况，贴心地提供了分别适合低学龄段、高学龄段教学的应用建议。可以说，这本书是每一位教师不可多得的使用手册。

在翻译本书的过程中，我们不仅逐词逐句研磨，还查找了大量资料以确保尽量保持原文本意，同时，我们还尝试在自己的教育教学实践中练习书中所提供的策略。不夸张地说，我们是这本书的第一批受益者。比如本书在维度1“态度与感知”中提及教师对学生回答的回应方式直接影响学生的学习安全感，并进而提出一条策略“当学生回答错误或不作答时也要给出积极回应”。在翻译本书前，遇到相似情况时，我们可能为了节约时间另找学生作答，或者直接引导学生朝正确答案方向作答。但经本书提醒，我们会在学生回答错误或不作答时，允许学生求助班级其他同学，鼓励他们相互合作，或者重新解释或阐述问题保证学生能透彻理解问题，或者强调学生回答中的正确之处，总之，我们开始让那些常因不会回答或回答错误而逃离课堂的学生也能在课堂上体会到合作、支持、自信和成就。

只是一个小策略，都让我们和我们的学生感受更好，何况这一本书中所提及的所有策略呢？如果我们都理解并践行，我相信我们的教学能发生天翻地覆的变化，最主要的是，我们的学生能从中受益，变成更好的自己。《学习的维度》从宏观和微观的角度给每一位一线教师提供了非常全面而细致的方法和策略，让我们重新认识了学习这件事。相信《学习的维度》一定能让学校的教师，乃至家长和学生，以及所有的终身学习者读有所获，学有所得。

对于本书翻译中仍存在的不足，敬请读者予以指正。

河北大学　崔佳

河北新河中学　张海燕

让学生的进步看得见

马扎诺团队作品相关推荐阅读

《能力导向型教学法》

《数据驱动式教学》

《如何成为一名反思型教师》

《卓有成效的课堂管理》

《设计有效的教学评价与评分系统》

《课堂上的提问逻辑》

《如何促进教师发展与评价》

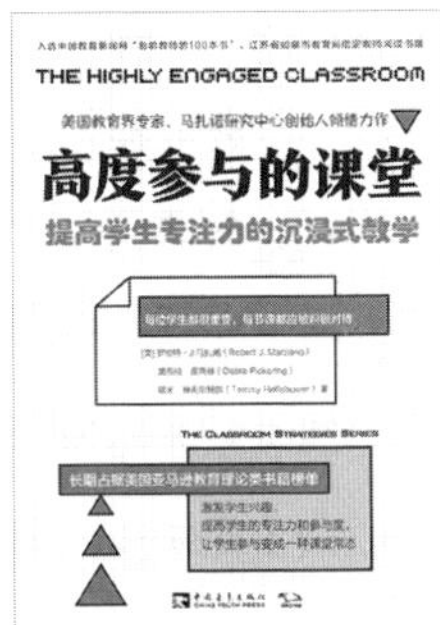

《高度参与的课堂》

《目标教学法》

《专业学习共同体》

《基于课堂中精准理解的教学设计》

《学习的维度》

美国教育界专家，
马扎诺研究中心联合创始人
兼首席执行官
罗伯特·J.马扎诺作品

一套实时追踪的可视化指标，
还原马扎诺教育研究实验室
数十年研究结果，
实现教—学—评的一致性

内容简介

在以能力为本的教育系统（CBE）中，在课堂上开展基于能力的教学至关重要。马扎诺教育研究实验室从反馈、内容、学习氛围、自我监管四大范畴出发，为教师贡献了数十年的研究成果，包括一整套追踪指标：10个设计区域和49个教学要素，帮助学生熟练掌握学习内容，培养重要的思维方式和生活技能，支持学生个人成长与学校的发展。书中提供多个运用马扎诺教学模式的实例，引导教师发挥量规与等级量表的优势，实现课程、教学与评估的一致性，让学生的进步点滴可见。

作者简介

罗伯特·J. 马扎诺博士，美国教育界专家，马扎诺研究中心联合创始人兼首席执行官，著名演讲者、培训师和作家。著有《高度参与的课堂》《课堂上的提问逻辑》《专业学习共同体》《如何调动与激励学生》《如何促进教师发展与评价》《基于课堂中精准理解的教学设计》等。

亚历山大·S. 阿斯霍夫，科学课地区协调员。

阿什利·阿维拉，高中教师。

中国青年出版社 CHINA YOUTH PRESS

ISBN:978-7-5153-7247-1

定价：69.90元

高度参与的课堂：提高学生专注力的沉浸式教学

ISBN：978-7-5153-5752-2

作者：[美] 罗伯特 · J. 马扎诺
黛布拉 · 皮克林
塔米 · 赫夫尔鲍尔

定价：39.90元

- 入选中国教育网2019年度"影响教师的100本书"
- 让学生参与变成一种常态

- 美国教育界专家、马扎诺研究中心创始人倾情力作
- 帮助教师更轻松管理课堂，帮助学生更容易融入课堂

内容简介：

本书涉及的课堂实践可以积极地影响学生的专注力和参与度。学生在课堂上的高度参与显然是高效教学的核心方面之一。如果学生不积极参与，他们就几乎没有机会学到课堂上的知识。利用本书中提出的实用性建议，每位教师都可以创造一个课堂环境，让学生对以下四个问题产生积极应答，让学生参与变成一种课堂常态：

· 我感觉如何？　　· 我感兴趣吗？　　· 这重要吗？　　· 我能做到吗？

本书阐述了教学视角的根本性改变。"我感觉如何"关乎学生情感，"我感兴趣吗"关乎课堂吸引程度，这两个问题和专注力有关。"这重要吗"探讨学生如何将课堂目标与个人目标联系起来，"我能做到吗"说的是如何培养学生的自我效能感，这两个问题涉及长期的课堂参与，对这两个问题的解决，也为教师、学校开辟了新的教学视角。除了专注于教授学生学术内容，教师还应让学生意识到，他们认为什么是重要的，以及他们的思维模式如何对他们的生活产生积极或消极的影响。这种意识可以帮助学生学到更重要、更具影响力的知识。

作者简介：

罗伯特 · J. 马扎诺博士，美国教育界专家，马扎诺研究中心联合创始人兼首席执行官，著名演讲者、培训师和作家。他将崭新的研究和理论转化为课堂实践，在国际上广为人知，并被教师和管理人员广泛应用。

黛布拉 · 皮克林博士，马扎诺研究中心高级学者，致力于为众多学校和地区提供教育咨询。作为一名课堂教师、教育界领导者和学区行政管理人员，皮克林博士在其整个教育生涯中获得了丰富的实践经验。

塔米 · 赫夫尔鲍尔博士，马扎诺研究中心副总裁，同时也是一名教育顾问。赫夫尔鲍尔博士在密苏里州堪萨斯城开始了她的教学生涯，后来搬到内布拉斯加州，在那里获得了地区杰出教师奖。

人工智能
如何影响教学

从作业设计、个性化学习到创新评价方法

ISBN：978-7-5153-7012-5
作者：[美] 马特 · 米勒
2023-10　定价：49.00元

- ★ 教育技术教学倡导者新作，一本书讲透教师即将应对的人工智能时代
- ★ 现象级ChatGPT、AIGC产品问世，是将教育逼入角落，还是为教学打开天窗？
- ★ 本书旨在向教育领域传递正视AI重塑教学的可能性，为教学、教师和学生迎接智能时代做好准备，培养数字素养，媒介素养。讨论技术伦理，重新定义人工智能时代的作弊与抄袭，帮助学生合乎伦理的使用工具，培养数字素养、媒介素养。
- ★ 30个运用AIGC技巧丰富教学的实用技巧：助力个性化教学，提高教师的教学效率，丰富作业设计的形式，优化学生的评价方式，为教师积极稳妥地运用人工智能为教学赋能提供指导

内容简介： 面对以ChatGPT为代表的生成式人工智能技术的崛起，机器学习和人工智能的井喷式发展，教育界将面对何种挑战，又该如何应对？“教师会被ChatGPT取代吗？”“ChatGPT会导致学校里作弊盛行吗？”

本书提供了30种运用生成式人工智能技术（比如ChatGPT等人工智能助手软件）灵活教学的实用技巧，讨论了教师正确看待学生使用ChatGPT完成个性化学习的可能性，帮助教育工作者重新思考传统的作业设计，还讨论了如何帮助学生以负责任、合乎伦理的方式适应未来的人工智能世界，如何将学生培养成具备媒体素养的合格的数字公民，教师如何借助新技术提高教学效率……

作者简介： 马特·米勒，他在K-12教育领域广受欢迎，身为一名作家、教育演讲家、教育技术倡导者，他一直鼓励教师用创意解放教学，倡导在课堂中融入技术，致力于提高教育工作者的教学效率，为学生创造更多印象深刻的学习体验。著有《技术如何改变教学》。

重新定义教育

为核心素养而教，为生存能力而学

ISBN：978-7-5153-6994-5
作者：[美] 托尼 · 瓦格纳
2023-09　定价：59.90元
上架建议：教育理论

内容简介： 没完没了的考试、成绩、成功、上名校压得学生和父母喘不过气来。今天的学校与真实世界之间仿佛隔着一道巨大的鸿沟，学校安排的教学和考试、学校对学生的期待，与这个社会对学生的要求，以及学生认可的激励方式有着天壤之别。

本书直击教育痛点，揭示了学校、教师、家长、学生直面未来的发展路径，为落实培养核心素养提供实用方案，让孩子为求学、就业、未来生存做好准备。各界领袖精准点评、教育界齐声称赞，北京第一实验学校校长李希贵、斯坦福大学教育学教授琳达·达林-哈蒙德等人倾情推荐。

阅读本书，你将跟随作者打开学校教育的黑匣子，为学生释放出7种决胜未来的生存力，洞察培养出有竞争力、具备解决实际问题的能力、充满好奇心与想象力、技能娴熟的人才的底层逻辑。你将了解深化教学改革的实践模式，如何围绕学生核心素养培养进行教学设计、考试命题与评价，以及如何重新定义教学中的“精准”。